DIÁRIO DO HOSPÍCIO E
O CEMITÉRIO DOS VIVOS

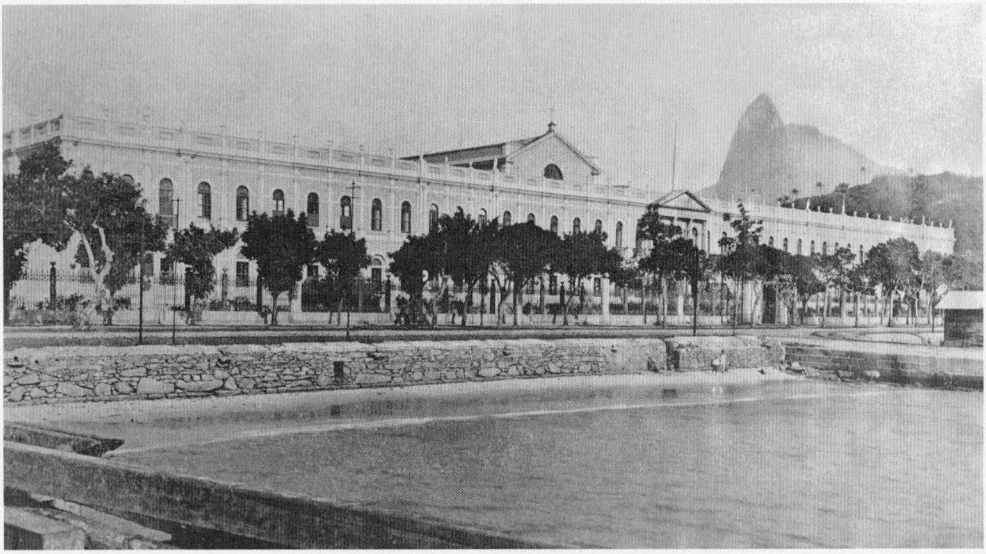

LIMA BARRETO

Diário do Hospício e O cemitério dos vivos

Prefácio
Alfredo Bosi

Organização e notas
Augusto Massi
e Murilo Marcondes
de Moura

8ª reimpressão

COMPANHIA DAS LETRAS

Copyright da organização © 2017 by Augusto Massi e Murilo Marcondes de Moura

Grafia atualizada segundo o Acordo Ortográfico da Língua Portuguesa de 1990, que entrou em vigor no Brasil em 2009.

Capa
Victor Burton

Foto de capa
Acervo do Núcleo de Memória Institucional do Instituto de Psiquiatria – ipub/ ufrj. Reprodução de Jaime Acioli.

Pesquisa de imagem
Augusto Massi

Revisão
Ana Maria Barbosa
Huendel Viana

Dados Internacionais de Catalogação na Publicação (cip)
(Câmara Brasileira do Livro, sp, Brasil)

Barreto, Lima, 1881-1922
    Diário do Hospício ; O cemitério dos vivos / Lima Barreto ; prefácio Alfredo Bosi ; organização e notas Augusto Massi, Murilo Marcondes de Moura. — 1ª ed. — São Paulo : Companhia das Letras, 2017.

    Bibliografia
    isbn 978-85-359-2950-8

    1. Barreto, Lima, 1881-1922 2. Escritores brasileiros – Autobiografia 3. Memórias autobiográficas i. Bosi, Alfredo. ii. Massi, Augusto. iii. Moura, Murilo Marcondes de. iv. Título. v. Título: O cemitério dos vivos.

17-05264   cdd-928.699

Índice para catálogo sistemático:
1. Escritores brasileiros : Memórias   928.699

Todos os direitos desta edição reservados à
EDITORA SCHWARCZ S.A.
Rua Bandeira Paulista, 702, cj. 32
04532-002 — São Paulo — sp
Telefone: (11) 3707-3500
www.companhiadasletras.com.br
www.blogdacompanhia.com.br
facebook.com/companhiadasletras
instagram.com/companhiadasletras
twitter.com/cialetras

Sumário

Prefácio — O cemitério dos vivos: testemunho e ficção,
Alfredo Bosi 7

Diário do Hospício 29
O cemitério dos vivos 115

Apêndice 199
Referências bibliográficas 289
Agradecimentos 293
Créditos das imagens 295

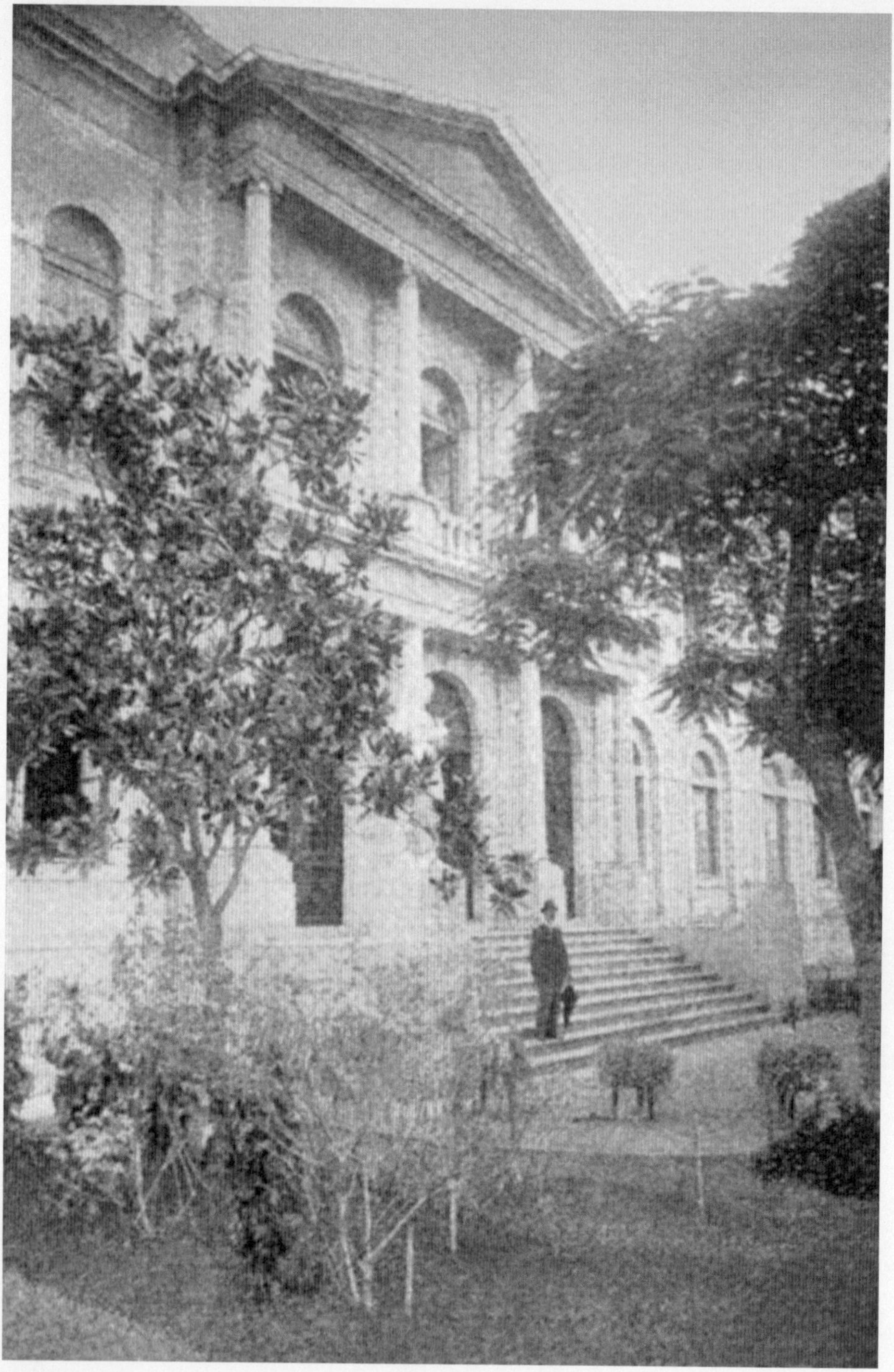

Prefácio
O cemitério dos vivos: testemunho e ficção

Alfredo Bosi

> *Veio-me, repentinamente, um horror à sociedade e à vida; uma vontade de absoluto aniquilamento, mais do que aquele que a morte traz; um desejo de perecimento total da minha memória na terra; um desespero por ter sonhado e terem me acenado tanta grandeza, e ver agora, de uma hora para outra, sem ter perdido de fato a minha situação, cair tão, tão baixo, que quase me pus a chorar que nem uma criança.*
>
> Lima Barreto, O cemitério dos vivos

Embora a literatura brasileira já conte com um alto número de memórias e escritos autobiográficos, são raras as obras que possam valer como testemunhos diretos e coerentes de um estado de opressão e humilhação. Este é o caso do *Diário do Hospício* de Lima Barreto.

O que me impressiona é o efeito de serena lucidez que sai destas páginas escritas em um asilo de alienados. Lima Barreto, internado no casarão da praia Vermelha no dia de Natal de 1919, mostra-se consciente dos motivos que o arrastaram àquela situação de extrema abjeção social:

De mim para mim, tenho certeza que não sou louco; mas devido ao álcool, misturado com toda espécie de apreensões que as dificuldades de minha vida material há seis anos me assoberbam, de quando em quando dou sinais de loucura: deliro.

As primeiras anotações do *Diário do Hospício* datam de 4 de janeiro de 1920, quinze dias depois de sua entrada no manicômio. A linguagem é transparente, o andamento da prosa é moderado, aparentemente sem surpresas, o que não prejudica a densidade de observação e pensamento crítico que pulsa em cada frase.

Observação, em primeiro plano. O "alienado" olha com atenção analítica o espaço onde o querem encerrar a polícia e o aparelho psiquiátrico da República Velha na capital da belle époque:

Não me incomodo muito com o Hospício, mas o que me aborrece é essa intromissão da polícia na minha vida.

Desde o início dos seus apontamentos Lima Barreto mostra que a polícia é um instrumento que serve de veículo para encaminhar o suposto demente a um lugar apartado, na medida em que ele é confundido com o marginal. Por algum tipo de comportamento considerado anormal, deve ser retirado da sociedade e encerrado em uma espécie de depósito onde os seres "normais" não o vejam nem mantenham com ele qualquer contato. O aparelho policial aparece, mais de uma vez, como a primeira triagem, que separa o joio do trigo social. O joio será em seguida peneirado: de um lado, o meliante, que vai para a delegacia e a cadeia; de outro, esta figura estranha, paradoxal, quase inclassificável, o réu sem culpa, mas igualmente forçado à reclusão.

Se na cela do presídio o réu era seviciado antes de qualquer sentença do juiz, o que Lima sofreu nas dependências do casarão da praia Vermelha foi uma série de violências que ainda se praticavam na maioria dos hospícios da República Velha. Convém lembrar que esse tipo de tratamento não era uma singularidade brasileira, pois reproduzia práticas correntes em manicômios europeus do século XIX.

A primeira violência se fez ao seu pudor: "Todos nós estávamos nus, as portas abertas, e eu tive muito pudor".

A consciência desse homem obrigado à nudez pública é atravessada pela memória do leitor de romance, que lembra nada menos que outra obra de pungente testemunho de humilhação, as *Recordações da casa dos mortos*:

> Eu me lembrei do banho de vapor de Dostoiévski, na *Casa dos mortos*. Quando baldeei, chorei; mas lembrei de Cervantes, do próprio Dostoiévski, que pior deviam ter sofrido em Argel e na Sibéria.
> Ah! A Literatura ou me mata ou me dá o que eu peço dela.

Faz sentido registrar essa capacidade do intelectual que consegue relativizar o seu vexame comparando-o com afrontas suportadas por seus ídolos distantes, mas feitos próximos pela ação mediadora da memória. É por força dessa mesma disposição de pensar que o escritor Lima Barreto, jogado no meio de loucos indigentes, ora nu, ora coberto de trapos, encara sem sombra de sujeição o médico do hospício, o homem a quem a sociedade atribuíra o direito de decidir da sua reclusão naquele depósito de seres... anormais.

Raul Pompeia desmistificara no *Ateneu* a propaganda pedagógica do colégio mais afamado e moderno do Império: o seu romance fez contraideologia solitária em um campo arado pelas certezas do progresso do século investidas na educação. Cruz e Sousa, curvado sob o peso de preconceitos de cor, lançara um repto à pseudociência racista hegemônica no seu tempo. Lima Barreto, que pertence à geração pós-abolicionista da Primeira República, enfrenta com o mesmo desassombro e a mesma solidão a rotina carcerária solidamente apoiada em velhos modelos europeus que resistiam às mudanças das novas teorias psiquiátricas.

Analisando com frio distanciamento as pretensões científicas de um alienista do hospício, Henrique Roxo, diz o nosso memorialista:

> Ele me parece desses médicos brasileiros imbuídos de um ar de certeza de sua arte, desdenhando inteiramente toda outra atividade intelectual que não a sua e pouco capaz de examinar o fato por si. Acho-o muito livresco e pouco interessado em descobrir, em levantar um pouco o véu do mistério — que mistério! — que há na especialidade que professa. Lê os livros da Europa, dos Estados Unidos, talvez; mas não lê a natureza.[1]

---

1. Em crônica escrita para a *Careta*, em 30 de outubro de 1915, quatro anos antes da internação que deu origem a este *Diário do Hospício*, Lima Barreto já fazia a sátira dos alienistas rotulado-

O texto fala por si na sua ácida clareza. Ao lado da arrogância clínica, marca registrada da autossuficiência de boa parte dos psiquiatras do século passado, Lima aponta o desinteresse em face do drama individual, do fato em si ou, com palavra mais abrangente, da natureza. O doutor Roxo não chega perto do corpo e da alma do homem que sofre e que está diante dele; como alienista, só tem duas certezas, o manual que leu no curso médico e o manicômio no qual deposita todas as presunções da sua terapia.

Mas é de maneira indireta que Lima dirá o seu pensamento, atribuindo ao irmão as convicções que entrevê no alienista:

> Depois, disse-lhe que tinha sido posto ali por meu irmão, que tinha fé na onipotência da ciência e a crendice do Hospício. Creio que ele não gostou.

Nem tudo é crítica acerba. O observador social percebe certo clima de camaradagem e tolerância que aproxima os enfermeiros, "homens rústicos, os portugueses, mal saídos da gleba do Minho, os brasileiros, da mais humilde extração urbana", que tratam com resignação e delicadeza os doentes e suas manias. Abre-se ao leitor de hoje um quadro de sociabilidade popular, no qual talvez o profissionalismo ainda não congelara as relações cotidianas mesmo dentro de uma instituição regida por uma ciência que se desejava asceticamente impessoal.

Voltando a analisar um dos alienistas, reponta a veia satírica:

> Não lhe tenho nenhuma antipatia, mas julgo-o mais nevrosado e avoado do que eu. É capaz de ler qualquer novidade de cirurgia aplicada à psiquiatria em uma

---

res dos chamados doentes mentais. Em "As teorias do doutor Caruru", o cronista fala de um subdiretor do Manicômio Nacional, autor de *Os caracteres somáticos da degenerescência*, que repetia teorias de Lavater e de Gall. Sintomaticamente, o doutor Caruru se vê às voltas com um "exemplar típico de dipsomaníaco, de degenerado superior": trata-se de um jovem pintor que estreara brilhantemente, mas cuja carreira tinha sido interrompida pela "mais desordenada boêmia". A crônica tem um quê indisfarçável de autobiográfico, tendo sido escrita pouco depois da primeira internação de Lima no Hospício Nacional, entre agosto e outubro de 1914. Ao mesmo tempo, inscreve-se na sátira aos doutores brasileiros e às suas pretensões de onisciência. Cf. Lima Barreto, *Toda crônica*, org. Beatriz Resende e Rachel Valença. Rio de Janeiro: Agir, 2004, v. I, pp. 248-50.

revista norueguesa e aplicar, sem nenhuma reflexão preliminar, num doente qualquer. É muito amante de novidades, do *vient de paraître*, das últimas criações científicas ou que outro nome tenham.

Nesse contexto de interações entre o paciente e o psiquiatra, em que prevalece o distanciamento crítico, chama a atenção um momento de excepcional simpatia. O encontro do internado com o diretor do Hospício, Juliano Moreira, alienista de grande prestígio no primeiro quartel do século XX, dá-se em um clima de cordialidade que suscita no memorialista ressonâncias afetivas intensas. No *Diário do Hospício*, série de apontamentos que abre o livro, Lima Barreto anotou:

Na segunda-feira, antes que meu irmão viesse, fui à presença do doutor Juliano Moreira. Tratou-me com grande ternura, paternalmente, não me admoestou. Fez-me sentar a seu lado e perguntou-me onde queria ficar. Disse-lhe que na Seção Calmeil. Deu ordens ao Sant'Ana e em breve lá estava eu.

Em *O cemitério dos vivos*, o narrador, travestido em personagem, aprofunda o sentimento que aquele encontro lhe tinha inspirado:

Conhecia perfeitamente o diretor e travei conhecimento com ele espontaneamente. Havia em mim uma atração por ele, e eu me espantava que ele pudesse, sem barulho, mansamente, se fazer até onde estava. Pouco conhecia de sua vida [...].

Todos gabavam muito o seu talento, a sua ilustração; mas — não era bem por isso que eu o amava. Nunca lhe tinha lido um trabalho, só mais tarde me foi dado fazer isso, não tinha nenhuma ilustração no assunto do seu saber para julgar; mas, conquanto sentisse logo um homem superior, eu o amava pela sua exalação de doçura.

Trata-se, literalmente, de um episódio, isto é, de um evento sem precedentes nem continuidade ao longo da obra. Creio que nele se possam discernir ao menos dois significados. O primeiro, que é patente, e cresce de um texto para o outro, diz respeito ao envolvimento afetivo que a benevolência paternal do alienista desencadeou no pobre e fragilizado Lima conduzido, à sua revelia, à casa dos loucos da praia Vermelha. Diante do médico famoso, mas despido de vaidade, delicado e terno, o recém-internado responde com um sentimento misto de admiração e amor. O segundo significado pode ser inferido pelo contraste, e tem uma dimensão social ou, mais precisamente, institucional, que vale a pena destacar: o talento e a doçura do diretor do hospício (que, em entrevista a um jornal carioca, reproduzida nesta edição, Lima chamaria de "domínios do senhor Juliano Moreira") não conseguiam alterar algumas práticas vexatórias daquele manicômio, dando a entender que os mecanismos das instituições se reproduzem e resistem pela força da inércia às eventuais qualidades de inteligência e coração dos seus dirigentes. Daí o valor dos testemunhos (diretos ou ficcionais) pelos quais a literatura de cunho autobiográfico alcança matizar a história das instituições e de suas ideologias, cujo risco é subestimar o drama das experiências individuais.[2]

2. Os estudos sobre a psiquiatria brasileira e as instituições manicomiais do começo do século xx confirmam a impressão favorável que Juliano Moreira despertou em Lima Barreto. Trata-se de uma figura rara de intelectual que, mulato e de origem modesta, batalhou para conquistar o seu lugar como alienista reconhecido por seus pares. Não compartilhou dos preconceitos arianizantes do seu tempo, discordando das posições de Nina Rodrigues no tocante às supostas inconveniências da mestiçagem na formação do povo brasileiro.

O seu papel progressista é assim sintetizado por Vera Portocarrero em *Arquivos da loucura: Juliano Moreira e a descontinuidade histórica da psiquiatria* (Rio de Janeiro: Fiocruz, 2002, pp. 13-4): "Juliano Moreira representa o primeiro esforço de elaboração de um corpo teórico científico no Brasil, ao rejeitar a simples compilação das teorias psiquiátricas francesas. Ele introduziu, no início do século xx, o modelo teórico e assistencial baseado na psiquiatria alemã, representado pelo eminente psiquiatra Emil Kraepelin. Juliano Moreira ocupou, de 1903 a 1930, o cargo de diretor-geral da Assistência a Psicopatas do Distrito Federal. Conseguiu a promulgação de uma lei de reforma da assistência a alienados. Remodelou o antigo Hospício de Pedro II (retirada de grades, abolição dos coletes e das camisas de força), onde instalou um laboratório. Criou, em 1911, a Colônia de Engenho de Dentro. Instaurou a admissão voluntária de insanos e assistência heterofamiliar. Em 1919, inaugurou o primeiro Manicômio Judiciário do Brasil".

Juliano Moreira teria, igualmente, dado importância secundária aos componentes hereditários (e, no limite, raciais) da loucura, considerando, ao contrário, como fatores de risco mais ativos o hábito da embriaguez e os efeitos neurológicos da sífilis e das moléstias degenerativas. No seu diário, Lima aceita o diagnóstico que apontava o alcoolismo como causa principal dos seus delírios, mas o relativiza ao dar peso às condições sociais e psicológicas do seu cotidiano. Quanto à ação humanizadora promovida por Juliano Moreira na vida interna do hospício, pode-se inferir, pelo testemunho de Lima Barreto, que nem sempre a sua teoria e as suas boas intenções logravam o efeito desejado.

Lançado em meio a seres humanos que deliram, Lima Barreto é sempre o escritor de cepa realista que se propõe a "pegar agora no lápis para explicar bem estas notas que vou escrevendo no Hospício". As marcas de tempo são precisas: "agora" e "vou escrevendo" remetem ao presente imediato e fazem supor que não tenha corrido intervalo entre a situação objetiva e o ato de transcrevê-la. No entanto, essa imediação é relativa. A simultaneidade das vozes dos dementes com o empenho de redigir o diário não impede o lúcido analista de cavar, *na hora mesma da escrita*, outro tempo, o da memória do leitor que um dia se impressionou com as páginas de um livro célebre, *O crime e a loucura*, de Maudsley, nome que também ocorrera a Euclides da Cunha no fecho trágico de *Os sertões*.

A obra de Maudsley, manual conceituado de psiquiatria positiva e moralizante do fim do século, emitia conselhos para evitar a loucura: em primeiro lugar, o mandamento de não beber alcoólicos. "Nunca o cumpri", diz Lima, "e fiz mal." A narrativa volta a fazer-se autobiográfica, como se o livro rememorado servisse de ponte entre as notas que falavam da loucura alheia e as palavras de autoanálise de um *eu* que não só vê e escreve, mas lê, recorda e se julga a si mesmo. Que trama de operações intelectuais sob a aparência do mais despretensioso dos diários!

O título do capítulo, "A minha bebedeira e a minha loucura", não poderia ser mais transparente. O álcool aí aparece como causa próxima dos delírios que levaram o escritor ao manicômio. A anamnese vai mais longe e toca mais fundo, buscando sondar os motivos do vício, que Lima acaba reduzindo a um só estado crônico de angústia neste passo de notável densidade existencial:

> Muitas causas influíram para que viesse a beber; mas, de todas elas, foi um sentimento ou pressentimento, um medo, sem razão nem explicação, de uma catástrofe doméstica sempre presente. Adivinhava a morte de meu pai e eu sem dinheiro para enterrá-lo; previa moléstias com tratamento caro e eu sem recursos; amedrontava-me com uma demissão e eu sem fortes conhecimentos que me arranjassem colocação condigna com a minha instrução; e eu me aborrecia e procurava distrair-me, ficar na cidade, avançar pela noite adentro; e assim conheci o *chopp*, o *whisky*, as noitadas, amanhecendo na casa deste ou daquele.

Nossa memória vai às *Recordações do escrivão Isaías Caminha* e aos vexames do mocinho inteligente e brioso batendo de porta em porta à procura de empregos humildes, mas recusados porque ele trazia na pele o estigma da mestiçagem ainda tão vivo naquela República recente e velha. Não por acaso, as anotações que se seguem à autoanálise trazem referências àquele romance, publicado em tempos de entrega à bebida misturada com o desejo insofrido de luta, de polêmica, que se frustrou:

> O aparecimento do meu primeiro livro não me deu grande satisfação. Esperava que o atacassem, que me descompusessem e eu, por isso, tendo o dever de revidar, cobraria novas forças; mas tal não se deu; calaram-se uns e os que dele trataram o elogiaram. É inútil dizer que nada pedi.

Por sua vez, a tiragem em folhetos do *Triste fim de Policarpo Quaresma* pelo *Jornal do Commercio* foi recebida por um silêncio confrangedor ("Ninguém o leu"), só compensado, anos depois, pela recepção do livro. Quanto à *Vida e morte de M. J. Gonzaga de Sá*, também era um pesadelo para Lima, pois "eu […] tinha a íntima certeza de que não encontraria dinheiro com que me fosse possível editar o meu trabalho, especialmente o *Gonzaga de Sá*". Sem o exame dos sentimentos e ressentimentos do escritor frustrado, como poderiam os psiquiatras de plantão entender os motivos que levavam o suposto alienado a embriagar-se até chegar às raias do delírio?

Conhecendo as simpatias de Lima Barreto pelos ideais revolucionários que irradiaram da Europa para o Brasil no começo do século xx, o comunismo, na sua versão maximalista, e o anarquismo, tem-se curiosidade de saber se teriam entrado, de algum modo, nos delírios persecutórios que motivaram a sua internação. Há testemunhos indiretos de que Lima foi tomado de pavor ao imaginar-se perseguido por um militar ligado ao marechal Hermes da Fonseca, o tenente Serra Pulquério.

Consta dos registros médicos do Hospício Nacional dos Alienados datados de 27 de agosto de 1914, relativos à sua primeira internação:

> Interrogado sobre o motivo da sua internação, refere que, indo à casa de um seu tio em Guaratiba, prepararam-lhe uma assombração, com aparecimento de fantasmas, que aliás lhe causam muito pavor; nessa ocasião, chegou o tenente Serra Pulquério, que, embora seu amigo de "pândegas", invectivou-o por saber que

preparava panfletos contra seus trabalhos na Vila Proletária Marechal Hermes. Tendo ele negado, foi conduzido à polícia, tendo antes cometido desatinos em casa, quebrando vidraças, virando cadeiras e mesas. A sua condução para a polícia só se fez mediante o convite do comissário que lhe deu aposento na delegacia até que transferiram-no para a nossa clínica. Protesta contra o seu "sequestro", pois vai de encontro à lei, uma vez que nada fez que o justifique. Nota de certo tempo para cá animosidade contra si, entre os seus companheiros de trabalho, assim como entre os próprios oficiais do Ministério da Justiça, de onde é funcionário. Julga que o tenente Serra Pulquério teme a sua fama, "ferina e virulenta", pois, apesar de não ser grande escritor, nem ótimo pensador, adota as doutrinas anarquistas e quando escreve deixa transparecer debaixo de linguagem enérgica e virulenta os seus ideais.[3]

O *Diário do Hospício*, porém, é parco em declarações explicitamente ideológicas. A rigor, uma citação de Plutarco, cuja *Vidas paralelas* fora leitura assídua do internado: "As leis são como as teias de aranha que prendem os fracos e pequenos insetos, mas são rompidas pelos grandes e fortes". Lima acrescenta: "observação de um antepassado dos atuais bolchevistas, do cita Anacársis, feita a Sólon". É da relação íntima entre os gestos e palavras dos alienados e as violências e arbítrios da sociedade abrangente que deve ser extraída a matéria da contraideologia rebelde de Lima Barreto.

Neste ir e vir entre o sujeito e o seu mundo que é o *Diário do Hospício*, sempre que o narrador sai de si mesmo o tom é de perplexidade cognitiva. A interrogação que abre o quarto capítulo, "Alguns doentes", exprime o movimento de um espírito que deseja mas não consegue compreender aqueles homens cuja convivência lhe fora imposta: "Que dizer da loucura?".

A pergunta vem de um espírito agudo que não acredita que haja uma resposta única, científica, para a questão. Ao contrário, recolhido ao hospício, a sua reflexão tendia a negar os postulados e os quadros classificatórios da psiquiatria determinista. O que resultava em um passo nada desprezível na

---

3. Lima Barreto, *O cemitério dos vivos*. São Paulo: Brasiliense, 1956, p. 263.

história da compreensão dos internados, descritos por ele como pessoas diferenciadas, e não simples exemplos capazes de ilustrar esquemas já previstos nos tratados de patologia mental. Se confrontamos as doutrinas que vigoravam em todo o Ocidente naquele começo do século xx com a percepção individualizante de Lima Barreto, não deixaremos de admirar o seu precoce discernimento:

> Que dizer da loucura? Mergulhado no meio de quase duas dezenas de loucos, não se tem absolutamente uma impressão geral dela. Há, como em todas as manifestações da natureza, indivíduos, casos individuais, mas não há ou não se percebe entre eles uma relação de parentesco muito forte. Não há espécies, não há raças de loucos; há loucos só.

Quem diz essas palavras certamente não partilharia das certezas da psicofisiologia de um Ribot, cujas obras prestigiosas figuram na biblioteca de Lima, nem das classificações do psiquiatra brasileiro Franco da Rocha, citado entre as últimas anotações do *Diário íntimo (dezembro de 1921)*. De passagem, lembro que um leitor do *Policarpo Quaresma*, o dr. Luís Ribeiro do Vale, escreveu, em 1917, uma tese de doutoramento cujo título era *A psicologia mórbida na obra de Machado de Assis*...

O pensamento de Lima Barreto continua, linhas adiante:

> Há uma nomenclatura, uma terminologia, segundo este, segundo aquele; há descrições pacientes de tais casos, revelando pacientes observações, mas uma explicação da loucura não há.

E, relativizando os procedimentos clínicos que acreditavam cercar a etiologia da demência acusando fatores hereditários, faz este comentário perspicaz:

> Procuram os antecedentes do indivíduo, mas nós temos milhões deles, e, se nos fosse possível conhecê-los todos, ou melhor, ter memória dos seus vícios e hábitos, é bem certo que, nessa população que cada um de nós resume, havia de haver loucos, viciosos, degenerados de toda sorte.

É provável que, sofrendo em carne e osso a experiência de passar por insano, mas bem consciente de que não o era ("De mim para mim, tenho certeza que não sou louco"), o intelectual Lima Barreto estivesse alcançando uma percepção nítida do caráter toscamente discriminatório de certa psiquiatria determinista do século XIX, cujas explicações, como ele mesmo aponta, se resumiam a nomenclaturas e terminologias, isto é, a classes e palavras. Daí vem o mordente da sua crítica às instituições manicomiais que, na sua lógica perversa, pareciam compensar, pela sinistra igualdade de uma espécie de morte em vida (que é o sequestro), as diferenças de classe que os jazigos e as covas rasas perpetuam nos cemitérios...

> Amaciando um pouco, tirando dele a brutalidade do acorrentamento, das surras, a superstição de rezas, exorcismo, bruxarias etc., o nosso sistema de tratamento da loucura ainda é o da Idade Média: o sequestro. Não há dinheiro que evite a Morte, quando ela tenha de vir; e não há dinheiro nem poder que arrebate um homem da loucura. Aqui no Hospício, com as suas divisões de classe, de vestuário etc., eu só vejo um cemitério: uns estão de carneiro e outros de cova rasa.

Quanto às hipóteses que se arquitetavam a respeito da origem da sua loucura, atribuindo-a tão só à bebida, parecem-lhe reducionistas e, quando generalizadas, "absolutamente pueris". A autoanálise leva-o a sondar outras matrizes para compreender os desequilíbrios da mente e do comportamento.

Lima atenta para os percursos surpreendentes da libido (teria lido Freud?):

> [...] acode-me refletir por que razão os médicos não encontram no amor, desde o mais baixo, mais carnal, até a sua forma mais elevada, desdobrando-se num verdadeiro misticismo, numa divinização do objeto amado; por que — pergunto eu — não é fator de loucura também?

E adiante, revelando intuição dos condicionamentos sociais, refere-se ao dinheiro e ao desejo de status como desencadeadores da insanidade:

> Por que a riqueza, base de nossa atividade, coisa que, desde menino, nos dizem ser o objeto da vida, da nossa atividade na terra, não é também a causa da loucura?

Por que as posições, os títulos, coisas também que o ensino quase tem por meritório obter, não é causa de loucura?

Como em tantas outras passagens, porém, *o alvo da pergunta sobre as razões da desrazão só é atingido de modo convincente quando o narrador fala de si mesmo*, da sua carreira literária malograda. Por vários motivos, alguns involuntários, entre os quais a má sorte e a estreiteza do meio onde lhe foi dado viver. Nesses momentos de introspecção, *O cemitério dos vivos* traz ecos das *Recordações do escrivão Isaías Caminha*, que a crítica elogiosa mas severa de José Veríssimo censurara por ser "personalíssimo", ou seja, excessivamente autobiográfico:

> Desde a minha entrada na Escola Politécnica [em 1897, com dezessete anos de idade] que venho caindo de sonho em sonho e, agora que estou com quase quarenta anos, embora a glória me tenha dado beijos furtivos, eu sinto que a vida não tem mais sabor para mim. [...] Esta passagem várias vezes no Hospício e outros hospitais deu-me não sei que dolorosa angústia de viver que me parece ser sem remédio a minha dor.
> Vejo a vida torva e sem saída. [...] Ainda tenho alguma *verve* para a tarefa do dia a dia; mas tudo me leva para pensamentos mais profundos, mais doridos e uma vontade de penetrar no mistério da minha alma e do Universo.

Da mesma matriz do malogro brotam o delírio e a pausada meditação existencial.

O ELO ENTRE O TESTEMUNHO E A FICÇÃO

O leitor se surpreenderá ao constatar que, no exato momento em que o depoente entra a escavar o passado e aprofundar a sua "angústia de viver", o texto confessional cede a um lance de ficção. O testemunho que, até então, parecia pura transcrição dos apontamentos de um internado, converte-se na matéria romanesca de uma novela inacabada, cujo título será igualmente *O cemitério dos vivos*. Veja-se de perto a passagem em que se opera a mudança de registro.

Perguntando a si mesmo se, por acaso, não teria sido o amor o fator erosivo da sua existência malograda, o narrador, agora ficcional, responde pela negativa em tom drástico:

> Não amei nunca, nem mesmo minha mulher que é morta e pela qual não tenho amor, mas remorso de não tê-la compreendido, mais devido à oclusão muda do meu orgulho intelectual; e tê-la-ia amado certamente, se tão estúpido sentimento não tivesse feito passar por mim a única alma e pessoa que me podiam inspirar tão grave pensamento.
> Li-a e não a compreendi...
> Ah! meu Deus!

A biografia de Lima Barreto, que se conhece em detalhe graças a pesquisas meticulosas (de que a obra de Francisco de Assis Barbosa é exemplo notável),[4] desmente de maneira cabal a existência de uma esposa ou companheira desse homem solitário, talvez misógino, "limitando-se os seus contactos com as mulheres ao convívio com a irmã, também solteira, e aos encontros ocasionais com meretrizes".[5]

No entanto, podem-se ler frases soltas em pleno *Diário do Hospício*, que prenunciam aquela passagem do depoimento para o discurso ficcional.

Há um indício isolado no quinto capítulo do diário. Alguém irrompe no aposento de Lima e pergunta: "— Quem é aí Tito Flamínio?". Lima, autor do diário, responde imediatamente: "— Sou eu — apressei-me". É aparentemente inexplicável essa mudança de nome em um contexto francamente autobiográfico.

No capítulo sétimo, aparecia de repente uma figura de "mulher" (no contexto, esposa) já morta:

> Falta-me amor ou ter amado. Mas... Minha mulher!
> Não posso tratar dela. Não se ama uma morta; e eu não a soube amar em vida.

---

4. *A vida de Lima Barreto (1881-1922)*, obra fundamental do autor, publicada em 1952. Recomendo a 8ª edição, com notas de revisão de Beatriz Resende (Rio de Janeiro: José Olympio, 2002).
5. Francisco de Assis Barbosa, "Lima Barreto, precursor do romance moderno", in *Prosa seleta*. Rio de Janeiro: Nova Aguilar, 2006, p. 72.

A figura, depois evocada no romance como "minha mulher que é morta", significa o salto para o plano do imaginário dado em um texto que respira, do começo ao fim, a idoneidade da testemunha ocular. Ao mesmo tempo, é essa aparição-fantasma, que a psicanálise poderia interpretar em termos de Thanatos sobrepondo-se a Eros, que abre *O cemitério dos vivos*, posterior às anotações do hospício:

> Quando minha mulher morreu, as últimas palavras que dela ouvi foram estas, ditas em voz cava e sumida:
> — Vicente, você deve desenvolver aquela história da rapariga, num livro.

A matéria-prima do diário será trabalhada com os recursos da invenção romanesca. Uma esposa à beira da morte, a sombra de um filho de quatro anos que passa quase despercebida, e um casamento consumado sem paixão. Mas o interesse maior, se não exclusivo, do enredo está na história da formação intelectual rebelde e autodidata de Vicente, com toda a sua aversão ao culto bacharelesco, ao status dos doutores "brancos" e à prática do "pistolão", que vigorava naquela sociedade entre burguesa e tradicional do Rio de Janeiro em plena belle époque.

A novela ficou inacabada. Foi pena, pois a substância autobiográfica (evidente nos episódios transpostos das páginas do diário) começava a resolver-se em uma prosa enxuta e pensada, só comparável às boas passagens dos romances do autor levados a termo. De todo modo, impressiona a figura da mulher que morre na primeira frase do livro. E ainda mais intriga a sua última palavra ao marido, a quem pede que escreva um texto de ficção, que ele apenas esboçara.

O narrador, fixando o olhar da mulher agonizante, diz que a dor nele estampada "não era bem de mulher, mas de mãe amantíssima". Segue-se a história do casamento, que ele próprio chama de singular: uma união provocada pela necessidade premente de apoio de uma jovem desvalida, que toma a iniciativa de oferecer-se como esposa a Vicente. Ela o ama deveras, mas ele apenas lhe dedicaria sentimentos muito pouco eróticos de estima e compaixão. O desencontro é pungente, mas o fato de não ter sido explorado a fundo leva a suspeitar que a relação homem-mulher foi encoberta (subestimada? recalcada?) pelo narrador, ao passo que subia ao primeiro plano a amargura do intelectual humilhado na cor e na classe, aqui agravada pelo vexame do encarceramento no Hospício.

As menções a Efigênia têm muito de piedade ("[...] nunca mais se foi de mim a imagem daquela pobre moça, a morrer, com pouco mais de vinte e cinco anos") e de arrependimento por não ter reconhecido a tempo a sua agudeza intelectual e a solicitude com que ela se preocupava com a realização do marido como escritor.

Aquele último pedido ("Vicente, você deve desenvolver aquela história da rapariga, num livro"), aparentemente estranho, não fora, na verdade, uma nota isolada. A moça pontuara com matérias de literatura o seu casto assédio a Vicente: eram livros de empréstimo, comentários de leituras, convites à ficção e à poesia aos quais o mocinho arredio e meio abstrato dera pouca importância. A figura de Efigênia, que o narrador mostra apagada quando viva, ressurgirá como "excepcional" na linguagem do remorso impotente do viúvo. A rigor, o diálogo com a mulher não chegara a tomar corpo: se viera de Efigênia o apelo à criação literária, com a nota pungente do último conselho, do lado de Vicente só se conhece a confessada "oclusão muda do meu orgulho intelectual".

Resta ao leitor a tarefa de desfazer o nó existencial armado por essa combinação de testemunho e ficção. O entreato conjugal de Vicente e Efigênia só é vivido, ou melhor, representado, no regime dos fragmentos romanescos de *O cemitério dos vivos*. A mulher que ama, a princípio desvalida, depois maternal, percebe claramente que o amado só tem uma paixão constante, ser escritor e intelectual respeitado, mas a sua compleição moral frágil, vulnerável, o impede de realizar a obra que o arrancaria do anonimato. Amado, mas não apaixonado, o marido fecha-se na impotência do seu amor-próprio, que a expressão "oclusão muda do meu orgulho intelectual" enuncia com precisão. A morte da mulher o punge como um remorso incontornável. Parece que Lima Barreto precisava transpor para a esfera do imaginário, no caso, pela invenção de um episódio conjugal frustrante, o seu drama fundamental de saber-se capaz de uma alta produção literária ao mesmo tempo que era oprimido por um conjunto de condições sociais adversas.

O livro sustenta-se às vezes sob a forma de longa ruminação sobre o significado mesmo da existência quando tudo ao redor do sujeito carece precisamente de sentido. Lembro, a propósito, o quanto rendeu em termos de reflexão um episódio curto mas crucial. Um rapazinho pergunta a Vicente se este fora parar no hospício por ter cometido algum crime. Ouvindo a resposta pronta e veemente de que fora apenas uma bebedeira a causa da internação, o pequeno delinquente conta com a maior naturalidade que lá estava precisamente por um crime. Essa naturalidade — cândida? isenta de cinismo? — do jovem internado, quase um menino, desencadeia no narrador um estado de angústia insuportável: mal-estar que nasce de uma intuição do absurdo de todas as doutrinas éticas ou racionais que procuram magnificar a ordem do universo e o valor da pessoa humana.

Vicente, assim como o Lima Barreto dos depoimentos, diz que frequentara as sessões do Apostolado Positivista onde ouvira as prédicas austeras mas sistematicamente otimistas do senhor Teixeira Mendes, como chama o sacerdote nacional da religião da Humanidade. Nos sermões de inspiração comtiana repetiam-se as palavras do mestre confiantes no porvir do Grande-Ser:

> O amor por princípio, a ordem por base e o progresso por fim; tal é o caráter fundamental do regime definitivo que o positivismo vem inaugurar sistematizando toda a nossa existência, moral e social, por uma combinação inalterável entre o sentimento, a razão e a atividade. [...] A supremacia necessária da vida afetiva aí se encontra melhor constituída do que antes, conforme a preponderância universal do sentimento social, que pode diretamente encantar todo e qualquer pensamento e ato.[6]

Compare-se a linguagem coesa e assertiva de Comte com o relativo à vontade da dicção de Lima Barreto e até mesmo o desleixo estilístico da sua redação, traços que não devem impedir o reconhecimento da sua capacidade de passar do caso singular à meditação universalizante e vice-versa. É prosa de escritor sofrido, carregado de memórias amargas e, ao mesmo tempo, densamente reflexivo:

> O curto encontro com esse rapazola criminoso, ali, naquele pátio, mergulhado entre malucos a delirar, a fazer esgares, uns; outros, semimortos, aniquilados, anulados, encheram-me [sic] de um grande pavor pela vida e de um sentimento profundo da nossa incapacidade para compreender a vida e o universo.

---

6. Auguste Comte, *Discours sur l'ensemble du positivisme* (1848). Paris: Flammarion, 1998, p. 345.

Lembrei-me, então, dos outros tempos em que supus o universo guiado por leis certas e determinadas, em que nenhuma vontade, humana ou não, a elas estranhas, poderia intervir, leis que a ciência humana iria aos poucos desvendando... Não sorri inteiramente; mas achei tal coisa ingênua e que todo o saber humano só seria útil para as suas necessidades elementares da vida e nunca conseguiria explicar a sua origem e o seu destino.

Pensamentos induzidos pelo "grosso espetáculo doloroso da loucura", e que se somam a outros momentos especulativos a que as leituras de Lima Barreto deram fecundo húmus cultural.

O PROJETO E O TEXTO

Nos últimos dias da sua estada no Hospício Nacional de Alienados, Lima Barreto deu uma entrevista ao jornal carioca *A Folha*, publicada em 31 de janeiro de 1920.

Louvado então como "o romancista admirável de *Isaías Caminha*", posto que "boêmio incorrigível", ele revela ao jornalista os seus "planos de trabalho". Mostra-se, em suas palavras, satisfeito e pronto a voltar ao mundo. E diz ironicamente que, apesar das restrições à liberdade ("o Hospício é uma prisão como outra qualquer"), a sua internação estava sendo útil, pois lhe permitia coligir "observações interessantíssimas para escrever um livro sobre a vida interna dos hospitais de loucos". Não deixa de exortar o jornalista a ler *O cemitério dos vivos*, quando saísse em livro. Referia-se provavelmente ao diário e não à novela que receberia o mesmo título. No final da entrevista, recusa o pedido de adiantar ao jornal suas notas sobre os "tipos interessantes" que começara a descrever, pois acredita que, feita a revelação, o livro "perderia todo o interesse".

E Lima Barreto, sorrindo, arrancou do bolso um pedaço de papel:
— Estás vendo? São uns tipos que acabo de jogar.

Há casos em que o texto acabado resulta inferior ao projeto inicial. Aqui deu-se o contrário: o texto inacabado superou os planos concebidos nos dias da internação. O narrador fez mais que alinhar "tipos interessantes". Estes compareçem, de fato, mas descritos de modo sumário, esboços de indivíduos que não lograriam subir à categoria de personagens quando transpostos para o corpo do romance. O escritor não quis ou não pôde desenvolvê-los, justamente porque foi o enigma da loucura, em si, que o atraiu desde os primeiros contatos feitos no pavilhão dos indigentes. Nos loucos o mutismo ou os gritos, os esgares ou as explosões de violência, o sombrio retraimento ou a familiaridade viscosa — tudo lhe parecia inexplicável, e não é à toa que o observador precisasse recorrer, mais de uma vez, à palavra "mistério".

Perplexo, o intelectual crítico, cuja obra toda fora uma denúncia da mentira social, teme que os médicos do Hospício o tratem de maneira cega ou arbitrária. Teme principalmente que a ciência livresca que seguem, avessa à ideia mesma de enigma, não lhes permita ter dúvidas, nem lhes faça ver pessoas, mas apenas *casos* exemplares devidamente catalogados e passíveis das terapias reificadas nos manuais de psiquiatria.

A impotência do internado, que já sofrera o arbítrio dos policiais com seus preconceitos de cor e classe, vê-se, de repente, confrontada com a onipotência do médico. A assimetria é brutal e, embora Lima tenha escapado ao risco de virar cobaia de alienistas enrijecidos ou precipitados, a sua crítica guarda um potencial de verdade ainda hoje ameaçador:

> O terrível nessa coisa de hospital é ter-se de receber um médico que nos é imposto e muitas vezes não é da nossa confiança. Além disso, o médico que tem em sua frente um doente, de que a polícia é tutor e a impersonalidade da lei, curador, por melhor que seja, não o tem mais na conta de gente, é um náufrago, um rebotalho da sociedade, a sua infelicidade e desgraça podem ainda ser úteis à salvação dos outros, e a sua teima em não querer prestar esse serviço aparece aos olhos do facultativo como a revolta de um detento, em nome da Constituição, aos olhos de um delegado de polícia.

Em relação aos jovens recém-formados, amantes de novidades e pouco dispostos a analisar detidamente seus pacientes, confessa que a sua própria condição "de desgraçado" dava-lhe o temor de que o médico

> quisesse experimentar em mim um processo novo de curar alcoolismo em que

empregasse uma operação melindrosa e perigosa. Pela primeira vez, fundamentalmente, eu senti a desgraça e o desgraçado. Tinha perdido toda a proteção social, todo o direito sobre o meu próprio corpo, era assim como um cadáver de anfiteatro de anatomia.

O desrespeito ao que se poderia chamar hoje de direitos mínimos do cidadão assoma de modo flagrante na fase policial que precede a entrada no hospício. Sempre subsiste alguma coisa de tristemente comum entre o guarda de rua e o guarda do manicômio; a ação violenta de ambos procura apagar o indivíduo e substituí-lo pelo estereótipo:

A polícia, não sei como e por quê, adquiriu a mania das generalizações, e as mais infantis. Suspeita de todo o sujeito estrangeiro com nome arrevesado; assim os russos, polacos, romaicos são para ela forçosamente caftens; todo cidadão de cor há de ser por força um malandro; e todos os loucos hão de ser por força furiosos e só transportáveis em carros blindados.

Leia-se, para conferir esta última frase, a viva descrição da gaiola de ferro gradeada onde Lima-Vicente é conduzido para o manicômio:

É indescritível o que se sofre ali, assentado naquela espécie de solitária, pouco mais larga que a largura de um homem, cercado de ferro por todos os lados, com uma vigia gradeada, por onde se enxergam as caras curiosas dos transeuntes a procurarem descobrir quem é o doido que vai ali. A carriola, pesadona, arfa que nem uma nau antiga, no calçamento; sobe, desce, tomba pra aqui, tomba para ali; o pobre-diabo lá dentro, tudo liso, não tem onde se agarrar e bate com o corpo em todos os sentidos, de encontro às paredes de ferro; e, se o jogo da carruagem dá-lhe um impulso para frente, arrisca-se a ir de fuças de encontro à porta de praça-forte do carro-forte, a cair no vão que há entre o banco e ela, arriscando a partir as costelas... Um suplício destes, a que não sujeita a polícia os mais repugnantes e desalmados criminosos, entretanto, ela aplica a um desgraçado que teve a infelicidade de ensandecer, às vezes, por minutos...

Lima Barreto retomaria a narração dessa viagem cruel no conto "Como o 'homem' chegou", dando-lhe um final sinistro: o suposto demente, um pobre astrônomo amador, é trazido na jaula de Manaus para o Rio de Janeiro e, no trajeto, devorado por abutres; é apenas o seu cadáver que chega ao hospício.

Barbárie e civilização costumam alternar-se ou variamente compor-se. O conluio não ocorre só no Brasil, em que pese aos que se comprazem em dar ao país o monopólio do atraso misturado com novidades postiças. A denúncia veio da Europa e está presente, apesar das diferenças de horizonte político, em Swift, em Schopenhauer, em Burckhardt, em Engels, em Marx, em Dostoiévski, em Walter Benjamin, em Ortega y Gasset, em Simone Weil, em Brecht; e é um dos tópicos mais ardidos da crítica da cultura que escapou aos horrores do nazismo, soube avaliar a tempo os do stalinismo, mas igualmente armou suas antenas para captar os signos de brutalidade, cinismo e eficiência técnica emitidos pela civilização de massas de tipo americano que prevaleceu no Ocidente a partir da Segunda Guerra.

A carriola de ferro onde enjaularam o pobre bêbado delirante levou-o aos trancos a um edifício de equilibradas linhas neoclássicas. Lima Barreto observou com justeza que a construção do hospício, terminada em 1852, moldou-se "ao gosto do pseudoclássico da Revolução e do Império Napoleônico". O historiador Pedro Calmon, que escreveu *O palácio da praia Vermelha*, nos informa que a planta do edifício reproduziu a da Maison Nationale de Charenton, matriz dos hospitais psiquiátricos franceses. "O seu arquiteto, Domingos Monteiro", lembra ainda Lima Barreto, "foi certamente discípulo da antiga Academia de Belas-Artes e certamente do arquiteto Grandjean de Montigny. É de aspecto frio, severo, solene, com pouco movimento nas massas arquiteturais. Custou naquela época cerca de mil e quinhentos contos [...]".

A fachada é ampla, o fundo é proporcional e os remates são cuidadosos. Mas, se deslocarmos o olhar do nobre frontão e das janelas dispostas em perfeita simetria para o pátio da Seção Pinel, o quadro muda, torna-se negro:

> Esse pátio é a coisa mais horrível que se pode imaginar. Devido à pigmentação negra de uma grande parte dos doentes aí recolhidos, a imagem que se fica dele, é que tudo é negro. O negro é a cor mais cortante, mais impressionante; e contemplando uma porção de corpos negros nus, faz ela que as outras se ofusquem no nosso pensamento. É uma luz negra sobre as coisas, na suposição de que, sob essa luz, o nosso olhar pudesse ver alguma coisa.

Em outra passagem, acena para o contraste com a natureza:

Não é mais o dia azul-cobalto e o céu ofuscante, não é mais o negror da noite picado de estrelas palpitantes; é a treva absoluta, é toda ausência de luz [...].

A imagem que tudo recobre é de *uma grande abóbada de trevas, de negro absoluto*. As Luzes do neoclassicismo trazido pela missão francesa no tempo do rei queriam ser racionais e modernas, mas dentro do solene edifício que construíram reinaria uma treva absoluta onde deveria ser encerrada a desrazão do negro e do pobre.

Havia uma chácara no fundo do hospício. As árvores eram muito antigas, pois diziam que d. João VI, passeando pela praia da Saudade, já as encontrara taludas.

Vicente e outro internado, Misael, que se fizera seu amigo, gostavam de caminhar pelas amendoeiras e por entre as moitas de bambus. O narrador imagina que aquelas velhas árvores outrora "destinavam-se a uma remansosa estação de recreio, teriam assistido às festas de junho, bulhentas de foguetes e outros fogos, e iluminadas por fogueiras de cultos esquecidos". Mas os anos tinham passado, e agora as mesmas grandes jaqueiras, mangueiras e laranjeiras deviam contemplar a miséria de uma humanidade, "aquela que nos faz outro, aquela que parece querer mostrar que não somos verdadeiramente nada [...]".

O narrador lança o olhar para o seu passado. O sonho de Vicente nunca realizado fora ter um lar, uma casa sempre a mesma e capaz de transmitir aos moradores as lembranças dos pais e avós, aquelas memórias que criam em cada filho e neto "raízes fortes no tempo e no espaço" e o sentimento de ser um "elo de uma cadeia infinita".

Uma horta, um pomar com grandes jaqueiras, mangueiras, laranjeiras, abacateiros, sempre foi o meu sonho; e estavam ali aqueles restos de uma grande chácara, com árvores de mais de meio século de existência, maltratadas, abandonadas, talvez, de toda a contemplação sonhadora de olhos humanos, mas que ainda assim davam prazer, consolavam aquele sombrio lugar de dor e de angústia.

Por baixo das árvores os doentes descansavam. O cenário tinha mudado, e a natureza, que no delírio de Brás Cubas se mostrava indiferente ao destino dos homens, aparece aos olhos de Vicente como sombra compassiva.

Voltamos pelo mesmo caminho. Olhei o céu tranquilo, doce, de um azul muito fino. Não se via o sol, que descambava pelas nossas costas.

Lima Barreto teria amado estes versos de Rosalía de Castro, cristãmente pagãos no seu amor pelos desvalidos enlaçado ao culto da divina Natureza:

Natureza formosa,
eternamente a mesma,
dizei aos loucos, aos mortais dizei
que eles não perecerão.[7]

---

7. Rosalía de Castro, "Abri as frescas rosas...", in *Poesia*, trad. Ecléa Bosi, 2ª ed. São Paulo: Brasiliense, 1987.

DIÁRIO DO HOSPÍCIO

INSTITUTO DE NEUROPATHOLOGIA

Nome *Affonso H. de Lima Barreto*
Côr *parda* Idade *38 annos*
Nacionalidade *brasileira* Estado civil *solteiro*
Profissão *jornalista*
Filiação
Entrada *em 25 de Dezembro de 819*
Sahida *Transferido em 26 de Dezembro de 1919*
Fallecimento   Causa mortis
Diagnostico *Alcoolismo*

É de *2ª* entrada
Deu-se a primeira em *18* de *Agosto* de 19*14*, tendo observação no livro n. *161* pag. *315*
A ultima entrada foi em   de   de 19

OBSERVAÇÃO — Estado actual do doente

Os manuscritos do *Diário do Hospício* redigidos por Lima Barreto durante a sua segunda internação no Hospital Nacional de Alienados, entre dezembro de 1919 e fevereiro de 1920, encontram-se na Seção de Manuscritos da Biblioteca Nacional, Coleção Lima Barreto. Diante de condições adversas, o autor se viu obrigado a registrar suas anotações a lápis, em 79 tiras de papel ora pautado (caso dos dois primeiros capítulos), ora sem linha alguma, rascunhadas tanto na frente como no verso. Mais tarde, passou a escrever em tiras maiores e a caneta.

Todas as tiras traduzem a enorme preocupação do escritor em dar alguma ordem ao material: datação, numeração das páginas, títulos. Ainda que de forma precária, os manuscritos revelam um trabalho de revisão e pré-edição, contendo observações do tipo: "aproveitado", ou "vide notas". As tiras descartadas foram riscadas e trazem uma anotação ao lado: "já falei".

O reflexo dessa precariedade também é visível no que se refere à difícil conservação dos manuscritos. A maioria das tiras apresenta tanto as bordas superiores quanto as inferiores bem desgastadas e, por vezes, exibem manchas, rasgos ou furos. Hoje, felizmente, os manuscritos já se encontram digitalizados e disponíveis a qualquer pesquisador em <http://objdigital.bn.br/objdigital2/acervo_digital/div_manuscritos/mss1428160/mss1428160.pdf>.

Esta não se pretende uma edição crítica, muito embora tenha procurado estabelecer o texto da forma mais rigorosa possível, confrontando as melhores edições existentes e indicadas nas referências bibliográficas. As diversas notas introduzidas só pretendem sugerir novas possibilidades de compreensão da obra.

1920
4 de janeiro
O Pavilhão e a Pinel

Estou no Hospício ou, melhor, em várias dependências dele, desde o dia 25 do mês passado. Estive no Pavilhão de Observação, que é a pior etapa de quem, como eu, entra para aqui pelas mãos da polícia.

Tiram-nos a roupa que trazemos e dão-nos uma outra, só capaz de cobrir a nudez, e nem chinelos ou tamancos nos dão. Da outra vez que lá estive[1] me deram essa peça do vestuário que me é hoje indispensável. Desta vez, não. O enfermeiro antigo era humano e bom; o atual é um português (o outro o era) arrogante, com uma fisionomia bragantina e presumida. Deram-me uma caneca de mate e, logo em seguida, ainda dia claro, atiraram-me sobre um colchão de capim com uma manta pobre, muito conhecida de toda a nossa pobreza e miséria.

Não me incomodo muito com o Hospício, mas o que me aborrece é essa intromissão da polícia na minha vida. De mim para mim, tenho certeza que não sou louco; mas devido ao álcool, misturado com toda espécie de apreensões que as dificuldades de minha vida material há seis anos me assoberbam, de quando em quando dou sinais de loucura: deliro.

Além dessa primeira vez que estive no Hospício, fui atingido por crise idêntica, em Ouro Fino, e levado para a Santa Casa de lá, em 1916;[2] em 1917, recolheram-me ao Hospital Central do Exército,[3] pela mesma razão; agora, volto ao Hospício.

---

1. A primeira internação de Lima Barreto ocorreu entre 18 de agosto e 13 de outubro de 1914. Ver nesta edição o conto "Como o 'homem' chegou" (pp. 203-19), no qual o escritor recria ficcionalmente a sua traumática viagem num carro-forte da polícia, da casa do tio Bernardino Pereira de Carvalho, em Guaratiba, até o Hospital Nacional de Alienados, na praia Vermelha.
2. A convite do jornalista Emílio Alvim — que deixa o cargo de secretário do *Correio da Noite*, em 1915, para trabalhar no Núcleo Colonial Inconfidentes, vinculado ao Ministério da Agricultura, nos arredores de Ouro Fino, sul de Minas Gerais —, Lima Barreto passa o mês de junho de 1916 hospedado na casa do amigo. Segundo depoimento de Emílio ao biógrafo Francisco de Assis Barbosa, durante a crise o escritor trancou-se num quarto e gritava que o general Joaquim Inácio Batista de Castro queria prendê-lo por conta de suas atividades anarquistas: "Lá vem ele! Lá vem ele me prender! Vem com um pelotão!".
Emílio Torres Alvim foi redator da *Gazeta da Tarde* (1911-3), secretário de redação do *Correio da Noite* (1913-5) e da revista *Vida Carioca* (1920-55), onde trabalhou até o fim da vida. Sobre ele, ver crônica de Lima Barreto, "O nosso secretário", publicada no *Correio da Noite* (Rio de Janeiro, 18 jan. 1915).
3. Na verdade, foram duas internações. A primeira ocorreu em julho de 1917. Na segunda, de 4 de novembro de 1918 a 5 de janeiro de 1919, Lima Barreto deu entrada com uma clavícula fra-

Estou seguro que não voltarei a ele pela terceira vez; senão, saio dele para o São João Batista[4] que é próximo. Estou incomodando muito os outros, inclusive os meus parentes. Não é justo que tal continue. Quanto aos meus amigos, nenhum apareceu, senão o senhor Carlos Ventura e o sobrinho.

Este senhor Carlos Ventura é um velho homem, tem uma venda na rua Piauí, em Todos os Santos,[5] fornece para a nossa casa, e foi com auxílio dele que me conseguiram laçar e trazer-me até o Hospício. Acompanharam-me o Alípio[6] e o Jorge.[7]

Passei a noite de 25 no Pavilhão, dormindo muito bem, pois a de 24 tinha passado em claro, errando pelos subúrbios, em pleno delírio.

Amanheci, tomei café e pão e fui à presença de um médico, que me disseram chamar-se Adauto.[8] Tratou-me ele com indiferença, fez-me perguntas e deu a entender que, por ele, me punha na rua.

---

turada, e passou dois meses no Hospital Central do Exército, na rua Francisco Manuel, 26, bairro de Benfica. Ver nesta edição crônica de Lima Barreto, "Da minha cela" (pp. 223-32), publicada no *A.B.C.* (Rio de Janeiro, 30 nov. 1918), na qual comenta as duas internações.
4. Cemitério situado em Botafogo, onde o escritor foi enterrado em 1º de novembro de 1922.
5. Bairro onde também residia Lima Barreto, na rua Major Mascarenhas. Primeiro na casa de número 42 e, a partir de 1918, na de número 26.
6. "Tem meu amigo o senhor Carlos Ventura um excelente camarada e discípulo — o Alípio. Prego-lhe todas as doutrinas subversivas que me vêm à cabeça; e ele me ouve e medita." Ambos são citados pelo escritor na crônica, "Atribulações de um vendeiro", publicada na revista *Careta* (Rio de Janeiro, 27 set. 1919). Há nova menção ao senhor Carlos Ventura em "Mina de ferro e aço", crônica também publicada na *Careta* (Rio de Janeiro, 5 jun. 1920).

Por fim, vale lembrar que ambos reaparecem no capítulo v do romance *Clara dos Anjos* (1948): o senhor Carlos Ventura travestido de "seu" Nascimento, proprietário de uma venda, e o Alípio, sem qualquer disfarce, representa a si mesmo.
7. Trata-se, provavelmente, do barbeiro do escritor, citado em crônicas da década de 1920 como, por exemplo, "Um caso" (Rio de Janeiro, 24 jul. 1920) e "A agonia do burro" (Rio de Janeiro, 8 jun. 1921), ambas nas páginas da revista *Careta*. Na primeira delas, Lima Barreto faz questão de distingui-lo como "meu amigo barbeiro, Jorge".

O prazer que o escritor sempre manifestou em citar as pessoas comuns, com quem partilhava as experiências mais cotidianas, parece ter se acentuado no fim da vida. Pouco a pouco, elas foram assumindo uma dimensão ética e política na sua prosa. Mais do que combater os grã-finos de Botafogo ou de se posicionar contra a cultura do doutor, esse novo olhar revela um amplo interesse pelo subúrbio e uma profunda simpatia por suas formas de sociabilidade.
8. O mineiro Adauto Junqueira Botelho (1895-1963) formou-se na Faculdade de Medicina do Rio de Janeiro em 1917. Considerado discípulo de Juliano Moreira e, principalmente, de Henri-

Voltei para o pátio. Que coisa, meu Deus! Estava ali que nem um peru, no meio de muitos outros, pastoreado por um bom português, que tinha um ar rude, mas doce e compassivo, de camponês transmontano. Ele já me conhecia da outra vez. Chamava-me você e me deu cigarros. Da outra vez, fui para a casa-forte e ele me fez baldear a varanda, lavar o banheiro, onde me deu um excelente banho de ducha de chicote. Todos nós estávamos nus, as portas abertas, e eu tive muito pudor. Eu me lembrei do banho de vapor de Dostoiévski, na *Casa dos mortos*.⁹ Quando baldeei, chorei; mas lembrei de Cervantes, do próprio Dostoiévski, que pior deviam ter sofrido em Argel e na Sibéria.

Ah! A Literatura ou me mata ou me dá o que eu peço dela.

Desta vez, não me fizeram baldear a varanda, nem outro serviço. Já tinha pago o tributo... Fui para o pátio, após o doutor Adauto; mas, bem depressa, fui chamado à varanda de novo. Sentei-me ao lado de um preto moço, tipo completo do espécimen mais humilde da nossa sociedade. Vestia umas calças que me ficavam pelas canelas, uma camisa cujas mangas me ficavam por dois terços do antebraço e calçava uns chinelos muito sujos, que tinha descoberto no porão da varanda.

Tinha que ser examinado pelo Henrique Roxo.¹⁰ Há quatro anos, nós nos

---

que Roxo, tinha 24 anos quando atendeu Lima Barreto no Hospital Nacional de Alienados. Em 1921, juntamente com Antônio Austregésilo, Ulysses Vianna e Pedro Pernambucano Filho, fundou o Sanatório Botafogo, primeira clínica particular dedicada a doentes mentais. De 1941 a 1954, coordenou o Serviço Nacional de Doenças Mentais (SNDM) e, entre 1956 e 1958, foi diretor do Instituto de Psiquiatria da Universidade do Brasil (Ipub). Ao longo de sua trajetória teve atuação destacada em três frentes: clínica particular, administração psiquiátrica e vida universitária. Foi diretor do *Jornal Brasileiro de Psiquiatria*. Publicou, com Pedro Pernambuco Filho, *Vícios sociais elegantes: Cocaína, éter, diamba, ópio e seus derivados etc. — Estudo clínico, médico-legal e profilático* (Rio de Janeiro: Livraria Francisco Alves, 1924).
9. Quase nos mesmos termos, o escritor evoca o romance *Recordações da casa dos mortos* (1861-2), na crônica já citada, "Da minha cela" (Rio de Janeiro, 30 nov. 1918), na qual relata sua passagem pelo Hospital Central do Exército.
10. O carioca Henrique de Brito Belford Roxo (1877-1969) diplomou-se na Faculdade de Medicina do Rio de Janeiro, em 1900, com a tese *Duração dos atos psíquicos elementares nos alienados*. Entre 1904 e 1907 foi nomeado diretor interino do Pavilhão de Observação do Hospital Nacional de Alienados, cargo que voltaria a ocupar entre 1911 e 1920. No ano seguinte, assume a Cátedra de Clínica Psiquiátrica da Faculdade de Medicina e publica um *Manual de psiquiatria* (Rio de Janeiro: Livraria Francisco Alves, 1921) que terá mais três edições (1925, 1938, 1946). Foi um dos pioneiros na divulgação das ideias de Freud através de artigos como "Nervosismo" (*Arquivos Brasileiros de Psiquiatria, Neurologia e Medicina Legal*), de livros como *Psicanálise e outros*

conhecemos. É bem curioso esse Roxo. Ele me parece inteligente, estudioso, honesto; mas não sei por que não simpatizo com ele. Ele me parece desses médicos brasileiros imbuídos de um ar de certeza de sua arte, desdenhando inteiramente toda outra atividade intelectual que não a sua e pouco capaz de examinar o fato por si. Acho-o muito livresco e pouco interessado em descobrir, em levantar um pouco o véu do mistério — que mistério! — que há na especialidade que professa. Lê os livros da Europa, dos Estados Unidos, talvez; mas não lê a natureza. Não tenho por ele antipatia; mas nada me atrai a ele.

Perguntou-me por meu pai e eu lhe dei informações.[11]

Depois, disse-lhe que tinha sido posto ali por meu irmão, que tinha fé na onipotência da ciência e a crendice do Hospício. Creio que ele não gostou.

Acompanhava-o uma espécie de interno, que tinha uma cara bovina, apesar do *pince-nez*. Tanto lá, como aqui, no Hospício, os internos evitam conversar com os doentes: *morgue* ou regulamento? No tempo de meu pai não era assim e, desde que eles descobrissem um doente em nossa casa, se aproximavam e conversavam.

Decididamente, a mocidade acadêmica, de que fiz parte, cada vez mais fica mais presunçosa e oca.

Julguei, apesar de tudo, que o Roxo me mandasse embora, tanto assim que, após o almoço-jantar, quando o tal Bragança enfermeiro me chamou, pensei que fosse para ir-me embora. Não foi.

Lembro-me agora de um fato; o guarda-civil que me esperou na porta do

---

estudos (Rio de Janeiro: Conxson, 1933) e de cursos universitários. Entre 1938 e 1945, foi o primeiro diretor do Instituto de Psiquiatria da Universidade do Brasil (Ipub).

Nesta passagem do *Diário do Hospício* fica evidente que Lima Barreto havia tido contato com Henrique Roxo logo na sua primeira internação. Agora, nesta segunda, o psiquiatra tinha 42 anos.

11. A família do escritor foi duramente atingida pelo advento da República. Em fevereiro de 1890, seu pai pede demissão do cargo de mestre das oficinas de composição da Imprensa Nacional, demonstrando fidelidade política ao monarquista visconde de Ouro Preto. Afinal, por influência deste, fora admitido como tipógrafo na Imprensa Oficial e na *Tribuna Liberal*, de propriedade do visconde.

Graças ao ministro do Interior, Cesário Alvim, em março, João Henriques é nomeado funcionário das Colônias de Alienados São Bento e Conde de Mesquita, na Ilha do Governador. Entre 1890 e 1902, ocupa sucessivamente o cargo de escriturário, almoxarife e administrador. A partir desse último ano, passa a sofrer os seus primeiros delírios. Em 2 de março de 1903, é aposentado por neurastenia cerebral, conforme parecer dos psiquiatras João Carlos Teixeira Brandão (1854-1921) e Simplício de Lemos Braule Pinto (1865-1918).

Hospício, pois não veio comigo nenhum polícia, dirigindo-se a ele, tratou-o mais de uma vez de doutor; ele, porém, nunca protestou.

Chamou-me o bragantino e levou-me pelos corredores e pátios até o Hospício propriamente. Aí é que percebi que ficava e onde, na seção de indigentes, aquela em que a imagem do que a Desgraça pode sobre a vida dos homens é mais formidável.

O mobiliário, o vestuário das camas, as camas, tudo é de uma pobreza sem par. Sem fazer monopólio, os loucos são da proveniência mais diversa, originando-se em geral das camadas mais pobres da nossa gente pobre. São de imigrantes italianos, portugueses e outros mais exóticos, são os negros, roceiros, que teimam em dormir pelos desvãos das janelas sobre uma esteira esmolambada e uma manta sórdida; são copeiros, cocheiros, moços de cavalariça, trabalhadores braçais. No meio disto, muitos com educação, mas que a falta de recursos e proteção atira naquela geena[12] social.

Vi lá o Dantas Lessa,[13] um poeta alegre, companheiro do Tapajós,[14] que conheci assim, assim e depois montou um colégio em Vila Isabel. Parece-me que ele prosperou, mas, vindo a equiparação e não tendo ele recursos para

---

12. Lugar de suplício eterno pelo fogo. É a primeira de uma série de associações que o escritor fará entre hospício e inferno.
13. Francisco Dantas Lessa foi diretor do Externato Dantas Lessa, situado no boulevard 28 de Setembro, em Vila Isabel. Além de professor e jornalista, publicou um livro de poemas infantis, *Bebê* (1915), ilustrado por Belmiro de Almeida. Em 1917, deu entrada no Hospital Nacional de Alienados, onde permaneceu até o seu falecimento, em 7 de junho de 1928.
14. O amazonense Júlio Tapajós (1880-1923) foi colega de Lima Barreto na Escola Politécnica, a qual abandonou para dedicar-se exclusivamente ao jornalismo. Iniciou suas atividades como secretário de redação de *A Noite*, de José Maria Metello Júnior, e redator no *Cidade do Rio*, de José do Patrocínio. Monarquista e católico fervoroso, escreveu para diversos órgãos da imprensa católica como *O Universo*, *A Notícia* e a revista *Vozes de Petrópolis*. Entretanto, sempre esteve vinculado ao jornal *A União*, no qual, além de assinar a coluna "Coisas de teatro", tornou-se secretário de redação e um de seus diretores. No ano em que faleceu, atuava como redator em *O Jornal*, *A Notícia* e era correspondente de *O Estado de S. Paulo*.
Na crônica "Uma coisa puxa a outra" (*A Estação Teatral*, Rio de Janeiro, 8 abr. 1911), Lima Barreto recorda que Tapajós pertencia a um grupo de amigos que lhe cobrava "entender de teatro". De fato, essa foi uma das paixões desse jornalista que, em setembro de 1901, dirigiu *O Teatro*, publicação quinzenal efêmera redigida, entre outros, por Paulo Barreto, Noel Baptista, Joaquim Viana e Baptista Coelho. E, no mesmo ano, tornou-se um dos colaboradores mais frequentes do semanário ilustrado e humorístico *João Minhoca: Teatro alegre de bonecos vivos*, comandado pelo pintor e caricaturista Belmiro de Almeida.

equipará-los ao ginásio (depósito de cinquenta contos e quota de fiscalização), foi perdendo a frequência, ele se desgostou, endividou-se e enlouqueceu. Cumprimentou-me, mas não quis falar comigo.

Esperei o médico. Era um doutor Ayrosa,[15] creio eu ser esse o nome, interrogou-me, respondi-lhe com toda a verdade, e ele não me pareceu mau rapaz, mas sorriu enigmaticamente, ou como dizendo: "você fica mesmo aí", ou querendo exprimir que os meus méritos literários nada valiam, naturalmente à vista das burrices do Aloysio.[16] Fosse uma coisa, fosse outra, fossem ambas conjuntamente, não me agastei. Ele era muito moço; na sua idade, no caso dele, eu talvez pensasse da mesma forma.

O enfermeiro-mor ou inspetor era o Sant'Ana.[17] Um mulato forte, simpático, olhos firmes, um pouco desconfiados, rosto oval, que foi muito bom para mim. Ele fora empregado na Ilha, quando meu pai lá era almoxarife ou administrador, e se lembrava dele com amizade. Deu-me uma cama, numa seção mais razoável, arranjou que eu comesse com os pensionistas de quarta classe e, no dia seguinte, fez-me dormir num quarto, com um estudante de medicina, Queirós, que um ataque tornara hemiplégico e meio aluado.

---

15. O mineiro José Carneiro Ayrosa (189?-1969) foi docente de psiquiatria da Faculdade de Medicina no Rio de Janeiro. A partir de 1918, ocupa interinamente o cargo de assistente no Hospital Nacional de Alienados. É nessa função que assina o Livro de Observações Clínicas, nº 64, da Seção Pinel, registro da segunda internação de Lima Barreto.

Em 1928, integra o grupo de psiquiatras responsável pela seção carioca da Sociedade Brasileira de Psicanálise, fundada em São Paulo um ano antes. Foi um dos primeiros a escrever sobre *A psicanálise e suas aplicações clínicas* (Rio de Janeiro: Flores & Mano, 1932). Publicou inúmeros artigos, entre eles, vários dedicados a questão d'"O alcoolismo: suas raízes psicológicas segundo a psicanálise" (*Arquivos Brasileiros de Higiene Mental*, ano 8, n. 1, jan./mar. 1934).

Vale sublinhar que, em 1933, José Carneiro Ayrosa também tratou do músico Ernesto Nazareth (1863-1934) na Colônia Juliano Moreira, em Jacarepaguá. Não deixa de ser emblemático que ele e os demais psiquiatras até aqui citados não tenham manifestado o menor interesse em escrever ou refletir sobre as internações de Lima Barreto ou Ernesto Nazareth.

16. O carioca Aloysio de Castro (1881-1959), poeta e médico neurologista, formou-se pela Faculdade de Medicina do Rio de Janeiro, em 1903, da qual mais tarde seria diretor (1915-25). Em 1930, presidiu a Academia Brasileira de Letras, na qual ocupou a cadeira número 5, entre 1917 e 1959. Ao lado de seu mestre Miguel Couto, era criticado sistematicamente por Lima Barreto como exemplo da nossa cultura do *doutor*. Ver "A superstição do doutor" (*Gazeta de Notícias*, Rio de Janeiro, maio 1918) e "As escoras sabichonas" (sobre a posse de Aloysio de Castro na ABL, abr. 1919).

17. Gustavo Sant'Ana.

Tratou-me bem esse moço, conquanto não deixasse de ter, como eu já tive, essa presunção infantil do nosso estudante, que se julga, só por sê-lo, diferente dos outros.

Dei-lhe a entender que já o havia sido; ele pareceu não acreditar.

Dormi a noite de 26 no dormitório geral e a de 27 no quarto do estudante. Vinte e oito foi domingo, recebi visitas do meu irmão e do senhor Ventura, ambos me trouxeram cigarros, e o senhor Ventura, passas e figos. Ainda desta vez, dormi no quarto, com o estudante.

Na Seção Pinel, que é a de que estou falando, reatei conhecimento com um rapaz português, que me conheceu quando era estudante e comia na pensão do Ferraz, isto deve ter sido há vinte anos ou mais. Durante os dias em que lá estive, ele, o José Pinto, me foi de um préstimo inesquecível. Relembrava ao porteiro a ordem que eu tinha do Sant'Ana de ir tomar refeições no refeitório especial, arranjava-me jornais (Sant'Ana também), cigarros (contarei essa tragédia manicomial em separado) e, na tarde de domingo, levou-me a passear pela chácara do Hospício.

É muito grande e, apesar de estiolada e maltratada, a sua arborização devia ter sido maravilhosa. Os ricos de hoje não gostam de árvores...

O Hospício é bem construído e, pelo tempo em que o edificaram, com bem acentuados cuidados higiênicos.[18] As salas são claras, os quartos amplos, de acordo com a sua capacidade e destino, tudo bem arejado, com o ar azul dessa linda enseada de Botafogo que nos consola na sua imarcescível beleza, quando a olhamos levemente enrugada pelo terral, através das grades do manicômio, quando amanhecemos lembrando que não sabemos sonhar mais... Lá entra por ela adentro uma falua, com velas enfunadas e sem violentar; e na rua embaixo passam moças em traje de banho, com as suas bacias a desenharem-se nítidas no calção, até agora inúteis.

Na segunda-feira, antes que meu irmão viesse, fui à presença do doutor Juliano Moreira.[19] Tratou-me com grande ternura, paternalmente, não me ad-

---

18. O Hospício de Pedro II foi inaugurado em dezembro de 1852. Em janeiro de 1890, após a Proclamação da República, é rebatizado: Hospício Nacional de Alienados. A partir de julho de 1911, passa a se chamar Hospital Nacional de Alienados. É fechado em 1944 e, cinco anos depois, o prédio passa às mãos da Universidade do Brasil, atual UFRJ.
19. O baiano Juliano Moreira (1873-1933) é frequentemente designado o fundador da psiquiatria no Brasil. De família pobre, mulato, ingressou na Faculdade de Medicina da Bahia aos treze anos e graduou-se com dezoito, com a tese *Sífilis maligna precoce* (1891). Foi tratar-se de

moestou. Fez-me sentar a seu lado e perguntou-me onde queria ficar. Disse-lhe que na Seção Calmeil. Deu ordens ao Sant'Ana e em breve lá estava eu.

Paro aqui, pois me canso; mas não posso deixar de consignar a singular mania que têm os doidos, principalmente os de baixa extração, de andarem nus. Na Pinel, dez por cento assim viviam, num pátio que era uma *bolgia*[20] do Inferno. Por que será?

---

tuberculose na Europa, onde permaneceu entre 1895 e 1902, tendo frequentado vários cursos de doenças mentais e visitado manicômios e clínicas psiquiátricas na Inglaterra, França, Itália, Áustria, Bélgica e Alemanha. No mesmo período conheceu uma enfermeira alemã, que se tornaria sua esposa, Augusta Peick Moreira.

Dirigiu o Hospício Nacional de Alienados, no Rio de Janeiro, entre 1903 e 1930. Propôs a criação de uma colônia destinada exclusivamente aos epilépticos e outra aos alcoólicos. Também reivindicou pavilhões isolados para tuberculosos e portadores de doenças contagiosas, além da criação de um lugar de pediatria, com conhecimentos especializados para atender às crianças, já em grande número, as quais exigiam assistência separada dos adultos, cujo convívio lhes era prejudicial. Além disso, criou oficinas de mecânica, marcenaria, sapataria, colchoaria, costura e pintura. Para quem quiser conhecer as profundas mudanças introduzidas em sua administração, nada melhor do que ler "Notícia sobre a evolução da assistência a alienados no Brasil pelo dr. Juliano Moreira diretor do Hospício Nacional de Alienados" (*Relatório apresentado ao presidente da República dos Estados Unidos do Brasil pelo dr. J. J. Seabra ministro de Estado da Justiça e Negócios Interiores*. Rio de Janeiro: Imprensa Nacional, mar. 1905. v. 2: Diretoria do Interior. Primeira Parte. Anexo E).

Juliano Moreira reuniu um corpo médico que viria a desempenhar um papel central nos rumos da psiquiatria brasileira. Entre outros, podemos citar Afrânio Peixoto, Antônio Austregésilo, Henrique Roxo, Humberto Gotuzzo e Gustavo Riedel. Em 1905, juntamente com Antônio Austregésilo e Ernani Lopes, funda os *Arquivos Brasileiros de Medicina*. No mesmo ano, cria a Sociedade Brasileira de Psiquiatria, Neurologia e Ciências Afins. Publicou mais de uma centena de artigos em revistas especializadas nacionais e internacionais.

Um aspecto marcante foi sua discordância quanto a uma suposta contribuição negativa dos negros na miscigenação. Na primeira década do século XX, polemizou com Nina Rodrigues. A atuação de Juliano Moreira alinhou-se às correntes que representavam uma modernização teórica da psiquiatria, inspiradas nas ideias da escola psicopatológica alemã, em especial Émil Kraepelin.

Lima Barreto tornou-se amigo de Juliano Moreira, a quem se referia sempre de forma afetiva e extremamente elogiosa, como na crônica "Quem será, afinal?" (*A.B.C.*, 25 jan. 1919): "O doutor Juliano Moreira é uma excelente pessoa; e não mete medo aos homens como eu, pois ele os estudou e lhes adivinha as dores". Ver também depoimento de Jaime Adour da Câmara a Francisco de Assis Barbosa, *A vida de Lima Barreto* (Rio de Janeiro: José Olympio; ABL, 2003, p. 319, n. 12).

20. Referência à *Divina comédia*, de Dante Alighieri (1265-1321). O oitavo círculo do Inferno, do canto XVIII ao canto XXX, é composto por dez fossas (*bolgie*) onde jazem os condenados.

II
Na Calmeil

Os primeiros dias
[de 29.12.19 a 4.1.20]

Eu entrei na Seção Calmeil, seção dos pensionistas, na segunda-feira, 29 de dezembro. O inspetor da seção é um velho português de perto de sessenta anos, que me conhece desde os nove.[21] Ele foi em 90, com meu pai, nomeado escriturário das colônias da Ilha do Governador, exerceu as funções de enfermeiro-mor da Colônia Conde de Mesquita.[22] As suas funções eram árduas, porquanto, ficando ela a dois quilômetros e meio da sede da administração, ele arcava com toda a responsabilidade de governar uma centena de loucos, numa colônia aberta para um grande campo, cheio de vetustas mangueiras, a que o raio e o tempo tinham desmanchado os maravilhosos quadriláteros, um dentro do outro, formando uma alameda quadrangular, que devia ser soberba quando intacta, aí pelos tempos de d. João VI, que a conheceu, pois o edifício principal dela tinha sido uma das casas de recreio que o bom e gordo rei tinha pelos arredores do Rio.[23]

Ainda vi um curral de pedra, que mais parecia uma fortaleza, e um enorme pombal, alicerçado em pedra, mas construído de tijolos enormes e bem queimados, com as casuchas e pouso de entrada dos pombos feitos de um ladrilho grande, quase quadrangular, que certamente eram, ladrilhos e tijolos, de origem portuguesa.

Na ilha não havia pedra, a não ser granito em franca decomposição, esfoliando, de modo que curral e pombal foram pedreiras que forneceram material para reparos e acréscimos nos edifícios das duas colônias.

Dias, desde esse tempo, e parece que já mesmo antes, nunca largou esse ofício de pajear malucos. Não é dos mais agradáveis e é preciso, além de paciência e resignação para aturá-los, uma abdicação de tudo aquilo que faz o encanto da vida de todo homem. É ele, por assim dizer, obrigado a viver no manicômio, só podendo ir ter com a família, ou o que com isso parece, a longos intervalos. Demorando-se pouco no lar. Ouvir durante o dia e a noite toda sorte de disparates, receber as reclamações mais desarrazoadas e infantis, adivinhar as manhas, os seus *trucs* e dissimulações — tudo isto, e mais o que se

---

21. Trata-se de João Dias Pereira.
22. Em 1890, foram criadas duas colônias, São Bento e Conde de Mesquita, reservadas exclusivamente para alienados indigentes que, transferidos do Hospital Nacional de Alienados, desenvolviam ali trabalhos agrícolas e industriais.
23. No quarto capítulo do romance *Vida e morte de M. J. Gonzaga de Sá* (São Paulo: Revista do Brasil, 1919) há uma breve descrição da Colônia Conde de Mesquita.

pode facilmente adivinhar, transforma a vida desses guardas, enfermeiros, num verdadeiro sacerdócio.

Estive mais de uma vez no Hospício, passei por diversas seções e eu posso dizer que me admirei que homens rústicos, os portugueses, mal saídos da gleba do Minho, os brasileiros, da mais humilde extração urbana, pudessem ter tanta resignação, tanta delicadeza relativa, para suportar os loucos e as suas manias. Nem todos são insuportáveis; na maioria, são obedientes e dóceis; mas os poucos rebeldes e aqueles que se enfurecem, de quando em quando, são por vezes de fazer um homem perder a cabeça. Tratarei deles mais minuciosamente. Pois o meu Dias, apesar dos gritos, dos gestos de mando, é um homem talhado para pastorear doidos, tanto ele como Sant'Ana, cuja seção é mais trabalhosa, mas que eu deixei, não porque ele não me tratasse bem, o que ele me fez espontaneamente, mas para ter às ordens a biblioteca da Seção Calmeil, que eu descreverei devagar.

Outra coisa que me fez arrepiar de medo na Seção Pinel foi o alienista.[24] Se entre nós, no Rio, houvesse uma universidade, eu poderia dizer que ele havia sido meu colega, porquanto, quando ele frequentava a Escola de Medicina eu passeava pelos corredores da Escola Politécnica.[25]

Nunca travamos relações, mas nós nos conhecíamos. Ele, porém, não se deu a conhecer e eu, no estado de humilhação em que estava, não devia ser o primeiro a me dar a conhecer.

Não lhe tenho nenhuma antipatia, mas julgo-o mais nevrosado e avoado

---

24. O pernambucano Antônio Austregésilo (1876-1960) formou-se na Faculdade de Medicina do Rio de Janeiro em 1899, defendendo a tese *Estudo clínico do delírio*. Integrou a equipe de Juliano Moreira assumindo a Diretoria de Assistência aos Alienados. Em 1912, foi nomeado professor da primeira Cátedra de Neurologia na Universidade do Brasil, onde lança as bases da neurologia no país. Foi um dos fundadores dos *Arquivos Brasileiros de Psiquiatria, Neurologia e Ciências Afins* (1905) e membro da Academia Brasileira de Letras (1914), ocupando a cadeira 30. Publicou uma obra extensa, alternando as de caráter mais científico, como *Clínica neurológica* (Rio de Janeiro: Francisco Alves, 1917), *Psiconeuroses e sexualidade* (Rio de Janeiro: Leite Ribeiro, 1919) e *A neurastenia sexual e seu tratamento* (Rio de Janeiro: Francisco Alves, 1928), com as de divulgação, como *A cura dos nervosos* (Rio de Janeiro: Jacinto R. dos Santos, 1933) e *Conduta sexual* (Rio de Janeiro: Guanabara, 1934).
25. Entre 1897 e 1903, o escritor frequentou a Escola Politécnica, porém seguidas reprovações (cinco vezes só em Mecânica) e o agravamento da doença do pai o impediram de obter o diploma de engenheiro.

do que eu. É capaz de ler qualquer novidade de cirurgia aplicada à psiquiatria em uma revista norueguesa e aplicar, sem nenhuma reflexão preliminar, num doente qualquer. É muito amante de novidades, do *vient de paraître*, das últimas criações científicas ou que outro nome tenham.

Dei-me muito com o irmão, cuja morte muito lamento;[26] mas não posso deixar de dizer essa minha inocente opinião que, talvez, possa parecer maldosa. Garanto que não é.

Logo ao entrar na seção, no meado do dia da segunda-feira, notei que a biblioteca tinha mudado de lugar. Mudei a roupa, pois meu irmão me apareceu com outra de casa. Esperei o Dias, que me marcasse o dormitório, e sentei-me na biblioteca. Estava completamente desfalcada! Não havia mais o Vapereau, *Dicionário das literaturas*;[27] dois romances de Dostoiévski, creio que *Les Possédés*, *Les Humiliés et offensés*; um livro de Melo Morais, *Festas e tradições populares do Brasil*. O estudo sobre Colbert estava desfalcado do primeiro volume; a *História de Portugal*, de Rebelo da Silva, também, e assim por diante. Havia, porém, em duplicado, a famosa *Biblioteca internacional de obras célebres*.

Olhei as fisionomias e, tanto aqui, como na outra seção, eu me surpreendi de encontrar tantas fisionomias vagamente conhecidas. Umas me pareciam de antigos colegas de colégio, de escola superior, de repartição, do Exército, de cafés, de festas; mas não me animava a falar-lhes, pois me olhavam com ar estúpido e parado, que eu detinha o primeiro impulso de perguntar a cada um:

— O senhor não me conhece?

O engraçado é que aqueles que eu não conhecia prontamente é que vinham a mim falar-me; e não veio um só; vieram muitos, e todos me trataram com afeto e respeito, conquanto me caceteassem, lendo o que escrevia ou lia, querendo o meu jornal, pedindo-me cigarros, não me deixando de todo sossegar e aproveitar esse descanso que o álcool e as apreensões da minha atribulada vida não me dão.

---

26. Miguel Austregésilo, contemporâneo do escritor na Escola Politécnica, era um dos diretores do quinzenário teatral *Comédia* (1916-9), no qual Lima Barreto publicou um artigo intitulado "Eu também!" (Rio de Janeiro, 5 jul. 1919). É mencionado no *Diário íntimo*, em 24 de janeiro de 1905.

27. *Dictionnaire universel des littératures* (Paris: Hachette, 1876), do enciclopedista francês Gustave Vapereau (1819-1906).

No dia seguinte à minha entrada na seção e no outro imediato, fui à presença do médico. É um rapaz do meu tempo e deve ter a minha idade; conheci-o estudante; ele, porém, não me conheceu por esse tempo.

Nos nossos jornalecos troçamo-lo muito. Eu, porém, não me lembro de qualquer pilhéria a seu respeito feita por mim. Ele me tratou muito bem, auscultou-me, disse-lhe tudo o que sabia das consequências do meu alcoolismo e eu saí do exame muito satisfeito por ter visto no moço uma boa criatura que não guardava rancor das troças que ele podia atribuir a mim.

Era uma alma boa em quem o dandismo era mais uma aquisição que uma manifestação de superficialidade de alma e inteligência.

Não me achou muito arruinado e, muito polidamente, deu-me conselhos para reagir contra o meu vício. Oh! Meu Deus! Como eu tenho feito o possível para extirpá-lo e, parecendo-me que todas as dificuldades de dinheiro que sofro são devidas a ele, e por sofrê-las, é que vou à bebida. Parece uma contradição; é, porém, o que se passa em mim. Eu queria um grande choque moral, pois físico já os tenho sofrido, semimorais, como toda espécie de humilhações também. Se foi o choque moral da loucura progressiva de meu pai, do sentimento de não poder ter a liberdade de realizar o ideal que tinha na vida, que me levou a ela, só um outro bem forte, mas agradável, que abrisse outras perspectivas na vida, talvez me tirasse dessa imunda bebida que, além de me fazer porco, me faz burro.

Não quero morrer, não; quero outra vida.

Não lhe disse isto ao doutor H.,[28] mas lhe quis dizer.

---

28. O gaúcho Humberto Gotuzzo (1882-1966) marcou presença no mundanismo cultural desde muito jovem. Cronista do *Jornal do Commercio*, foi descrito por Brito Broca, em *A vida literária no Brasil 1900*, como "um dos homens mais elegantes da época". O pintor Leopoldo Gotuzzo, um de seus irmãos mais novos, gozou de certo reconhecimento no ambiente acadêmico.

Em outubro de 1906 foi nomeado alienista-adjunto do Hospício Nacional de Alienados. Também atendia em seu consultório, situado na rua Sete de Setembro, 111, 1º andar. Em 1907, publicou um artigo, "A mania dos cinematógrafos", que alcançou repercussão naquele começo do século, ao afirmar que tal invenção estava se transformando numa "nevrose" carioca.

Em duas crônicas da revista *Careta*, ambas incluídas nesta edição (pp. 236-9, 240-2), Lima Barreto faz o elogio do alienista. Em "Os percalços do budismo" (Rio de Janeiro, 31 jan. 1920) refere-se a Humberto Gotuzzo "como excelente pessoa", contrapondo-o ao "risinho de mofa" do doutor José Carneiro Ayrosa. Já em "A lógica do maluco" (Rio de Janeiro, 8 out. 1921), antes de narrar o caso de um interno, alerta o leitor: "Contou-me o caso, o meu amigo doutor Gotuzzo,

Tenho que falar dos doentes em cuja companhia estou, dos guardas, dos enfermeiros, mas preciso tratar com mais detalhe e já me cansa o escrever estas notas.

Cá estou na Seção Calmeil há oito dias. Raro é o seu hóspede com quem se pode travar uma palestra sem jogar o disparate. Ressinto-me muito disto, pois gosto de conversar e pilheriar; e sei conversar com toda a gente, mas, com esses que deliram, outros a quem a moléstia faz tatibitate, outros que se fizeram mudos e não há nada que os faça falar, outros que interpretam as nossas palavras de um modo inesperado e hostil, o melhor é calar-se, pouco dizer, mergulhar na leitura, no cigarro, que é a paixão, a mania de todos nós, internados, e o possuí-los em abundância é um perigo que se corre e só pode ser evitado pela astúcia ou pela energia.

Falarei disso com mais vagar.

Estou entre mais de uma centena de homens, entre os quais passo como um ser estranho. Não será bem isso, pois vejo bem que são meus semelhantes. Eu passo e perpasso por eles como um ser vivente entre sombras — mas que sombras, que espíritos?! As que cercavam Dante[29] tinham em comum o *stock* de ideias indispensável para compreendê-lo; estas não têm mais um para me compreender, parecendo que têm um outro diferente, se tiverem algum.

---

que me consentiu em trazê-lo a público, sem o nome do doente". Se por um lado causa estranheza a simpatia do escritor por esse jovem discípulo de Juliano Moreira, também matiza uma possível aversão indiscriminada aos alienistas, o que só reforça o poder de observação e o grau de discernimento de Lima Barreto.

29. Se o primeiro capítulo terminava com uma alusão à *bolgia* do "Inferno", este segundo se encerra com uma menção explícita à Dante. Na biblioteca de Lima Barreto, além de uma edição italiana da *Divina comédia*, havia um exemplar da primeira tradução integral do poema para o português, assinada pelo Barão da Vila da Barra (Francisco Bonifácio de Abreu), de 1888. Interessa também assinalar que nesse trecho Lima Barreto se identifica à posição de Dante, isto é, se coloca como escritor e também como visitante ilustre, apenas de passagem naquele mundo subterrâneo, marcando com isso uma alteridade profunda e dramática em relação aos outros internos.

III
A minha bebedeira e a minha loucura

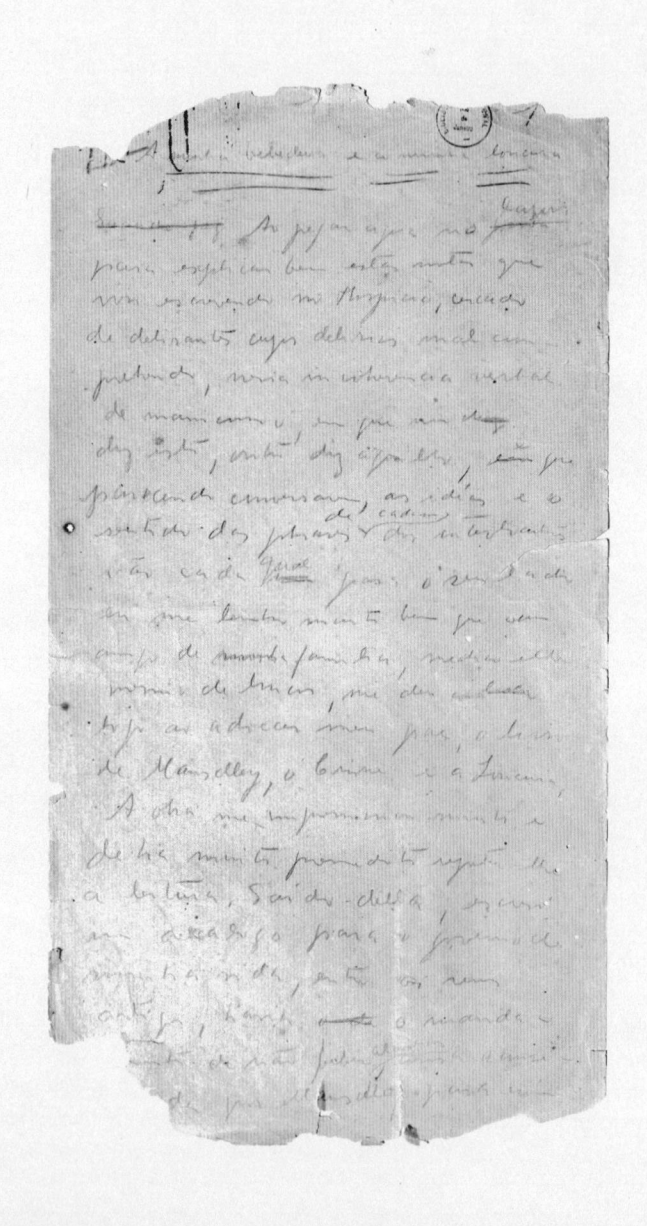

Ao pegar agora no lápis para explicar bem estas notas que vou escrevendo no Hospício, cercado de delirantes cujos delírios mal compreendo, nessa incoerência verbal de manicômio, em que um diz isto, outro diz aquilo, e que, parecendo conversarem, as ideias e o sentido das frases de cada um dos interlocutores vão cada qual para o seu lado, eu me lembro muito bem que um amigo de minha família, médico ele mesmo de loucos,[30] me deu, logo ao adoecer meu pai, o livro de Maudsley, *O crime e a loucura*,[31] A obra me impressionou muito e de há muito premedito repetir-lhe a leitura. Saído dela, escrevi um decálogo para o governo da minha vida; entre os seus artigos havia o mandamento de não beber alcoólicos, coisa aconselhada por Maudsley, para evitar a loucura. Nunca o cumpri e fiz mal. Muitas causas influíram para que viesse a beber; mas, de todas elas, foi um sentimento ou pressentimento, um medo, sem razão nem explicação, de uma catástrofe doméstica sempre presente. Adivinhava a morte de meu pai e eu sem dinheiro para enterrá-lo; previa moléstias com tratamento caro e eu sem recursos; amedrontava-me com uma demissão e eu sem fortes conhecimentos que me arranjassem colocação condigna com a minha instrução; e eu me aborrecia e procurava distrair-me, ficar na cidade, avançar pela noite adentro; e assim conheci o *chopp*, o *whisky*, as noitadas, amanhecendo na casa deste ou daquele.

A minha casa me aborrecia, tão triste era ela! Meu pai delirava, queixava-se, resmungava, com tal ar que me parecia [...]. Eu me agastava, tanto mais que ele não tinha razão alguma. A não ser na Ilha do Governador, plena roça, por aquelas épocas, cujas vantagens de moradia são fáceis de adivinhar, eu não me lembrava de ter morado em melhor casa e ter comido melhor; mas ele resmungava.

---

30. O amazonense Simplício de Lemos Braule Pinto (1865-1918), alienista formado na Faculdade de Medicina do Rio de Janeiro, em 1892, cuidou tanto do pai do escritor como também do próprio Lima Barreto, em suas primeiras crises de delírio. Entre 1908 e 1909 dirigiu interinamente as Colônias São Bento e Conde de Mesquita. Em 1911, foi designado diretor da Colônia de Alienados do Engenho de Dentro, exclusiva para mulheres, função que exerceu até sua morte, em 18 de setembro de 1918.
31. Obra do médico e alienista inglês Henry Maudsley (1835-1918), lida por Lima Barreto em francês: *Le Crime et la folie* (Paris: Germer Baillière, 1874). Euclides da Cunha o cita nas "Duas linhas" finais de *Os sertões* (1902): "É que ainda não existe um Maudsley para as loucuras e os crimes das nacionalidades...".

De resto, tinha horror à vizinhança e, por isto e pelo que disse mais acima, procurei sempre entrar em casa ao anoitecer, quando todos estavam recolhidos. Era rematada tolice, porquanto eu saía para a repartição[32] dia claro e à vista de todos. Coisas de maluco...

No começo, havia dinheiro na bolsa de todos e o parati entrava como mera extravagância. O forte era cerveja; mas, bem depressa, com a fuga inexplicável do dinheiro das nossas algibeiras, a cachaça ficou sendo o nosso forte; e eu a bebia desbragadamente, a ponto de estar completamente bêbado às nove ou dez horas da noite.

O aparecimento do meu primeiro livro[33] não me deu grande satisfação. Esperava que o atacassem, que me descompusessem e eu, por isso, tendo o dever de revidar, cobraria novas forças; mas tal não se deu; calaram-se uns e os que dele trataram o elogiaram. É inútil dizer que nada pedi.

A minha dor ou as minhas dores aumentavam ainda; e, cheio de dívidas, sem saber como pagá-las, o J. M.[34] aconselhou-me que escrevesse um livro e o levasse para ser publicado no *Jornal do Commercio*.

Assim o fiz. Pus-me em casa dois meses e escrevi o livro.[35] Saiu na edição da tarde e ninguém o leu, e só veio a fazer sucesso, para mim inesperado, quando o publiquei em livro. Desalentado e desanimado, sentindo que eu não podia dar nenhuma satisfação àqueles que me instruíram tão generosamente,

32. Em 27 de outubro de 1903, o escritor ingressa, por concurso, na Secretaria da Guerra, onde trabalhará como amanuense até sua aposentadoria, em 1918. Após diversas licenças para tratamento de saúde e do alcoolismo, é considerado inválido para o serviço público.
33. *Recordações do escrivão Isaías Caminha*. Lisboa: A. M. Teixeira, 1909.
34. O baiano João Guedes de Melo (1869-1958) iniciou sua vida profissional como aprendiz de tipógrafo nas oficinas da *Tribuna Liberal*, sob a direção do pai de Lima Barreto. Entre 1891 e 1900, ingressa como revisor no *Diário do Comércio*, passando a redator em *O Tempo*, *Jornal do Brasil*, *A Notícia*, *O Século*, *Cidade do Rio*, *A Tribuna* e *O País*. Dentro da profissão, desempenha diversas funções: repórter policial, cronista de rádio, presidente da Associação Brasileira de Imprensa (1917-20). Entra para o *Jornal do Commercio* em 1905 e ali permanece até o fim da vida. Em sua trajetória, João Melo reuniu tanto o aprendizado tipográfico com o pai quanto as rodas boêmias com o filho. No discurso de seus oitenta anos, ao ser homenageado pela imprensa carioca, relembrou comovido que "em não raras tertúlias, o escritor elogiava-o, dizendo a outros amigos: *Este foi aluno de meu pai*" (*Jornal do Commercio*, Rio de Janeiro, 25 set. 1949).
35. *Triste fim de Policarpo Quaresma* foi publicado, em folhetins diários, na edição vespertina do *Jornal do Commercio*, entre 11 de agosto e 19 de outubro de 1911. A primeira edição em livro saiu pela *Revista dos Tribunais* (Rio de Janeiro) em 1915.

nem mesmo formando-me, não tendo nenhuma ambição política, administrativa, via escapar-se por falta de habilidade, de macieza, a única coisa que me alentava na vida — o amor das letras, da glória, do nome, por ele só.

Eu me senti capaz de fazer, mas de antemão sabia que não encontraria em parte alguma quem me imprimisse e tinha a íntima certeza de que não encontraria dinheiro com que me fosse possível editar o meu trabalho, especialmente o *Gonzaga de Sá*.[36]

Bebi cada vez mais, e, dentre muitas aventuras, algumas humilhantes, e não foram as mais o parar duas ou três vezes nas delegacias de polícia, aconteceu-me uma, que se cerca de um mistério que até hoje não pude desvendar. Conto. Uma noite, às últimas horas, muito bêbado, pedi a V.[37] que me levasse ao bonde, que passava na rua Sete de Setembro. Esperei no poste, em frente ao canil, o veículo e, de repente, focinhei no chão. V., que já morreu e era muito mais forte do que eu, levantou-me, equilibrou-me e pôs-me de pé. De repente, veio uma rapariga preta, surgida não sei de onde, que perguntou a V. (foi ele que me contou):

— A patroa manda perguntar o que tem o doutor L.

V. respondeu:

— O doutor L. está um pouco incomodado, devido a ter se excedido um pouco. Não é nada.

A rapariga foi-se e logo após voltou:

— A patroa manda este remédio para o senhor fazer que o doutor L. cheire. Ela manda também que o senhor acompanhe o doutor L. até em casa, com todo o cuidado.

Era um vidro de amônia que, ainda vazio, guardo em casa. Quem foi essa boa alma? Quem é essa "patroa"? Não sei e creio que não saberei nunca. Ficam

---

36. *Vida e morte de M. J. Gonzaga de Sá* estava praticamente pronto em 1908, mas só veio à luz em 1919, pela *Revista do Brasil* (São Paulo), editada por Monteiro Lobato.
37. O paraense Joaquim Vilarinho foi, segundo Francisco de Assis Barbosa, "um dos maiores bebedores de parati que o Rio de Janeiro conheceu". Estudante de engenharia e companheiro de boemia de Lima Barreto, morreu em 8 de abril de 1916. O escritor pagou o enterro do amigo com o adiantamento de 100 mil-réis, feito pelo livreiro e editor Antônio J. Castilho, na compra de um lote da primeira edição de *Triste fim de Policarpo Quaresma*, que havia sido paga pelo próprio autor, com dinheiro obtido junto a agiotas e descontado em folha do seu salário na Secretaria de Guerra.

aqui, porém, os meus ternos agradecimentos. As minhas dores e as minhas dificuldades, também.

Não me preocupava com o meu corpo. Deixava crescer o cabelo, a barba, não me banhava a miúdo. Todo o dinheiro que apanhava bebia. Delirava de desespero e desesperança; eu não obteria nada.

Outras muitas me aconteceram, mas são banais a todos os bebedores. Dormi em capinzais, fiquei sem chapéu, roubaram-me mais de uma vez quantias vultosas. Um dia, furtaram-me cerca de quinhentos mil-réis e eu amanheci sentado a uma soleira, na praça da Bandeira, com mil-réis no bolso, que, creio, me deixaram por comiseração os que me roubaram.

Tenho vergonha de contar algumas dessas aventuras, em que felizmente ainda me deixaram com roupa. Elas seriam pitorescas mas não influiriam para o que tenho em vista.

Resvalava para a embriaguez inveterada, faltava à repartição semanas e meses. Se não ia ao centro da cidade, bebia pelos arredores de minha casa, desbragadamente. Embriagava-me antes do almoço, depois do almoço, até o jantar, depois deste até a hora de dormir.

Eu sou dado ao maravilhoso, ao fantástico, ao hipersensível; nunca, por mais que quisesse, pude ter uma concepção mecânica, rígida, do Universo e de nós mesmos. No último, no fim do homem e do mundo, há mistérios e eu creio neles. Todas as prosápias sabichonas, todas as sentenças formais dos materialistas, e mesmo dos que não são, sobre as certezas da ciência, me fazem sorrir e creio que este meu sorriso não é falso, nem precipitado, ele me vem de longas meditações e de alanceantes dúvidas.

Cheio de mistério e cercado de mistério, talvez as alucinações que tive as pessoas conspícuas e sem tara possam atribuí-las à herança, ao álcool, a outro qualquer fator ao alcance da mão. Prefiro ir mais longe...

Certo dia a minha alucinação foi tão forte que resolveram levar-me para a casa de um parente,[38] para ver se melhorava; foi pior. Mandaram-me para o

---

38. Após uma semana de excessos, justamente quando Lima Barreto se recolhe em casa para repousar, sofre sua primeira noite de alucinações. Na manhã seguinte, procura o dr. Simplício de Lemos Braule Pinto, que diz se tratar de uma crise passageira. Mas ela se agrava e os irmãos decidem levá-lo até Guaratiba, onde reside o tio Bernardino Pereira de Carvalho. Os delírios adquirem maior intensidade e, a exemplo do ocorrido em Ouro Fino, o escritor tem um surto agressivo. Ao mesmo tempo que grita que o tenente Serra Pulquério vem prendê-lo por ser um

Hospício. No mesmo dia que lá cheguei, no Pavilhão, nada sofri. Assim não foi no Hospital Central do Exército, nem na Santa Casa, de Ouro Fino, onde as visões continuaram, no Hospital por mais de vinte e quatro horas e, em Ouro Fino, unicamente na noite da entrada.

Agora, que creio ser a última ou a penúltima, porque daqui não sairei vivo, se entrar outra vez, penetrei no Pavilhão calmo, tranquilo, sem nenhum sintoma de loucura, embora toda a noite tivesse andado pelos subúrbios sem dinheiro, a procurar uma delegacia, a fim de queixar-me ao delegado das coisas mais fantásticas dessa vida, vendo as coisas mais fantásticas que se possam imaginar.

No começo, eu gritava, gesticulava, insultava, descompunha; dessa forma, vi-as familiarmente, como a coisa mais natural deste mundo. Só a minha agitação, uma frase ou outra desconexa, um gesto sem explicação denunciavam que eu não estava na minha razão.

O que há em mim, meu Deus? Loucura? Quem sabe lá?

---

anarquista e escrever panfletos contra o marechal Hermes, começa a quebrar as vidraças, virar mesas e cadeiras, numa luta imaginária e desesperada para escapar da prisão. Por ironia da história, é justamente o irmão Carlindo, para quem Lima Barreto havia arranjado uma colocação na polícia, quem decide recorrer às forças policiais, que, por fim, conduzem o escritor até o hospício.

IV
Alguns doentes

Que dizer da loucura? Mergulhado no meio de quase duas dezenas de loucos, não se tem absolutamente uma impressão geral dela. Há, como em todas as manifestações da natureza, indivíduos, casos individuais, mas não há ou não se percebe entre eles uma relação de parentesco muito forte. Não há espécies, não há raças de loucos; há loucos só.

Há os que deliram; há os que se concentram num mutismo absoluto. Há também os que a moléstia mental faz perder a fala ou quase isso. Quando menino, muito vi loucos e, quando estudante, muito conversei com os outros que essas coisas de sandice estudavam sobre eles, mas, pela observação direta e pelo que li e ouvi dos entendidos, percebi bem a perplexidade deles em face de tão angustioso problema da nossa natureza.

Há uma nomenclatura, uma terminologia, segundo este, segundo aquele; há descrições pacientes de tais casos, revelando pacientes observações, mas uma explicação da loucura não há. Procuram os antecedentes do indivíduo, mas nós temos milhões deles, e, se nos fosse possível conhecê-los todos, ou melhor, ter memória dos seus vícios e hábitos, é bem certo que, nessa população que cada um de nós resume, havia de haver loucos, viciosos, degenerados de toda sorte.

De resto, quase nunca os filhos dos loucos são gerados quando eles são loucos; os filhos de alcoólicos, da mesma forma, não o são quando seus pais chegam ao estado agudo do vício e, pelo tempo da geração, bebem como todo mundo.

Todas essas explicações da origem da loucura me parecem absolutamente pueris. Todo problema de origem é sempre insolúvel; mas não queria já que determinassem a origem, ou explicação; mas que tratassem e curassem as mais simples formas. Até hoje, tudo tem sido em vão, tudo tem sido experimentado; e os doutores mundanos ainda gritam nas salas diante das moças embasbacadas, mostrando os colos e os brilhantes, que a ciência tudo pode.

Se a estátua de Ísis lá estivesse havia de cerrar mais o véu impenetrável que cobre o seu rosto. Essa questão do álcool, que me atinge, pois bebi muito e, como toda gente, tenho que atribuir as minhas crises de loucura a ele, embora sabendo bem que ele não é o fator principal, acode-me refletir por que razão os médicos não encontram no amor, desde o mais baixo, mais carnal, até a sua forma mais elevada, desdobrando-se num verdadeiro misticismo, numa divinização do objeto amado; por que — pergunto eu — não é fator de loucura também?

Por que a riqueza, base da nossa atividade, coisa que, desde menino, nos dizem ser o objeto da vida, da nossa atividade na terra, não é também causa da loucura?

Por que as posições, os títulos, coisas também que o ensino quase tem por meritório obter, não é causa de loucura?

Há um doente aqui, F. P., em quem eu vejo misturado o amor e a presunção de inteligência e de saber. É o mais bulhento e rixento da casa. Desde as cinco horas da manhã até as sete ou oito da noite, ri, vive a gritar, a berrar, proferindo as mais sórdidas pornografias. Compra barulho com doentes e guardas, descompõe-nos, como já disse; mas, dentro em pouco, está ele abraçado com aqueles mesmos com que brigou há horas, há dias.

Há muita coisa de infantil nas suas atitudes, nas suas manias de amor, na estultície de se julgar com grande talento e saber, de provir de uma raça nobre ou parecida. Diz-se descendente de um revolucionário pernambucano, em sexta geração, e que foi fuzilado.

Vi-lhe a letra e uma carta que escreveu a uma pessoa da família. A letra é positivamente de tolo, graúda e redonda. Tem sempre na boca a palavra "formidável": meu talento é formidável; tenho uma força formidável; o poder de Deus é formidável; H. é um general formidável. A sua prosápia de educação, de homem fino e de sala, não impede que, por dá cá aquela palha, empregue os termos mais chulos e porcos. Uma hora diz do médico, do chefe da seção, dos companheiros e amigos, os maiores elogios; daqui a pouco, está a descompô-los com os seus termos habituais.

Fila os jornais do médico, mas só para tê-los embaixo do braço, pois não os lê e nota-se mesmo em todos os seus atos, gestos e palavras, uma falta de seriação, uma instabilidade mental, mais fácil de perceber, quando se lhe expõe qualquer coisa, do que quando ele pretende narrar um fato ou contar uma anedota. O orgulho dele, além do pai, que é totalmente desconhecido, está nos irmãos, formados nisso e naquilo; entretanto, não o pai, mas estes últimos não escapam da sua língua nas horas de fúria. Tem a acompanhá-lo um guarda particular, que faz pena vê-lo sofrer com ele. A toda hora e a todo instante, além de outros insultos, está a pôr-lhe na cara que ele ganha sessenta mil-réis para servi-lo.

O velho quer despedir-se, mas, ao que parece, precisa muito dessa miséria de ordenado. Não é lá muito velho mas sofre já de decrepitude. Foi guarda-

-civil, guarda do Hospício e, nesse seu último quartel da vida, para ter com o que viver, tem de aturar o mais insuportável louco que eu tenho conhecido na minha longa convivência com loucos. Mania de grandezas, delírio de saber, de família, de valentia e coragem, uma agitação que não o faz dormir, nem deixa o seu guarda dormir, tudo nela concorre para fazê-lo, nesta sombria cidade de lunáticos, uma espécie à parte, e supliciar os que são encarregados de sua vigilância.

Não me gabo, mas, com ele e muitos outros, tem-se dado um fato muito interessante; eu lhes inspiro simpatia. Quando estive na Enfermaria preliminar, ao amanhecer do dia seguinte, mandei comprar um jornal e pus-me a ler no pátio. Um doente recomendado, que lá havia — um velho nortista, moreno carregado, feições regulares, a não ser os malares salientes —, sentou-se ao meu lado e quis ler de sociedade comigo o jornal. Disse-lhe que não era conveniente lermos juntos; que ele esperasse, eu lhe daria o jornal. Ouvindo isto, ele levantou-se amuado e amuado me disse:

— Mostra mesmo que você é maluco.

Ele foi transferido para o Hospício e, quando deu comigo, disse-me que tivera notícias que eu era do jornal e procurara-me para conversar; mas que eu já me tinha vindo embora. Tratou-me com uma distinção extraordinária, fez-se meu amigo, pediu-me obséquios, deu-me conselhos e prometeu-me este mundo e outro.

É um louco clássico, com delírio de perseguição e grandeza. É um homem inteligente, mas com cultura elementar, e o seu delírio, desde que não se o interrogue pela base, parece à primeira vista a mais pura verdade. No começo, ele me enganou; e julguei certo tudo o que dizia, mas, por fim, ele me revelou toda a sua psicose. Por me parecer interessante, eu vou reproduzir as histórias que ele me contou, procurando não quebrar a lógica mórbida com a qual as articulava. Ele é de Sergipe e chama-se V. de O.

DOENTES E GUARDAS

Quando encontrei V. de O. no corredor do Hospício e ele me falou de forma diferente de todos os outros, como se conhecesse de fato, houvesse lido alguma coisa minha, enumerou-me os seus títulos e trabalhos, dizendo-me até que trabalhara em um jornal de Minas com o senhor Augusto de Lima,[39] a minha satisfação foi grande. Demais, recitou-me versos dele e, conquanto eles nada valessem, esperei encontrar nele um sujeito lido que, por isso ou aquilo tenha caído ali, eu podia conversar por ser da minha raça mental.

Nesta seção, como na outra em que estive, não faltam sujeitos que tenham recebido certa instrução; há até os formados. Eu não tenho nenhuma espécie de superstição pelos nossos títulos escolares ou universitários; eles dão algumas vezes algum saber profissional, muito restrito e ronceiro, e nunca uma verdadeira cultura; mas, em todo o caso, a convivência nas escolas com rapazes de inteligência mais aguda, mais curiosos de saber e conhecer a atividade mental indígena ou estrangeira, dá a alguns uma tintura das altas coisas que, nesta minha solidão intelectual, num meio delirante, seria um achado encontrar um.

Coisa curiosa, entretanto, os formados nisto ou naquilo, que me apontam aqui, quase todos eles são possuídos de uma mania depressiva que lhes tira não só a enfatuação doutoral, como também se votam, em geral, a um silêncio perpétuo. Mostraram-me vários, e todos eles eram de um mutismo absoluto. Contudo, um deles, bacharel, o mais mudo de todos, na sua insânia, não se esquecera do anel simbólico e, com um pedaço de arame e uma rodela não sei de quê, improvisara um, que ele punha à vista de todos, como se fosse de esmeralda.

Havia um outro, que diziam ser engenheiro; este guardava uma certa presunção do "anelado" brasileiro. Sentava-se perto de mim e sempre atirava com maus modos o seu prato servido para cima do meu. Andava sempre com um ponche, parecia ser isso um hábito de viajante. O seu orgulho não parecia vir do título, mas de um sentimento desmedido da sua aptidão para endireitar a pátria. Soltava frases soltas como esta:

---

39. Antônio Augusto de Lima (1859-1934) foi poeta, jornalista, magistrado e político mineiro. Formou-se, em 1882, na Faculdade de Direito de São Paulo. Por um breve período, entre março e julho de 1891, governou o estado de Minas Gerais, decidindo pela mudança da antiga capital, Ouro Preto, para Belo Horizonte. Em 1901, assumiu a direção do Arquivo Público Mineiro. Deixou o cargo, em 1909, para exercer o seu primeiro mandato como deputado federal, no Rio de Janeiro, renovado por sete legislaturas até 1929.

Publicou dois livros de poesias: *Contemporâneas* (1887) e *Símbolos* (1892). Em 1903, foi eleito membro da Academia Brasileira de Letras. Em sua atuação como jornalista, dirigiu o *Diário de Minas* e *A Noite*.

— Que podem estes broncos de empregados conhecer das necessidades do Brasil?

Ou senão:

— O presidente deve vir aqui para conferenciar comigo.

Às vezes, na janela, através da grade, gritava para os bondes, a passar:

— Digam ao doutor E. (o presidente)[40] que não aceite alianças, que só podem perder o Brasil.

Os outros formados nada diziam, ou balbuciavam coisas ininteligíveis.

Vendo aquele homem, que se dizia ter sido estudante do quarto ano de medicina, engenheiro-agrônomo, agrimensor, jornalista e fazia versos, é de imaginar que prazer não foi o meu em encontrá-lo e como eu me esqueci da pequena mágoa que seu mau humor me causou no Pavilhão. Mas estava escrito que eu não poderia, no meio de cento e tantos insanos, encontrar[41] um com quem trocasse uma palavra.

Os leitores hão de dizer que não era possível encontrar isso numa casa de loucos. É um engano; há muitas formas de loucura e algumas permitem aos doentes momentos de verdadeira e completa lucidez.

No salão, há um bilhar, e eu admirava que um rapaz, O., que passava o dia inteiro a cantarolar pornografias, em que misturava reminiscências de família, jogasse com consciência bilhar com um outro, que era dos médicos surdos a que me referi. Tinham ambos "conta", conheciam os efeitos, e naquele momento o delírio ou a loucura cessava.

Dá-se o mesmo com a instrução, a educação. A loucura dá intervalos. Eu vi um rapazote de vinte e poucos anos explicar aritmética a um outro, divisibilidade, e pelo que me lembro estava certo tudo o que ele expunha. Não me quis aproximar para não parecer importuno, mas pelo que ouvi ao longe nada tenho a atribuir como erro. Entretanto, ele vivia delirando.

Mas o doutor V. de O. foi um desapontamento. Contarei tudo, porque é interessante contar. Já disse como ele travou relações comigo. Disse-me que precisava de mim para uns serviços na imprensa. Pus-me logo às suas ordens, e ele me explicou que vinha sendo perseguido por um *complot* que tinha até conseguido desmoralizá-lo pelos jornais. A alma dessa conspiração contra ele era a mulher, atiçada pela sogra. Casara-se, depois de ser amante, e ela, no fim

---

40. Trata-se do presidente Epitácio Pessoa, que governou o país entre 1919 e 1922.
41. No manuscrito falta a palavra "encontrar", introduzida por conjectura.

de cinco meses, abandonou o lar, levando tudo que nele havia, propondo em juízo uma ação de nulidade de casamento.

A sua causa era advogada por certo advogado que era seu amante e deputado pela Bahia; ele, porém, tinha quatro advogados. Fora sua mulher que conseguira a sua internação no Hospício, dizendo à polícia que ele andava aluado e armado para matá-la. Fora preso com um revólver na mão, e, sem mais nem menos, constituíra advogado, ou melhor, advogados. Tinha quatro, mas depois disse-me que eram dois.

Havia, no correr da sua exposição, muitas contradições e exageros. Ele, em começo, me dissera que fora o seu advogado que se interessara por ele para ser tratado com certa deferência no Pavilhão (Falar desta parte do Hospício). Depois me dissera que o seu patrono se queixava de estar gastando dinheiro em bondes, que não tinha dinheiro.

Há, em muita coisa, um fundo de verdade, mas a exaltação da sua personalidade, a grande conta em que ele tem dos seus talentos, ora de médico, ora de dentista, ora de engenheiro, o seu delírio de grandeza monetária, soam, na verdade que se sente em algumas de suas palavras, com uma nota falsa. A mãe é rica, acaba de receber dois mil contos, os irmãos, cada um tem dois mil contos etc. etc. Ele mesmo tem tido muito dinheiro e tem dado. Promete-me mundos e fundos. Pijamas de seda, passeios a Petrópolis, dinheiro — a gruta de Ali-Babá. É exigente de roupas, que as tem possuído de primeira qualidade — tudo bom e fino, vindo do estrangeiro para ele. Tem uma demanda com a administração por causa de uns suspensórios que lhe custaram dezoito mil-réis. Em toda a sua narração de passeios etc. não se esquece nunca de dizer o preço do custo das coisas. Apesar de sua prosápia sabichona, é de uma ignorância crassa. Erra na ortografia como uma criança de colégio e a sintaxe é um Deus nos acuda. Obriga-me a rever os seus escritos. Fala com ênfase, entre os dentes, sibila e tem a risada do João Barreto.[42] Não sabe onde fica Blumenau e

---

42. Apelidado por Lima Barreto de "Risada de Tigre", o poeta sergipano João Pereira Barreto (1874-1926), cunhado de Sílvio Romero, publicou *Selvas e céus* (Lisboa: Livraria Clássica, 1907), que recebeu crítica favorável de Alcino Guanabara em *A Imprensa* (Rio de Janeiro, 29 abr. 1908) e carta elogiosa de Joaquim Nabuco. Era jornalista d'*O País* e responsável pela redação dos debates da Câmara dos Deputados.

Ambos frequentavam o Café Papagaio, na rua Gonçalves Dias, e faziam parte do grupo que ficou conhecido como "Esplendor dos Amanuenses", constituído, entre outros, por Bastos Tigre,

quis me convencer que os ladrilhos do vestíbulo do Hospício eram mármore que vinha antigamente da Itália, e me explicou uma coisa fantástica de fornos, em que o mármore era transformado em ladrilhos. A sua pretensão intelectual é uma coisa comum à gente de Sergipe e o enlouqueceu, ao que parece.

Não tem a mínima noção de ciências naturais e das suas aplicações. Não diz minerais de um país, diz a sua mineralogia. É um caso curioso, com algum parentesco com o do F. P., mas mais seguro do que este no seu delírio de grandeza intelectual e de fortuna, que F. P. não tem, mas em compensação tem o de força e de amor, e de fêmea, que V. O. também tem.

Diz-se conhecido em toda a parte, no Chile, na Argentina, mas nada sabe do Rio de Janeiro. De repente, porém, conta que já esteve aqui, que já foi preso no estado de sítio da vacina obrigatória com Jacques Ourique.[43]

Domingos Ribeiro Filho, Rafael Pinheiro, Ribeiro de Almeida, Amorim Júnior, João Rangel e os caricaturistas Gil, Kalixto e Raul Pederneiras. Em 1907, João Pereira Barreto também colaborou na *Floreal*, revista fundada por Lima Barreto. Por fim, recomendou ao seu editor português, A. M. Teixeira, a publicação do primeiro romance do amigo, *Recordações do escrivão Isaías Caminha*.

A súbita lembrança de Lima Barreto daquela "Risada de Tigre", enquanto conversava com o alienado V. de O. (sergipano como João Pereira Barreto), talvez não tenha sido tão involuntária. É possível especular que esteja relacionada a um fato narrado por Carlos Maul em *Pequenas histórias verdadeiras do Rio antigo* (1965), fato este que começou como blague e terminou em tragédia: "Uma tarde, João Pereira Barreto entrou no café, falou pouco e de repente exclamou que estava disposto a matar alguém. Lima Barreto retrucou: *Se queres matar alguém, por que não matas o J. Brito?* Este era um cronista de humorismo que escrevia diariamente uma coluna jocosa em *A Notícia* e Lima não gostava dele. Achava-o burocrático demais para fazer rir... A pilhéria, no entanto, ligou-se a um fato que ocorreria horas depois em Niterói, onde João Pereira Barreto residia. Na manhã seguinte os jornais noticiavam que o poeta ao chegar a casa, num gesto de alucinação, assassinara a esposa... Lima Barreto foi chamado à polícia para explicações. Aquela sua frase parecia incitamento ao crime, embora nenhuma relação tivesse com o ato de loucura do amigo que eliminara a companheira virtuosa sem qualquer motivo que justificasse esse procedimento. Lima Barreto, porém, passou por momentos aborrecidos, e foi necessário que os colegas se apresentassem para reproduzir o que na realidade se verificara no café e desfazer o equívoco".

Esse crime, ocorrido na madrugada de 3 dezembro de 1912, teve enorme repercussão e ficou conhecido na época como "A tragédia de Icaraí". Para piorar o quadro de extrema brutalidade, a esposa Anita Levy Barreto estava grávida de quatro meses. Mesmo assim, o célebre advogado Evaristo de Moraes conseguiu a absolvição de João Pereira Barreto. Foi um dos estopins para o intenso debate que envolveu os meios jurídicos, médico-legais e psiquiátricos. Ver Magali Gouveia Engel, *Os delírios da razão: Médicos, loucos e hospícios [Rio de Janeiro, 1830-1930]*, que realiza uma discussão minuciosa em torno da "tragédia de Icaraí".

43. O tenente-coronel Alfredo Ernesto Jacques Ourique (1848-1932), aliado do marechal Deo-

Alia, à sua pretensão intelectual, à sua cisma de fortuna, um sentimento de uma grande importância social.

Para ele, ele é objeto de uma perseguição de poderosos; entretanto, diz que dispõe de poderes quase sobrenaturais de hipnotismo. Já conseguiu furtar os autos de seu processo de nulidade com auxílio dele e fez outras proezas.

Todos o têm como homem temível e por isso procuram inutilizá-lo. Nada sei sobre os seus antecedentes. Só posso ter como certas coisas que ele repete da mesma forma; entretanto, não garanto, pois esse homem, no seu delírio, omite alguma coisa, para confessar mais tarde, e confessa outras, para negar logo depois. Disse-me que não esteve no xadrez dos loucos uma hora; outra, diz que esteve. Diz que não esteve na Pinel, outra hora diz que esteve. Disse-me que era o seu advogado quem se interessava por ele; outra hora, diz que é um pronto e não tem informação.

Ele está muito mais bem instalado do que eu. Tem um quarto com um só companheiro, uma mesa para seu uso, com uma gaveta e chave, onde pode escrever à vontade. Eu, se quero escrever, tenho que ir pedir para fazê-lo no gabinete do médico, que isso me facilitou. Para mim, ele tem fortes recomendações políticas e outras poderosas que fazem ter ele essas regalias excepcionais.

A história do seu casamento me parece fantástica e a da sua prisão também. Foram esses amigos políticos, talvez, que à vista do seu delírio conseguiram a sua internação e têm contribuído para ter gratuitamente o tratamento que tem. A sua inteligência parece não ter sido nunca grande e a sua fortuna também. Ele conhece o Amazonas, pessoas e coisas de lá. Percebe-se. Diz que ganhou dinheiro viajando com uma lancha que rebocava batelões carregados de mercadorias, que trocava com grande vantagem por borracha, que vendia em Manaus, em grande. Tenho ouvido, de pessoas sãs, de juízo, que isto se faz ou se fez naquelas paragens. É, portanto, possível; mas logo vem o delírio, quando diz que os seus batelões carregavam cinquenta mil toneladas de mercancia.

---

doro da Fonseca e de Benjamin Constant, foi um dos articuladores da queda da monarquia. Na condição de deputado federal, participou da elaboração da Constituição de 1891, primeira carta magna brasileira. Escreveu dois livros: *Questão de limites entre o Paraná e Santa Catarina* (1887) e *O marechal Hermes da Fonseca: sua eleição à presidência da República, estudo político* (1910).

V
Guardas e enfermeiros

Poderia alongar-me mais na descrição dos doentes que me cercam. Mas a loucura tem tantos pontos de contato de um indivíduo para outro, que seria arriscar tornar-me fastidioso se quisesse descrever muitos doentes. Há uma grande parte que se condena a um mutismo eterno. Como descrever estes? Estes silenciosos são bizarros. Há três aqui muito interessantes. Um é um tipo acaboclado, com um *cavaignac* crespo, denunciando sangue africano, que vive embrulhado em trapos, com dois alforjes pendurados à direita e à esquerda, sequioso de leitura, a ponto de ler qualquer fragmento de papel impresso que encontre. Não chega aos extremos de um português, que vive dia e noite nas proximidades das latrinas, senão nelas, e que não trepida em retirar os fragmentos de jornais emporcalhados, para ler anúncios e outras coisas sem interesse, mas sempre delirando. O silencioso ledor não faz tal, mas escolheu o vão de uma janela para aí passar horas inteiras deitado, como se fosse um beliche de navio. Outro silencioso, que tem a mesma atitude, é mulato, simpático, calmo, que só para as refeições vai a correr. O refeitório fica fora da seção e um pouco distante. Outro silencioso interessante é um matuto de Cabo Frio, que parece uma estátua. É de uma grande atonia, de uma inércia que não se concebe. Para deitar-se, é preciso ser trazido para a cama, mas logo se levanta e encosta-se à parede de um corredor e aí fica, até que o tragam de novo. Ama o silêncio e estar de pé. Encostado à parede, hirto, olhos parados, sem brilho nem expressão qualquer, parece uma estátua egípcia, um cimélio de templo.

 O guarda rondante, aquele que vigia os doentes, à noite, é um velho português paciente e enérgico, que não tem nenhuma espécie de mau humor, para trazê-lo, duas, três e mais vezes para a cama.

 O que assombra nestes portugueses é que, sendo homens humildes, camponeses em geral, de fraca educação e quase nenhuma instrução, se possam conter, abafar os ímpetos de mau humor, de cólera, de raiva, que o procedimento dos doentes provoca.

 V. de O., outro dia, chamou o enfermeiro de todos os nomes sujos que há no português do Brasil e de Portugal; o F. P., toda hora, todo instante, de envolta com as mais torpes injúrias, descompõe os guardas na sua nacionalidade: galegos etc. Daí a pouco, está a mimá-los e pedindo-lhes favores. O substituto do chefe de enfermeiros é uma vítima dele. É um português novo, doce, simpático. Ouve tudo o que ele diz, ri-se, e daqui a pouco está atendendo os pedidos do F. P. Não é só com este que ele assim procede; é com o meu guarda também. Um rapaz espanhol, muito moço, simpático, com uns bonitos olhos ternos, que suporta da mesma forma todos os insultos dele e de outros.

Os enfermeiros, na seção em que estou, são em geral bons. Há, porém, uma casta deles que não presta. São os tais particulares. Estes são aqueles que os doentes abastados das primeiras classes são autorizados a trazer. Nem todos são assim, mas com dois eu implico solenemente; e me fazem lembrar a insolência do Bragança do Pavilhão, que tem as costas quentes por causa da proteção que lhe dispensa o poeta épico da psiquiatria, H. R.[44] Dizem que este está acabando os *Timbiras* de Gonçalves Dias e, para embeber o seu espírito de decadência e harmonia, dá frequentes bailes em casa, em que o Bragança, o tal doutor do guarda-civil, figura como chefe do *buffet*.

Esses dois enfermeiros são absolutamente insuportáveis. Um, pela conversa que ouvi dele, é xucro português, sem as qualidades dos portugueses em geral, mas fátuo dos seus namoros e da sua irresistibilidade como homem, em face das mulheres. Ouvi-o conversar e sinto não poder reproduzir a conversa. Enumerava as enfermeiras que havia namorado, e o seu interlocutor perguntando:

— Por que você não continuou o namoro com F.?

— Só podia ser por carta.

— Que tinha?

— Não gosto. O namoro só serve quando se pode beijar e apertar os peitinhos.

Creio que foi Maxime Du Camp[45] que disse ser uma lenda a história do senhor rico que desgraça as raparigas pobres. Tenho verificado que ele tem razão: são os rapazes pobres que as perdem. Este portuguesote tenho para mim que é candidato a um processo de defloramento ou de estupro.

O outro é muito confiado, tem uns ares de fadista e guitarreiro, com quem eu implico mais do que com o ar fanfarrão e meloso do nosso capadócio.

---

44. O psiquiatra Henrique Roxo.
45. O francês Maxime Du Camp (1822-94) escreveu, entre outras obras, os seis volumes de *Paris: Ses organes, ses fonctions et sa vie dans la seconde moitié du XIXe siècle* (Paris: Hachette, 1869-75), os romances *Les Forces perdues* (1867) e *Une Histoire d'amour* (1889), além dos dois volumes de *Souvenirs littéraires* (1882-3), nos quais evoca a amizade, entre outros, com Baudelaire, Nerval, Flaubert e Théophile Gautier.

Os guardas em geral, principalmente os do Pavilhão e da seção dos pobres, têm os loucos na conta de sujeitos sem nenhum direito a um tratamento respeitoso, seres inferiores, com os quais eles podem tratar e fazer o que quiserem. Já lhes contei como baldeei no Pavilhão, como lavei o banheiro e como um médico ou interno me tirou a vassoura da mão quando estava varrendo o jardim.

Mas na Seção Pinel, aconteceu-me coisa mais manifesta da estupidez do guarda e da sua crença de que era meu feitor e senhor. Era este um rapazola de vinte e tantos anos, brasileiro,[46] de cabeleira solta, com um ar de violeiro e modinheiro. Estava deitado no dormitório que me tinham marcado e ele chegou à porta e perguntou:

— Quem é aí Tito Flamínio?[47]

— Sou eu — apressei-me.

— O *seu* S. A. manda dizer que você e sua cama vão para o quarto do doutor Q.

Era este um estudante, que tivera um ataque e vivia no hospital, para curar os efeitos do insulto, que o deixara semiparalítico.

Fiquei tonto com o carregar eu só a cama; o capadócio nem se deu ao trabalho de mandar um colega me ajudar, já que ele não queria fazê-lo. Foi preciso um outro doente espontaneamente prestar-se. Este guarda é brasileiro. Depois da minha ascensão no manicômio, ele, quando me encontra no refeitório, olha-me com uma certa desconfiança. Deste e do Bragança, eu tenho alguma mágoa, mas dos outros que me trataram por você e do Camilo, do Pavilhão, que me fez lavar, baldear e varrer, nenhuma.

Não só eu fora para lá remetido como sujeito sem eira nem beira, devido à tolice dos meus parentes, pois me podiam internar sem passar por lá, mesmo com auxílio da polícia, como também não tinha ele o ar de feitor do violeiro da Pinel, e trabalhava, isto é, baldeava, lavava, varria junto conosco.

No Hospício, das duas vezes em que lá estive, nunca me fizeram executar qualquer serviço, mas, se quisessem fazer, eu me prestaria desde que ele estives-

---

46. No manuscrito: "um rapazola de vinte e tantos brasileiros".
47. Essa passagem já revela claramente a intenção do escritor de ficcionalizar a própria experiência no hospício. Tito Flamínio é um dos nomes cogitados para o protagonista de O *cemitério dos vivos*.

se de acordo com as minhas forças e os meus hábitos anteriores. Eu me prestava mesmo a aprender um ofício que fosse leve, mas essas tarefas pesadas...

Digo com franqueza, cem anos que viva eu, nunca poderão apagar-me da minha memória essas humilhações que sofri. Não por elas mesmo, que pouco valem; mas pela convicção que me trouxeram de que esta vida não vale nada, todas as posições falham e todas as precauções para um grande futuro são vãs.

Eu tinha tudo, ou tenho tudo, para não sofrê-las, tanto mais que não as provoquei. Sou instruído, sou educado, sou honesto, tenho procurado o mais possível ter uma vida pura. Parecia que sendo assim, que — sendo eu um rapaz que, antes dos dezesseis anos, estava numa escola superior (que todos me gabavam a inteligência, e mesmo até agora ninguém nega) — estivesse a coberto de tudo isso. Mas eu e a sorte, a sorte e eu, nos juntamos de tal sorte, nos irmanamos, que vim a passar por transes desses.

Desde a minha entrada na Escola Politécnica[48] que venho caindo de sonho em sonho e, agora que estou com quase quarenta anos, embora a glória me tenha dado beijos furtivos, eu sinto que a vida não tem mais sabor para mim. Não quero, entretanto, morrer; queria outra vida, queria esquecer a que vivi, mesmo talvez com perda de certas boas qualidades que tenho, mas queria que ela fosse plácida, serena, medíocre e pacífica, como a de todos.

Penso assim, às vezes, mas, em outras, queria matar em mim todo o desejo, aniquilar aos poucos a minha vida e sumir-me no todo universal. Esta passagem várias vezes no Hospício e outros hospitais deu-me não sei que dolorosa angústia de viver que me parece ser sem remédio a minha dor.

Vejo a vida torva e sem saída. A minha aposentadoria dá-me uma migalha com que mal me daria para viver. A minha pena só me pode dar dinheiro escrevendo banalidades para revistas de segunda ordem. Eu me envergonho e me aborreço de empregar, na minha idade, a minha inteligência em tais futilidades. Ainda tenho alguma *verve* para a tarefa do dia a dia; mas tudo me leva para pensamentos mais profundos, mais doridos e uma vontade de penetrar no mistério da minha alma e do Universo.

Eu me indago, de mim para mim, se, por acaso, não é amor que me corrói. Mas vejo bem que não. Passei a idade de tê-lo, fugindo dele, para que ele não me criasse sofrimento e não prejudicasse a minha ambição de glória. A

---

48. No manuscrito está "E.de".

própria Heloísa achava-o nocivo nos homens de pensamento; é verdade que ela também achava o seu Abelardo virtuoso.

Se fosse ele, eu teria explicação, pois, conforme diz Bossuet, "*Posez l'amour, vous faites naître toutes les passions; ôtez l'amour, vous les supprimerez toutes*".[49]

Não amei nunca, nem mesmo minha mulher que é morta e pela qual não tenho amor, mas remorso de não tê-la compreendido, mais devido à oclusão muda do meu orgulho intelectual; e tê-la-ia amado certamente, se tão estúpido sentimento não tivesse feito passar por mim a única alma e pessoa que me podiam inspirar tão grave pensamento.[50]

Li-a e não a compreendi...

Ah! meu Deus!

Ontem, matou-se um doente, enforcando-se. Escrevi nas minhas notas:

"Suicidou-se no Pavilhão um doente. O dia está lindo. Se voltar a terceira vez aqui, farei o mesmo.[51] Queira Deus que seja um dia tão belo como o de hoje".

Não me animo a dizer: venceste, Galileu;[52] mas, ao morrer, quero com um sol belo, de um belo dia de verão!

---

49. Frase do teólogo e orador francês Jacques-Bénigne Bossuet (1627-1704), retirada do seu *Traité de la Connaissance de Dieu et de soi-même* (1741): "*Enfin, ôtez l'amour, il n'y a plus de passions; posez l'amour, vous les faites naître toutes*" [Retire o amor e não haverá mais paixão; coloque o amor e todas nascerão]. Lima Barreto recorre a mesma citação na crônica "Os percalços do budismo" (*Careta*, Rio de Janeiro, 31 jan. 1920).
50. Novo registro ficcional. Lima Barreto nunca se casou e, em seu *Diário íntimo*, refere-se a raros episódios amorosos.
51. Os jornais noticiaram o suicídio de Ernani da Costa Couto em 17 de janeiro de 1920. O pai havia internado o filho, de 22 anos, poucos dias antes. A mesma ideia sempre rondou Lima Barreto: "Desde menino, eu tenho a mania do suicídio", anotou em seu *Diário íntimo*, em 16 de julho de 1908.
52. Lima Barreto já havia empregado a mesma expressão para concluir a crônica "Sobre o desastre" (*Revista da Época*, Rio de Janeiro, 20 jul. 1917): "Admiro muito o imperador Juliano e, como ele, gostaria de dizer, ao morrer: 'Venceste, Galileu'". As derradeiras palavras do último imperador romano pagão podem ser interpretadas como uma mescla de reconhecimento e revolta, pois, apesar de todos os esforços, acabou derrotado por Cristo, chamado desdenhosamente de Galileu. Não era menor o sentimento de derrota de Lima Barreto.

VI

Hoje é segunda-feira. Passei-a mais entediado do que nunca. Li o Plutarco,[53] mas não tive ânimo de acabar com a leitura da vida de Pelópidas. Mais ou menos, releio esta célebre obra, porque aos dezoito anos fiz uma leitura dela apressada e salteada. Não tem o mesmo sabor, a que faço agora, como tinha de delícia a primeira. Observo que Plutarco põe muito a intervenção dos deuses nas proezas felizes dos seus heróis; há relações de predicações ingênuas que, apesar de tudo, nos fazem rir, mesmo a mim que sou supersticioso.

No almoço se deu um caso que me fez passar mal o dia. Há aqui um louco que não parece ser profundamente alterado das faculdades mentais. É aleijado das pernas e chamam-no até Caranguejo, porque, aqui, como em todas as coleções de homens que vivem juntos, há o gosto pela alcunha depreciativa. Há o Gato, há o Teteia etc.

Há muito que um certo doente o perseguia com chufas e gestos. Hoje, no refeitório, ao receber um destes do seu perseguidor, o Caranguejo atirou-lhe uns copos na cara. Não pegou, mas ele, apesar de seu aleijão, saiu atrás do adversário, que se cobriu de pavor e tremia. O pobre do bom Caranguejo, com quem eu jogo bisca calmamente, teve um ataque de nervos, rasgou as vestes e, quase a chorar, dizia:

— Eu não sou nada! Nada! Ponha tudo isto fora!

Deram-lhe uma injeção e ele dormiu, não podendo ir jantar.

O tal que o persegue, eu já lhe passei uma corrida. Não é positivamente louco. É antes um débil mental de um fundo perverso e de uma covardia sem nome. Só persegue os velhos, aleijados e os doentes mais imbecis que ele.

Ele foi preso e, tendo que ir até as proximidades do dormitório dele, de lá, muito de longe e com a fuga garantida, deu em fazer-me gestos imorais.

Não o temo, mas me aborreci o dia inteiro, em imaginar que alguém estaria na obrigação de se atracar com semelhante idiota.

É uma triste contingência, esta, de estar um homem obrigado a viver com

---

53. A leitura de *Vidas paralelas*, de Plutarco (46-120), parece ter impregnado *O cemitério dos vivos*. Por vezes, em aspectos pontuais, como a hipótese de nomear o protagonista do romance como Tito Flamínio ou César Flamínio, abandonada em favor de Vicente Mascarenhas. Mas também no plano da estrutura, ao converter *diário* e *romance* em formas narrativas espelhadas e paralelas.

semelhante gente. Quando me vem semelhante reflexão, eu não posso deixar de censurar a simplicidade dos meus parentes, que me atiraram aqui, e a ilegalidade da polícia que os ajudou.

Caído aqui, todos os médicos temem pôr logo o doente na rua. A sua ciência é muito curta, muito prevê; mas seguro morreu de velho e é melhor empregar o processo da Idade Média: a reclusão.

Leio com relativa minúcia os jornais. Até os crimes de repercussão, eu leio. Por estes últimos dias, houve um nefando. Um oficial do Exército matou a mulher em circunstâncias abomináveis. De uns tempos para cá, estão os oficiais a fornecer matéria para essa espécie de noticiários dos jornais. Tenho, para mim, que há nisso uma grande desilusão por parte das mulheres e uma ralação dos maridos, quando sentem as mulheres esfriar. A moça, a nossa moça casadoira da classe média, vê, nos dourados da farda do cadete ou do alferes, uma vida de delícia, de luxo, de importância. Casada, não é assim. O soldo, se bem que não seja mau, não dá para custear a metade do seu sonho de solteira. O marido, querendo conservar as boas graças da mulher, faz empréstimos, os vencimentos diminuem. Está aí a desgraça feita. Dificuldades, em casa, credores, mau humor da mulher, rompantes do marido, descomposturas, casas de tavolagem, álcool etc.

Aqui, no Hospício, há dois oficiais uxoricidas,[54] e o tal engenheiro, em quem não desculpo a arrogância, apesar de sua insânia, o é também. Dos oficiais, um é positivamente louco. Delira, e o seu delírio é típico, passa das coisas mais opostas e sem intermédio algum logo, presente ou oculto. É muito difícil reproduzir um delírio de louco, principalmente o deste, que é de uma incoerência inacreditável. Eu quis segui-lo e guardá-lo, já de memória, já por escrito; mas nada pude conseguir, mesmo aproximadamente. Ele acaba em casas de alugar, passa para o curso dos rios, história da guerra do Paraguai etc. etc.

---

54. Lima Barreto escreveu diversas crônicas sobre o tema: "Não as matem" (*Correio da Noite*, Rio de Janeiro, 27 jan. 1915), "Lavar a honra, matando?" (*A Lanterna*, Rio de Janeiro, 28 jan. 1918), "Os matadores de mulheres" (*A Lanterna*, Rio de Janeiro, 18 mar. 1918), "Os uxoricidas e a sociedade brasileira" (*Revista Contemporânea*, Rio de Janeiro, mar. 1919), "Mais uma vez" (*A.B.C.*, Rio de Janeiro, 1920) e "Coisas jurídicas" (*Careta*, Rio de Janeiro, 19 fev. 1921). Ao longo da vida, o escritor vivenciou a questão por diferentes ângulos: como ávido leitor de jornais, cronista militante, membro de júri de um uxoricida e, no Hospital Nacional de Alienados, se relacionou com três uxoricidas, dois deles militares.

Além do delírio em voz alta, a sua loucura se revela pela necessidade em que ele está de quando em quando fazer o maior barulho possível. Ele dá murros nas mesas, bate com estrondo as portas, levanta as cadeiras e fá-las cair sobre o assoalho com toda a força, e assim por diante, todo entremeado de palavras escabrosas e porcas. É geral nos doentes essa necessidade de pornografia e de terminologia escatológica. O F. P. imita a parte brilhante de demência do tenente. Haverá contágio na loucura? Ouvi sempre falar que alienistas notáveis atribuíam a loucura de velhos guardas à ambiência dos hospitais; aqui, contaram-me vários casos. A imitação, que é um poderoso fator de progresso social útil, positivo, pode bem ser contada em sentido contrário, um fator de regresso do indivíduo, e aqui sobra inteligência débil de modo a fazê-la copiar gestos e coisas dos loucos que a cercam.

Lembro-me agora do Silvestre, um pequeno caibra que eu ensinei a ler e me chamava de tu e você. Era um objeto perfeito para estudar a força da imitação sobre os indivíduos. Ele era feio, desengonçado, escanifrado, mas se tinha na conta de namorador. Um dia de calor e de gazeta (ele iniciava a cansar-se), ele julgou que ficava muito elegante se calçasse luvas. Calçou umas de tecidos de meia, brancas, sapatos brancos, e correu as ruas dos subúrbios debaixo de vaias e chufas.

Além do fato que narrei, da imitação aos gestos do tenente C. B. por parte do F. P., este ainda imita um português, Pereira, moço, cuja mania é simular com a boca uma deflagração baixa, muito baixa, e fazê-la seguir com expressões esquisitas. Não é só F. P. que o copia, outros muitos.

Com espírito normal, nós imitamos, temos sempre modelos. Citam-se nas rodas literárias desses tipos que imitam em tudo Artur Azevedo e Joaquim Nabuco, este mesmo já imitava não sei que parlamentar inglês, que ele conheceu em Londres, na sua primeira mocidade.

Conhecendo a vida dos guardas e pequenos empregados dos hospícios, que convivem familiarmente com os loucos, que, com eles, trocam chufas e familiaridade, é bem possível que alguns gestos, manias e caprichos os impressionem de tal forma, lhes deem desejo de imitá-los, no começo por troça, habituam-se, a impressão se grava, e a exteriorização se segue e se desdobra com tempo.

Não sou psicólogo, nem psiquiatra, nem coisa parecida; mas tenho para mim que não é de toda estúpida essa hipótese. É preciso levar em linha de conta a capacidade e a resistência mental dos guardas e enfermeiros. Lembro-me que a Romualda[55] não se capacitava de que meu pai estivesse sofrendo das faculdades mentais: "Não vejo nada. Sempre o conheci assim, zanga-se às vezes; foi dessa forma sempre e logo passa".

O outro uxoricida militar parece-me não ter nada. Creio que ele está aqui para fugir a cárcere mais duro. Não se pode compreender este homem assassino; é polido, culto, gosta de leitura e de conversar coisas superiores.

Nestes últimos dias, houve na cidade um assassinato de uma mulher, perpetrado por um tenente. Evitei falar nisto a ele; e a custo tenho me contido. Quisera a sua opinião. O engenheiro, que me parece ter sido sempre muito burro, matou a mulher, num acesso de loucura, e o filho. Este é francamente e permanentemente doido. Não lê coisa alguma, a não ser a *Gazeta de Notícias*, de cabo a rabo. É insuportável de arrogância. Ninguém conversa com ele, a não ser um imbecil R. (que pena! é moço, simpático e parece ter recebido educação). Ambos cochicham. Há perguntas e respostas.

Deve haver outros nestas condições; mas eu os não conheço; mas simples assassinos me apontaram três; um, na Seção Pinel, e os dois restantes aqui.

O da Seção Pinel é um velho, que anda sempre irrepreensivelmente vestido, muito limpo, engravatado, e foi empregado na Central, não sei com que título. Matou um colega, não me disseram por que motivo; mas o certo é que a sua aparência calma, de homem normal, causa um engano à primeira vista.

Passa assim dias, meses; mas lá vem um minuto, à noite ou de dia, em que ele sai da seção, fazendo gestos de fúria, de raiva e raivosamente a exclamar referindo-se à sua vítima:

— Dá-me um descanso, miserável!

O outro é um pensionista de primeira, que tem curiosos hábitos. Delira à meia-voz, tem o seu quarto muito limpo pelas suas mãos, cuida dos gatos, das plantas, chegou até a plantar batatas e colhê-las, gosta de agarrar camundongos, esfolá-los e conservar as peles.

Este homem está no Hospício há cerca de trinta anos; entrou muito moço, e a sua entrada, ao que dizem, foi motivada pela loucura que se seguiu ao assassinato de um rival, que disputava a moça de quem ele gostava.

---

55. Está se referindo a Prisciliana, segunda companheira de seu pai, João Henriques? Ou, ao misturar realidade e ficção, estaria trazendo à cena a Romualda de *Clara dos Anjos*?

O outro é muito velho e é um fratricida. Está mudo ou quase mudo. Certas formas de loucura têm esse efeito, e manifestações dela são as mais díspares possíveis. Debruçar sobre o mistério dela e decifrá-lo parece estar acima das forças humanas. Conheço loucos, médicos de loucos, há perto de trinta anos, e fio muito que a honestidade de cada um deles não lhes permitirá dizer que tenha curado um só.

Amaciando um pouco, tirando dele a brutalidade do acorrentamento, das surras, a superstição de rezas, exorcismo, bruxarias etc., o nosso sistema de tratamento da loucura ainda é o da Idade Média: o sequestro. Não há dinheiro que evite a Morte, quando ela tenha de vir; e não há dinheiro nem poder que arrebate um homem da loucura. Aqui no Hospício, com as suas divisões de classes, de vestuário etc., eu só vejo um cemitério: uns estão de carneiro e outros de cova rasa.[56] Mas, assim e assado, a loucura zomba de todas as vaidades e mergulha todos no insondável mar de seus caprichos incompreensíveis.

Ver o F. P. falar na sua inteligência formidável e V. O. na estrambótica engenharia me parecem coisas semelhantes que assistir àquele preto da Seção Pinel não querer dormir na cama do dormitório, para o fazer na proximidade da latrina, ou sorrir dolorosamente, quando vejo os trejeitos beatos do F., antigo dono de casa de pasto, e as suas rezas estapafúrdias. Todos eles estão na mão de um poder que é mais forte do que a Morte. A esta, dizem, vence o amor; a Loucura, porém, nem ele.

---

56. O escritor enfatiza que a divisão social se faz presente até mesmo no cemitério: carneiro perpétuo — sepultado com espaço para dois caixões e dez caixas de ossos — e cova rasa — quando um caixão simples ou o próprio corpo é depositado diretamente na terra.

VII

Dia de São Sebastião. Um dia feio, nevoento. Olho a baía de Botafogo, cheio de tristeza. Não acho tão bela como sempre achei. Os longes dos Órgãos[57] não se veem; estão mergulhados em névoa. As montanhas de Niterói estão sem o cobalto de sempre; e as manchas de cortes e chanfraduras nelas aparecem como chagas. O casario está mergulhado, confuso, não se desenha bem no horizonte. Tudo é triste. O céu muito baixo, cheio de fuligem, fumaça. O Pão de Açúcar está emoldurado de nuvens brancas, parecem abaixar do cume. Vê-se o *chalet* do caminho aéreo. A Urca, também chanfrada, é de uma estupidez diante daquele cenário! A Urca não muda. Lembro-me que já estive lá no alto. Como é diferente! O bosque é convidativo, fresco, há um lago natural no centro. As árvores ainda tinham os cipós da floresta, os pássaros chilreavam; parecia não se estar no Rio. Não me lembro de tudo visto; mas vi a Rasa[58] e o oceano infinito, um pouco de Copacabana, da velha Copacabana. Um grande transatlântico sai, vai vagaroso, vai para o mar largo que se estende pelas cinco partes do mundo; beija-lhes e morde-lhes a praia. Corre perigo, mas está solto, entre dois infinitos; como diz o poeta: o mar e o céu.[59] Vejo passar por Villegagnon,[60] através das grades do salão. Villegagnon ainda tem muros, mas não lhe vejo as palmeiras. Acode-me pensar na fundação do Rio de Janeiro, que a data comemora. Nesta enseada houve, segundo a história,

---

57. Ao longo de toda a obra de Lima Barreto encontramos belas descrições da Serra dos Órgãos. Segundo os primeiros viajantes, vista da baía de Guanabara, a formação rochosa lembrava a tubulação dos órgãos de igreja. Ela foi pintada, entre outros, por Johann Moritz Rugendas e Georg Grimm.
58. A ilha Rasa fica a dez quilômetros da barra da baía de Guanabara. Do começo do século XX até o Estado Novo foi utilizada como prisão política. Entre tantos outros, o professor e poeta José Oiticica (1882-1957) ali esteve por conta da insurreição anarquista de 1918. Vale frisar que a ilha também exerceu grande fascinação por conta do seu pioneiro farol, inaugurado em 1833 pelo imperador d. Pedro II. Aliás, ele entrou para a história literária graças ao "Noturno à janela do apartamento", poema de Carlos Drummond de Andrade cujo verso final alude ao "Triste farol da ilha Rasa".
59. Referência à terceira estrofe do poema "O navio negreiro", de Castro Alves: "Stamos em pleno mar… Dois infinitos/ Ali se estreitam num abraço insano,/ Azuis, dourados, plácidos, sublimes…/ Qual dos dois é o céu? Qual o oceano?".
60. A ilha de Villegagnon foi ocupada, em 1555, pelo almirante francês Nicolas Durand de Villegagnon (1510-71), numa tentativa de estabelecer no Novo Mundo uma França Antártica. Em 1567, é retomada definitivamente pelos portugueses. De lá para cá, tornou-se propriedade da Marinha brasileira. Desde 1938, abriga a Escola Naval. Entre a ilha e o continente foi construído o aeroporto Santos Dumont.

um combate com os franceses — o das canoas. Olho-a, está um tanto crespa, e as águas são turvas e dão ao olhar a impressão de que estão mais povoadas do que nas outras. Há pescadores em faina. Canoas ainda! Herança dos índios! O remo também vem deles! Quantas coisas, dos seus usos e costumes, eles nos legaram? Muitas! A farinha da mandioca, do milho, certas tuberosas, nomes de rios e lugares, muitos, adequados e expressivos. Hoje, a vaidade nacional batiza os lugares com os mais feios nomes que se podem esperar. Enseada Almirante Batista das Neves! Só falta um doutor, também. Esta nossa sociedade é absolutamente idiota. Nunca se viu tanta falta de gosto. Nunca se viu tanta atonia, tanta falta de iniciativa e autonomia intelectual! É um rebanho de Panúrgio,[61] que só quer ver o doutor em tudo, e isso cada vez mais se justifica, quanto mais os doutores se desmoralizam pela sua ignorância e voracidade de empregos. Quem quiser lutar aqui e tiver de fato um ideal qualquer superior, há de por força cair. Não encontra quem o siga, não encontra quem o apoie. Pobre, há de cair pela sua própria pobreza; rico, há de cair pelo desânimo e pelo desdém por esta Bruzundanga. Nos grandes países de grandes invenções, de grandes descobertas, de teorias ousadas, não se vê nosso fetichismo pelo título universitário que aqui se transformou em título nobiliárquico. É o *don* espanhol.

O dia é de tédio e eu procuro meios e modos de fugir dele, de voltar-me para mim mesmo e examinar-me. Não posso e sofro. Arrependo-me de tudo, de não ter sido um outro, de não seguir os caminhos batidos e esperar que eu tivesse sucesso, onde todos fracassaram.

Tenho orgulho de me ter esforçado muito para realizar o meu ideal; mas me aborrece não ter sabido concomitantemente arranjar dinheiro ou posições rendosas que me fizessem respeitar. Sonhei Spinoza, mas não tive força para realizar a vida dele; sonhei Dostoiévski, mas me faltou a sua névoa.

Aborrece-me este Hospício; eu sou bem tratado; mas me falta ar, luz, liberdade. Não tenho meus livros à mão; entretanto, minha casa, o delírio de minha mãe...[62] Oh! Meu Deus! Tanto faz, lá ou aqui... Sairei desta catacumba,

---

61. A expressão "mouton de Panurge" se aplica a pessoas que procedem apenas por imitação. Refere-se a uma passagem do cap. VIII, livro IV, do *Pantagruel* (1532), de François Rabelais (1494-1553). Para se vingar de Dindenault, mercador de carneiros que viajava de barco com o seu rebanho, Panúrgio compra um dos carneiros e o lança ao mar. Todos os demais o seguem e morrem afogados. Assim como o próprio Dindenault.
62. Este parágrafo dá início a um novo registro ficcional que fica evidente quando menciona os delírios da mãe (Lima Barreto perdeu a mãe, Amália Augusta, aos seis anos), o medo de que o

mas irei para a sala mortuária que é minha casa. Meu filho ainda não delira; mas a toda a hora espero que tenha o primeiro ataque...

Minha mulher faz-me falta, e nestas horas eu tenho remorsos como se a tivesse feito morrer. Logo, porém, como vem de mim mesmo ou de fora de mim uma voz que me diz: é mentira.

Os outros deliram em redor de mim e, se não choro, é para não me julgarem totalmente louco. Imagino que essa convicção se enraíze nos médicos e me faça ficar aqui o resto da vida. Ainda agora, meu irmão veio visitar-me e, nos primeiros dias, um amigo; mas, dos que me vieram ver, na primeira vez que estive aqui, nenhum veio. Se me demorar mais tempo, ainda, ficarei completamente abandonado, sem cigarros, sem roupa minha, e ficarei como o Gato e o Ferraz, que aqui envelheceram, vivendo aquele a fazer transações de forma tão cínica, para arranjar cigarros. Troca pão por fumo e furta lápis dos companheiros para arranjar moeda para barganhar. Todos o perseguem, o maltratam, o chasqueiam, na sua velhice, a ele que foi rico, filho de ex-ministro e senador do Império. *Sic transit gloria mundi*...[63]

Aceito todos os fins mas não permita Deus que o tenha um destes. Enche-me de angústia quando este quadro se desenha a meus olhos; atribuo a mim mesmo a culpa do que me sucede, ao mesmo tempo culpo F., culpo Z., culpo X., e toda a humanidade, a sociedade em que vivo, mas não quero. Contudo, eu queria viver isolado, fora dessa paixão pela literatura, pelo estudo. Creio que ela me faz mal e lastimo não ter outra forma de talento em que minha inteligência pudesse trabalhar, absorver toda a minha atividade, sem comunhão com os meus semelhantes. Queria ser um geômetra, mesmo medíocre, mas da família de Arquimedes, conforme o desenha Plutarco, na vida de Marcellus, página 109.

Mas não me é possível, a minha pouco certa inteligência é de outra raça; sou levado incoercivelmente para o estudo da sociedade, para os seus mistérios, para os motivos dos seus choques, para a contemplação e análise de todos os sentimentos. As formas das coisas que as cercam, e as suas criações, e os seus ridículos, me interessam e dão-me vontade de reproduzi-los no papel e descrever-lhes a sua alma e particularidades. Ao mesmo tempo, levado para o

---

filho sofra o seu primeiro delírio e, por fim, a falta que sente da esposa (o escritor nunca foi casado e não teve filhos).
63. Provérbio latino: "Assim muda a glória do mundo".

estudo das sociedades, da sua história, do *quid* que as anima, arrastado para o estudo do seu destino, sou também capaz de me emocionar diante das coisas e da natureza. Não serei nunca sociólogo, historiador, não serei nunca romancista. Falta-me amor ou ter amado. Mas... Minha mulher!

Não posso tratar dela. Não se ama uma morta; e eu não a soube amar em vida. Fui tomar café matutino, já melancólico; li os jornais, hipocondríaco; almocei, ainda pior. Não pude acabar de ler a vida de Pelópidas. À uma hora fui para o café com pão, que é a refeição mais apreciada por mim aqui.

Festa de São Sebastião. Uma enfermeira, com consentimento da alta administração do Hospício, certamente uma canivetada na Constituição, organizou na capela uma festa, flores, missa, sermão etc. Na hora do café, os internos almoçaram uma boia superfina, digna do santo do dia e da Constituição. Alguns nos olhavam naturalmente; mas outros, com a enfatuação, não tanto da idade, mas de estudantes, com a convicção que estavam muito acima de nós e se podiam permitir debochar-nos. É verdade que se limitaram ao Gato; mas, logo a uma reclamação deste, falaram poderosamente em casa-forte.

Voltei do café entediado. Um vago desejo de morte, de aniquilamento. Via minha vida esgotar-se, sem fulgor, e toda a minha canseira feita, às guinadas. Eu quisera a resplandecência da glória e vivia ameaçado de acabar numa turva, polar loucura. Polar, porque me parecia que nenhuma afeição me aquecia, e turva, pois eu não via, não compreendia nada em torno de mim. Eu me comparava a um explorador das regiões árticas, que tivesse durante anos atravessado florestas lindas, cascatas, céus epinícios, lagos de anil, mares de esmeraldas, nessas paisagens mais belas da terra, as suas servências mais majestosas, e se houvesse de *motu proprio* atirado às *banquises* do polo e se deixasse mergulhar na sua noite imensa que, para o meu caso, era infinita.

Quase me arrependia de não ter querido ser como os outros. Seguir os caminhos do burro e ter feito da minha vida um paradoxo. Quis ler ainda, mas não me era possível. Pensava e triava todos os meus sonhos que se iam esvaindo. Já tinha vivido dois terços da minha provável vida e só um pouco deles realizara. O que mais desesperava era a angústia de dinheiro. Não tinha contado com ele, como não contara com muitos elementos que eu desprezara; agora, eles se vingavam...

Sentia-me impotente, por isso e os obstáculos invencíveis. Não me quisera curvar, revoltara-me; entretanto, mais de uma vez me vira obrigado a pedir pequenos favores humilhantes aos camaradas. Curiosa independência!

Mastigava esse raciocínio, quando um colega de manicômio me chamou para ver um doente da Seção Pinel, que fica na loja, impando no telhado. Lá fui e vi-o. Era o D. E.,[64] parente de um funcionário da casa, de real importância. Tinha o vício da bebida, que o fazia louco e desatinado. Já saíra e entrara no Hospício mais de vinte vezes. Apesar de tudo, era simpatizado, e muito, pelo pessoal subalterno. Não subira propriamente à cumeeira do edifício, mas à de uma dependência, no flanco esquerdo do edifício, onde fica a rouparia. Em chegando ao alto, começou a destelhar o edifício e atirar telhas em todas as direções, sobretudo para a rua, para as ruas, pois a tal rouparia ficava numa esquina.

Entre um e outro arremesso, prorrompia em descomposturas à diretoria e sorvia goles de cachaça, que levara num vidro de medicamentos.

Não era a primeira vez que, zombando de todos os esforços da administração, do inspetor e guardas, obtinha aguardente e se embriagava, preso, no estabelecimento.

Desta vez, ele o fazia em presença da cidade toda, pois na rua se havia aglomerado uma multidão considerável.

Jogava telhas e eles se apartavam para a borda do cais que beira o mar, no momento, turvo, e atmosfera fosca. Num dado momento, tirou o paletó. Ficou seminu; estava sem camisa. Atirava telhas e berrava. Alguém, de onde nós estávamos, um tanto próximo dele, gritou-lhe:

— Atira para aqui!

— Não, entre nós, não! Vocês são os infelizes como eu.

Continuou, durante algum tempo, nessa pantomima, quando acudiu o

---

64. Descendente de famílias importantes, os Deschamps Godfroy e os Duque Estrada, Roberto Duque Estrada Godfroy acumulava diversas passagens pela prisão e catorze internações no Hospital Nacional de Alienados. Tornou-se personagem constante na seção policial dos jornais que o apresentavam como "o homem-fera" ou "o perigoso alienado".

Lima Barreto suspeitava que Roberto Duque Estrada Godfroy agia de forma premeditada visando desacreditar a administração de Juliano Moreira e, para isso, contava com o apoio de um parente ou funcionário influente da casa. De fato, parte da imprensa passa a contestar a direção da instituição. Diante da repercussão negativa, em 5 de junho de 1920, Roberto Duque Estrada Godfroy é posto em liberdade. Uma descrição detalhada desse episódio figura em *Os delírios da razão: Médicos, loucos e hospícios* (*Rio de Janeiro, 1830-1930*), de Magali Gouveia Engel.

corpo de bombeiros com escadas. A sua fúria cresceu. Desandou a atirar pedras sobre os automóveis. Berros, palmas; e ele, como equilibrista, correu toda a cumeeira e foi buscar a flecha que lhe dava a semelhança de *chalet* e arrematava a cumeeira, para se armar. Os bombeiros fingiram que iam estender mangueira e obrigá-lo a descer com jatos d'água. Distraiu-se, deu pouca importância, e veio para a borda da cimalha falar à multidão.

Enquanto isso, guardas e bombeiros subiam pelo outro lado, sem que ele desse fé disso, e, surpreendendo, amarraram, não sem tenaz defesa dele a unhas e dentes.

O diretor veio ver, e os loucos amolavam-no.

O V. O. fez-lhe esta recriminação que ouvi:

— Vê Vossa Excelência isso, numa casa desta! Que escândalo!

Este V. O. não sai mais daqui. Cada dia, torna mais completo o seu depoimento de doido.

O diretor nada disse, e eu, por aí; mas foi preciso ele vencer, com a sua doçura, a sua paciência e a simplicidade de sua alma, a indelicadeza desse seu hospitalizado.

Hei de falar mais longamente sobre ele, que é uma interessante figura que conheci.

A proeza do D. E.[65] agitou todo o Hospício, pôs a rua em polvorosa e suspendeu o tráfego da Light, e havia no seu procedimento muita coisa, que parecia ser ele premeditado.

Doentes lá de baixo, e outros com os quais vim a conversar depois, disseram-me que sim, que ele tinha feito veladas ameaças do que ia fazer.

Num dado momento, trepado e de pé na cumeeira, falando, cabelos revoltos, os braços levantados para o céu fumacento, esse pobre homem surgiu-me como a imagem da revolta... Contra quem? Contra os homens? Contra Deus? Não; contra todos, ou melhor, contra o Irremediável!

---

65. No manuscrito, o autor, por engano, escreveu D. O.

VIII

O Hospício tem uma biblioteca; antigamente, isto é, há cinco anos, quando aqui estive, estava nos fundos da seção, em uma pequena sala. Tinha uma porção de livros, até um Dostoiévski lá havia e um excelente *Dicionário das literaturas*, de Vapereau, que eu lia com muito agrado; atualmente, porém, conquanto tenha pequenas mesas, meia dúzia, próprias para ler e tomar notas, duas cadeiras de balanço e duas espécies de divãs (estas últimas peças já existiam), não possui mais a mesma quantidade de livros, e a frequência é dos delirantes, que lá vão dar pasto a seu delírio, berros, gritos, fazer bulha com as cadeiras sobre o assoalho, não permitindo nenhuma leitura.

Há ainda livros curiosos que eu queria ler, mas não é possível absolutamente. Vi uma obra em dois volumes sobre finanças de Colbert, Félix Joubleau,[66] que me tentava lá; vi um Doniol, *História das classes rurais na França*,[67] que devia ser interessante apesar de um pouco antigo; vi o *Romance de Pedro, o Grande*, de Merejkovski;[68] um *Bohème galante*, de Gérard de Nerval;[69] mas não me animei a ler. Às vezes, para variar, ia até lá e pegava ao acaso um volume da *Biblioteca internacional de obras célebres* e lia. Foi aí que se me ofereceu pela primeira vez o ensejo de ler uma carta de Heloísa e a biografia de Abelardo, por Lewes,[70] o célebre biógrafo de Goethe e amante não menos célebre de George Eliot.[71]

O lugar era cômodo e agradável. Dava para a enseada, e se avistava doutra banda Niterói e os navios livres que se iam pelo mar em fora, orgulhosos de

---

66. Félix Joubleau, *Études sur Colbert, ou Exposition du système d'économie politique suivi en France de 1661 à 1683*. Paris: Guillaumin, 1856. Jean-Baptiste Colbert (1619-83) foi ministro das finanças de Luís XIV.
67. *Histoire des classes rurales en France et de leurs progrès dans l'égalité civile et la propriété* (Paris: Guillaumin, 1857), do historiador francês Henri Doniol (1818-1906).
68. Deste ensaísta, poeta e romancista russo, Dmitri Sergeevič Merejkovski (1865-1941), Lima Barreto possuía em sua biblioteca duas outras obras: *La Mort des dieux* (Paris: Calmann-Lévy, 1900) e *Le Roman de Léonard da Vinci* (Paris: Calmann-Lévy, 1902).
69. *La Bohème galante* (Paris: M. Lévy Frères, 1855), de Gérard de Nerval (1808-55).
70. George Henry Lewes (1817-78) foi um escritor de múltiplos interesses, do jornalismo à filosofia. Entre suas obras, figuram os dois volumes de *A Biographical History of Philosophy* (1845) e *Comte's Philosophy of the Sciences* (1853), que contribuíram para divulgar o positivismo de Auguste Comte na Inglaterra. Porém, sua obra mais reconhecida é *The Life and Works of Goethe* (1855).
71. George Eliot, pseudônimo da escritora inglesa Mary Anne Evans (1819-80) cuja obra-prima é o romance *Middlemarch* (1871-2).

sua liberdade, mesmo quando tangidos pelos temporais. Às vezes, lendo, eu me punha a vê-los, com inveja e muita dor na alma. Eu estava preso, via-os por entre as grades e sempre sonhei ir por aí afora, ver terras, coisas e gentes...

Um dia, não sei se foi na biblioteca ou no salão de bilhar, vi entrar barra adentro um grande quatro mastros à vela. Há muito tempo que não via esses quadros marítimos, que foram o encanto da minha meninice e da minha adolescência. A minha literatura começou por Jules Verne, cuja obra li toda. Aos sábados, quando saía do internato, meu pai me dava uma obra dele, comprando no David Corazzi,[72] na rua da Quitanda. Custavam mil-réis o volume, e os lia, no domingo todo, com afã e prazer inocente. Fez-me sonhar e desejar saber e deixou-me na alma não sei que vontade de andar, de correr aventuras, que até hoje não morreu, no meu sedentarismo forçado na minha cidade natal. O mar e Jules Verne me enchiam de melancolia e de sonho.

Não gostava muito das viagens fantásticas, como à Lua, ou que tivessem por entrecho uma coisa inverossímil, como no *País das peles*; assim mesmo apreciava o *César Cascabel* e a *Viagem ao centro da Terra*. Do que mais gostava, eram aquelas que se passavam em regiões exóticas, como a Índia, a China, a Austrália; mas, de todos os livros, o que mais amei e durante muito tempo fez o ideal da minha vida foram as *Vinte mil léguas submarinas*. Sonhei-me um Capitão Nemo, fora da humanidade, só ligado a ela pelos livros preciosos, notáveis ou não, que me houvessem impressionado, sem ligação sentimental alguma no planeta, vivendo no meu sonho, no mundo estranho que não me compreendia a mágoa, nem ma debicava, sem luta, sem abdicação, sem atritos, no meio de maravilhas.

Entretanto, nestes últimos dez anos, rara vez eu vinha ver o mar. Vivia numa cidade marítima, sem ir vê-lo nem contemplá-lo. Atolava-me na bebida, no desgosto e na apreensão... Pensava bem em morrer, mas me faltavam forças para buscar a morte. Comprava livros e não os lia. Planejava estudos e não os fazia. Delineava obras e não as realizava. Minha capacidade inventiva e criadora, a minha instrução técnica e a minha pretensão eram insuficientes para fabricar um *Náutilus*, e eu bebia cachaça.

---

72. O português David Augusto Corazzi era proprietário da renomada Casa Editora David Corazzi, em Lisboa. Em 1882, abriu uma filial no Rio de Janeiro, na rua da Quitanda, n. 40. Reconhecido pela qualidade de suas edições ilustradas, chegou a ser premiado na Exposição Portuguesa do Rio de Janeiro de 1879 e na Exposição Universal de Paris de 1889, "pelo esmero e nitidez das suas edições". Publicou a obra de Jules Verne em 39 volumes. Faleceu em 1896.

Lembrava-me disso, vendo a biblioteca, o mar, os paquetes, os perus e faluas, que entravam na enseada de Botafogo, os pescadores a colher as redes, em canoas quase atracadas ao cais, e sonhava o mar livre que se adivinhava, lá fora da barra, ali bem perto...

O grande veleiro, a gábia de quatro mastros, entrava por ela afora, sem auxílio de rebocador, com o terço do velame solto, sem denunciar o esforço e sem ter a arrogância dos paquetes, a vogar, sereno, parecendo de acordo com a natureza, com o céu e o mar, em que todo ele estava mergulhado. Neste momento, apareceu-me o V. O., que me veio dizer que não lhe davam a sua roupa fina, que tinha dezenove malas, que o médico estava no *complot* que se organizava contra ele e o inspetor também. Não sei como este último apareceu, e ele se pôs a esbravejar contra ele, gritou, chamou-o dos nomes mais feios desta vida, contra todas as suas prosápias de títulos, e acabou tirando da palmilha dos sapatos algumas notas, dizendo que ali tinha trezentos e tantos mil-réis. Dias antes, tinha me dito que tinha duzentos. Na loucura deste homem há muita impostura. Deixei de ler a carta de Heloísa e de ver o mar, ambas as coisas me faziam sonhar.

Resolvi deixar de frequentar a biblioteca porque, quando não era o V. O., eram o F. P., com suas dissertações de tico-tico e enumeração dos seus parentes doutores e bacharéis, o C. B., com o seu estardalhaço, que não me permitiam ler com atenção. Resolvi fazê-lo no dormitório e durante muito tempo sorvi sossegadamente o meu Plutarco. A minha leitura atual desse célebre livro é feita com outro olhar que o de antigamente. Noto-lhe uma porção de atributos sempre os mesmos, para os seus heróis. Ele os quer sempre belos, como filhos mais belos do seu tempo, e o paralelo entre os heróis de Grécia e Roma, às vezes, não é feliz; mas há sempre nele muita coisa que nos faz refletir. Vejam só esta observação de um antepassado dos atuais bolchevistas, do cita Anacársis, feita a Sólon: "As leis são como as teias de aranha que prendem os fracos e pequenos insetos, mas são rompidas pelos grandes e fortes". Os nossos milionários e políticos não pagam os impostos e, muitas vezes, os criados, quando os alugam, se não mandam buscá-los na polícia militar e na guarda civil; entretanto, há uma porção de leis, de fiscais etc. etc.

Ora, a lei! Que burla! Que trabuco para saquear os fracos e os ingênuos...

Mas, como dizia, resolvi abandonar a biblioteca e vir ler no dormitório.

Infelizmente, não tenho um quarto, para mim só, nem com outro companheiro. Habito, com mais dezenove companheiros, um salão amplo, com três janelas para a frente da rua, olhando para o mar. A minha cama fica perto da janela, mas, entre ela e eu, há um colega dos mais estranhos da casa. Só sai do dormitório para as refeições, para lavar o rosto de manhã, conjuntamente com os seus trapos, na pia; e, afora disto, vive a dormir, ou à janela, dizendo uma porção de coisas desconexas em que ele repete sempre coisas de jogo e batota. O seu acesso foi na rua, e intitulou-se capitão de polícia, e os outros aqui o chamam por esse título militar. Esquecia de dizer que ele lê um volume do *Dicionário ilustrado*, do Pinheiro Chagas,[73] ou, senão, jornais velhos, que arrepanha aqui ou ali. Todas essas coisas não me incomodariam se não se julgasse no seu direito de estar a abrir e a fechar a janela, desde que lhe dê na telha sair dela ou de ler, para deitar-se ou ir a qualquer parte. Muda-me a luz e incomoda-me na leitura.

Meu vizinho de dormitório é um rapaz cuja loucura reagiu sobre o seu aparelho vocal a ponto dele mal falar e com esforço. Olha-me estupidamente, e com um olhar parado e de um único brilho, e tem a mania de incapacidade de ingerir qualquer alimento. Tudo se tem experimentado: leite, frutas, até um irrigador; mas é em vão. Ele não ingere nada e, se ingere à força, logo vomita, debilita-se e dá em suar às catadupas.

Esperando a sua morte próxima, a família levou-o para casa. Vai mudar de cemitério — coitado! Para esse, não houve um intervalo entre os dois. Foi substituído pelo Pinto. (Literatura — V. Notas.)

Um outro companheiro de dormitório é um tal Cabo Frio. Tem os traços todos do nosso camarada roceiro, com um fundo muito forte de índio, cabelos negros e barba também grossas e luzidias.

Está completamente estúpido, não fala e vive hieraticamente esteado nas paredes, ou nos cantos, como uma estátua de templo egípcio. Em começo, era preciso, à hora de recolher, trazê-lo para o quarto; mas, dias depois, já vinha pelo seu pé. Com essa conquista sobre o seu cérebro ocluso, ele ganhou tam-

---

73. O português Manuel Joaquim Pinheiro Chagas (1842-95) deixou uma vasta obra, atuando como poeta, romancista, dramaturgo, crítico literário e tradutor. Ver Manuel Joaquim Pinheiro Chagas, *Dicionário popular, histórico, geográfico, mitológico, biográfico, artístico, bibliográfico e literário* (Lisboa: Lallemant Frères, 1876-86. 16 vols.).

bém outra atividade. Remexe os baixos dos travesseiros e colchões dos outros, carrega o que encontra e vai esconder os objetos onde cisma. Sempre antipatizei com ele — Deus não me castigue! — e depois que desapareceu, de debaixo do colchão, um livro, mais o fiquei aborrecendo. Desconfiei que fosse ele, o que me aborrece extraordinariamente. O que me aborrece é a sua inércia, a sua falta de iniciativa, e o furto do livro, como já disse, fez-me aborrecê-lo mais, conquanto suspeite de outros: um tal Veiga, o F. P., o sargento e mais um tal Gastão.

Este último, que já foi do meu dormitório, é um rapazola de seus dezoito anos, que tem uns ataques de forma epiléptica. É uma natureza de dissimulação e falsidade. Gosta de escambar, gosto que não é só dele aqui, mas que se encontra em muitos outros. O Gato é um deles. Carrega pães e troca por cigarros, estes por jornais, vende os jornais por lenços, furta camisas e livros, para cambiar por qualquer coisa, ou vender. Creio que já lhes falei na sua prosápia de família, das suas constantes alusões ao seu pai ex-ministro do Império, chama todos de negros, ladrões. Ele já me furtou um lápis. A sua mania de descomposturas lhe tem valido muitas sovas. Uma das últimas foi a do Borges, um negro pretíssimo, de pais ricos, mas façanhudo, rixento, que não pode estar na seção para que paga pois agride todos por dá cá aquela palha. É um belo tipo de cabra ou caibra, com fortes peitorais, magníficos bíceps, deltoides. Um pouco curto de corpo, sobretudo de pernas, como ele todo, robustíssimas, respira audácia, bravura, desaforo.

Ao entrar, ele se chegou a mim e olhou-me ferozmente:

— Como é que você deixa a farda?

— Que farda? Não uso farda.

— Você não é oficial do Exército?

— Não; é meu irmão.

— Bem dizia eu.

Falou abruptamente, as suas palavras saltavam dos lábios, aos jatos, descontínuas, mas sem propósitos de me ofender mas de acariciar-me; daí a dias, deu-me biscoitos caros que recebeu de casa.

O Gato, o Marquês de Gato, insultou-o de negro, vagabundo e ladrão. B. não teve dúvidas e intimou-o ameaçadoramente:

— Repete, se você é gente, seu este, seu aquele.

O Gato, o nobiliárquico Gato, repetiu, e o B. deu-lhe tais murros que o pôs todo em sangue, com o nariz quebrado. Penalizei-me, porque o Gato era um velho, a roçar pelos sessenta anos, cheio de uma loucura infantil de insultar, fazer caretas e julgar-se muito, como ter sua parentela obscura, mas colocada em bons lugares, e o seu título de bacharel em direito, por São Paulo, obtido adivinha-se como. Depois de levar os bofetes de B., andou dias com o emplasto, e o nariz, que era grande, rubicundo, proeminente até a altura da boca, encurtou um pouco e cambou para um dos lados. A sua fisionomia era cômica com esse nariz, a sua cabeça redonda, os seus olhinhos verdes e, quando se enfurecia, com o seu falar esganiçado e rápido.

Implicava com todo o mundo; comigo, só da primeira vez que estive, quando saí para ir sei onde, que ele disse ao passar:

— Este negro entrou ontem e já se vai embora.

Agora ele me trata muito bem. (V. Notas.)

Ontem, ele me chamou confidencialmente e me disse:

— Você sabe de uma coisa?

— Não.

— Vou para São Paulo e lá me casar com uma filha do S. L., que tem noventa milhões de contos.

Ele não se contentava com pouco.

IX

Outras considerações referentes ao meu dormitório me arrastaram a abandonar os motivos por que o deixei como lugar de leitura, para voltar à biblioteca.

Queria reatar a narração das razões, mas não me é possível. Um vizinho foi, afinal, quem me levou a fazê-lo. Só este, porque, em geral, como já descrevi, pouco os outros me incomodavam. Os mais próximos eram excelentes, tanto o da cama, à direita, de que já sobre ele falei, como o da esquerda.

Era este um menino, moreno, completamente idiota. Tinha as feições regulares, a não ser a boca, os olhos negros cravados nas órbitas, e balbuciava que nem uma criança. Tinha poucas ideias e quatro ou cinco palavras. Parece que tinha mais ideias que palavras. Repetia:

— Papai é mau.

— F. é mau!

— Papai tem dinheiro!

— É mau!

— Que pena!

Eram mais ou menos estas as palavras que se entendiam na sua boca. Doce e bom, geralmente estimado, tinha tudo e de todos, e figurava no Hospício como um cãozinho de estimação de todos. Hão de estranhar que não houvesse quem criasse animais, gatos, cães, pássaros etc. A bem dizer, não havia; mas o Torres, o único pensionista de primeira classe, o tal que matara o rival e era o decano do estabelecimento, no almoço e no jantar juntava restos de comida e levava aos gatos ariscos que andavam pelos pátios e jardins. F. tinha toda a liberdade e andava onde queria. Fora deste, não vi louco algum que se interessasse por animais.

Na outra casa de saúde em que estive, havia um oficial reformado do Exército, declaradamente dementado, que tinha a cisma de que conversava com os pardais.

Em todas as refeições, munia-se de miolo de pão, mergulhava-o em água, na pia do seu quarto, e atirava pedaços da pasta assim obtida aos pássaros, que voejavam em torno do pavilhão às centenas. Não contente com isso, comprava chocalhos, apitos infantis, fazia poleiros, gangorras, para divertir ou chamar os pardais. Estes pássaros acorriam aos montes na varanda, que se estendia em face dos quartos, cujas janelas para ela davam, e tudo emporcalhavam com os seus dejetos. A irmã zangava-se, ameaçava-o, mas o tenente não se emendava. Continuava.

No Hospício, não vi nada semelhante. Os loucos me pareciam pouco emotivos, e quase todos eles se queixavam dos seus parentes e das suas mulheres.

V. O. abrangia, na mesma queixa, a mulher, a sogra e os irmãos; o F. P. descompunha os irmãos e afirmava em alto e bom som que havia de falar mal da família até morrer.

Na minha convivência, ou melhor, nas minhas convivências com loucos, dois ou três vi chorar. O tal rapazola da cama, à esquerda da minha; e um outro, na janela do salão de bilhar, quando delirava. Alguém repreendeu-o por isso, mas ele, com propriedade e urbanidade, respondeu:

— O senhor nada deve observar-me porque não sabe quais são os meus sofrimentos. (A ingratidão: Gastão, Gato, F. P., V. O.)

Como dizia, porém, eu tive que ir para a biblioteca ler, por causa do meu companheiro de dormitório. Tinha evitado travar relações com ele, mas, aos poucos, pedindo fogo e outros pequenos favores muitos, fomos travando conhecimento mais profundo.

Era um rapaz pálido, de feições delicadas, franzino, que vivia sempre com um lenço na cabeça, bem molhado. A princípio, julguei que fosse para manter a pastinha inalterável, com o seu vinco muito nítido no meado da cabeça: mas, bem cedo, vi que não. Uma noite, delirando, ele gritou:

— Estão me queimando a cabeça!

Atinei logo com o seu delírio, e em breve ele explicou todo o seu sofrimento imaginário, fazendo questão de que eu escrevesse e tirasse nota do que ele me expunha.

Trouxe-me escrito o seguinte:

[......................................][74]

Deu-me isto a lápis, em papel amarelo de embrulho, dizendo-me: "resolva este problema". Mas não esperou a minha resolução, ele mesmo se encarregou de explicar-me a coisa, e eu pude registrar, mesmo à vista dele, alguma coisa, o essencial do seu delírio. Dizia-me ele: (vide notas).

---

74. No manuscrito há um espaço em branco de aproximadamente quatro linhas.

[..................................]⁷⁵

Quando me explicou isso, foi nas primeiras horas do dia, depois do café matinal, e não me deu tempo de ler os jornais. Quando voltei do almoço, às nove e meia, pude fazê-lo, mas acabado que ele foi, ele reencetou a explicação, e, para me livrar dele, fugi para a biblioteca. Lia eu o doutor Jousseaume, um livro sobre a geologia e fisiografia do mar Vermelho,⁷⁶ aqui e ali, interessante, no maior sossego, pois éramos dois malucos dos menos malucos — eu e o E. P. (o da cabeça branca) — quando vi que o D., o inspetor, seguia um visitante vestido de casimira, sem ar de médico, e entrava ele pela seção com o máximo desembaraço. Ele deu comigo e eu com ele, encontrando-se os nossos olhares. Pareceu-me já tê-lo visto e a ele, não sei por quê, suspeitei que acontecesse a mesma coisa em relação a nós.

Quem é? Quem não é? Soube-se logo que era um dos fiscais do governo para casas de saúde e recolhimentos.⁷⁷

Logo que se soube isso, toda a seção se pôs em polvorosa. Não houve quem não apresentasse a sua queixa. V. O. fez um discurso e leu representações, cartas, que eu tinha corrigido e mesmo escrito. Ficou muito contente porque o doutor ia tratar de tirá-lo de lá, tanto, isso depois, que ele sabia (ele sempre sabia do que se passava fora do alcance das suas vistas e ouvidos) que o fiscal falara a respeito dele, V. O., energicamente, com a alta administração.

O meu vizinho do holofote do monte Ararat não lhe deu a mínima importância. Limitou-se a perguntar, horas depois da saída do tal fiscal:

— Quem é esse doutor boa-vida que aí esteve?

Mais feliz do que V. O., ele se ria de todas as providências e solicitudes do governo. O fato é que o tal doutor boa-vida, como o chamou A. de Oliveira, devia ter voltado para a casa, meditando sobre os percalços de visitar casa de loucos.

Quando saiu, deu por falta de sua bengala com castão de ouro...

---

75. Novo espaço em branco, equivalente ao primeiro.
76. *La Philosophie aux prises avec La Mer Rouge, le darwinisme et les 3 règnes des corps organisés* (Paris: Sanson, 1899), do zoólogo e naturalista francês Félix Pierre Jousseaume (1835-1921).
77. Carlos Olinto Braga, juntamente com Raul Camargo e Maleher Bacellar, formava a Comissão Inspetora de Casas de Saúde e dos estabelecimentos de alienados.

X*

O meu transplante forçado para outro meio que não o meu. A necessidade de convivência com os de meu espírito e educação. Estranheza. A minha ojeriza por aqueles meus companheiros que se animam a falar de coisas de letras e etc. O J. P., que se animava a discutir comigo Zola e falar sobre edições, datas etc. Entretanto, eu gostava dele. Ri-me mais que nunca quando, percebendo tudo isto, lembrei-me que me supunha um homem do povo e capaz de lidar e viver com o povo. Concluí que nem com ele, nem com ninguém. Lembrança da mulher, a única que podia ter feito viver comigo e eu não compreendera.

∽

Cigarro. Insistência em pedir. Negar. Arrependimento. O caso do velho. Remorso: dei o cigarro, muito depois de tê-lo negado.

∽

Um pequeno meteu-se no porão, armou-se de tijolos e ameaçou não sair de lá. Os guardas entraram lá com escudos de travesseiros.

∽

Um maluco vendo-me passar com um livro debaixo do braço, quando ia para o refeitório, disse: — Isto aqui está virando colégio.

∽

A Noite, de 15-1-20, sobre desapropriações.

∽

16-1-20.
Suicidou-se no Pavilhão um doente. O dia está lindo. Se voltar terceira

---

* Originalmente, este capítulo não foi numerado pelo autor. Os fragmentos aqui reunidos foram posteriormente desenvolvidos e retomados tanto no *Diário do Hospício* como em *O cemitério dos vivos*.

vez aqui, farei o mesmo. Queira Deus que seja um dia bonito como o de hoje.

༄

Os sábios que seguiram Napoleão na expedição do Egito montavam em jumentos; quando os mamelucos ameaçavam um ataque, ao formar um quadrado, os soldados gritavam: "No centro do quadrado, os asnos" — *Au centre du carré, les ânes* — porque estavam montados em burricos.

༄

What is gipsy?

༄

O engenheiro diz que o Pires de Albuquerque foi promovido devido a ele, tendo-lhe dado até dinheiro.

༄

Revolta das mulheres por causa da comida. Loucas e enfermeiras. Diferença entre a reclamação delas e a dos homens, que foi anteriormente.

༄

Conversa de loucos. Dificuldade de reproduzi-la e o delírio também.

༄

Rabelais XIII.

༄

Abélard: viveu infeliz e morreu humilhado, mas teve a glória e foi amado.

༄

O Barbosa..., homem de mais de cinquenta anos, dizia ter oito ou nove anos e tomava a bênção a outro doente (V. O.).

Há um doente, o tal dos berloques, que toca piano, é o que toca melhor; ele toca coisas do meu tempo de rapazola, quando eu dançava. Observo o seu modo de tocar. Embrulho. O Hino Nacional. Nunca acaba.

∽

C. Braga..., jogando xadrez, vai muito bem e de repente vem-lhe o delírio e complica tudo.

∽

Comparar com o bilhar. Por quê?

∽

Quem toca é o tal bacharel que se condenou à mudez. Ernesto Meneses, o velho que dizem matou a mãe, quase mudo. Observar as reações da loucura sobre a articulação da palavra; alguns, trôpegos de língua; alguns balbuciam, e outros, quase mudos.

∽

Borges, quase preto, o terror da enfermaria. A briga dele com o Gato, o Caranguejo. Falar desse tipo curioso de maníaco.

∽

Eu vi o Porto esfregando o assoalho com a vassoura pesada.

∽

Alves, companheiro de dormitório, tem a mania de trazer a cabeça molhada e os cabelos presos por um lenço fino. Uma noite, despertou gritando: Estão me ateando fogo na cabeça! Dorme com uma venda nos olhos e tem ao lado um verdadeiro guarda-comidas. Mania literária.

Um velho português que tem a vaga semelhança com Francisco José, imperador da Áustria, se crê por isso imperador. Seção Pinel.

∽

Haverá contágio na loucura? Creio que sim. Ambiência do hospital. A imitação como própria à natureza da nossa inteligência. Notar P. imita dois loucos: C. B. (tenente) que dá para bater portas e cadeiras, dá murros na mesa etc.; e Pereira, que imita dar traques. Este é copiado por diversos. As falas com que acompanham os gestos com a boca não se podem repetir: são porcas demais.

∽

A princípio ninguém me procura. Da outra vez, fui muito. Sou muito estimado na rua do Ouvidor; mas quem não o é aí?

∽

O F. Porto batuca no piano coisas tão estúpidas como a sua loucura. Não sei como o povo julga que a loucura é sintoma de inteligência e de muito estudo. No Hospício, não se vê tal coisa.

∽

Um louco perguntou-me se Lisboa ficava em Minas Gerais e V. O., aliás doutor, não sabia onde ficava Blumenau.

∽

Diz Ferraz — está há vinte e seis anos, tendo entrado com vinte e oito — que as mulheres temem refeitório devido à revolta do João Cândido.[78]

---

78. João Cândido Felisberto (1880-1969), conhecido como o "Almirante Negro", foi o líder da Revolta da Chibata, que teve início em 22 de novembro de 1910, e reivindicava o fim dos castigos

Há três doentes que mataram ou tentaram matar as mulheres, dos quais dois são oficiais do Exército, sendo que um nada tem. É o engenheiro, o tenente e o tenente P. M.

⁂

A força da loucura do V. Oliveira... está nas suas pretensões intelectuais. Ele me disse que tem os instrumentos de engenharia mais aperfeiçoados, e um teodolito, caríssimo,[79] e uma bússola que faz levantamentos automáticos e os registra numa espécie de fita telegráfica, indo no bolso. Instrumentos de cirurgia etc. A sua casa é uma lindeza de coisas pequeninas, até a mesa de operações é de tamanho de uma boneca. Quando mora em sobrados, tem as flores em potes. Entre elas, catleias, catleias em pote!

⁂

20-1-20.
Hoje, o D. E..., sobrinho de um funcionário daqui, embriagou-se e, no

---

físicos na Marinha brasileira. Os três navios amotinados — *Minas Gerais*, *Bahia* e *São Paulo* — chegaram a disparar tiros de canhão contra a cidade do Rio de Janeiro. Talvez essa seja a principal causa do medo das alienadas. Relatos da época afirmam que diversas janelas e vidraças se romperam.
Em 26 de novembro, o movimento é declarado vitorioso e os marinheiros são anistiados. Porém, logo ocorre uma série de perseguições, novos levantes e prisões dos marinheiros. É decretado estado de sítio. Na véspera do Natal, dezoito marinheiros, entre eles João Cândido, são confinados numa solitária na Ilha das Cobras. Dois dias depois, dezesseis deles morrem por asfixia. A cela fora desinfetada com água e cal e, devido ao forte calor, a água evaporou e a cal penetrou o pulmão dos prisioneiros.
Na tentativa de isolar o líder do movimento, em 18 de abril de 1911, João Cândido é encaminhado ao Hospital Nacional de Alienados, onde permanece até o começo de junho. É analisado pelo diretor Juliano Moreira e seus alienistas Antônio Austregésilo, Sampaio Correia e Humberto Gotuzzo. Segundo o próprio João Cândido, foi bem tratado pelo alienista Simplício de Lemos Braule Pinto e ficou amigo de vários enfermeiros.
Entre 31 de dezembro de 1912 e 12 de janeiro de 1913, a *Gazeta de Notícias* publica, em forma de folhetim, "Memórias de João Cândido, o marinheiro", baseado em depoimento do próprio Almirante Negro, mas redigido por João do Rio. Ver Edmar Morel, *Revolta da chibata* (Rio de Janeiro: Paz & Terra, 2009) e Fernando Granato, *João Cândido* (São Paulo: Selo Negro, 2010).
79. Depois de "caríssimo", há uma palavra ilegível.

furor alcoólico, conseguiu subir até o telhado de uma dependência do Hospício e de lá, prorrompendo nos maiores impropérios, pôs-se nu em pelo, enquanto bebia aguardente. Na hora do café, lá estavam os caibras ou coisa parecida. Alguns têm um ar bom e modesto; mas outros têm a *morgue* de estudantes. Eu já tive.

⁂

Houve festa na capela e ao sair do café (à uma hora) cruzei-me com os padres. Que lorpas! E a Constituição! Padres como esses não fariam mal se não fossem eles a guarda avançada do estado-maior jesuítico que nos pretende oprimir, favorecendo os ricos e pavoneando os seus preconceitos.

⁂

D. Estrada. Veio o corpo de bombeiros, com uma escada, para tirá-lo de cima do telhado. Ele partiu as telhas e pôs-se a atirá-las em cima do povo que assistia ao espetáculo do lado da rua. Não parece intimidado. Está seminu e, apesar de saber perfeitamente que está tomado de loucura alcoólica, de pé, na cumeeira do Pavilhão, destinado à rouparia, como que vi, naquele desgraçado, a imagem da revolta.

⁂

Esse acontecimento causa-me apreensões e terror. A natureza deles. Espelho.

⁂

Guardas e bombeiros conseguiram apanhar o homem e amarrá-lo. Ele estava acocorado na borda da cimalha, acocorado na forma daqueles animais fantásticos que se veem nas cimalhas das igrejas góticas. Suspendeu o trânsito durante mais de uma hora. O edifício ficava no canto da rua General Severiano.

O F. P... tinha no quarto também um estudo sobre moléstias crônicas, em francês.

꘏

O barbeiro.

꘏

Dizia Catão, segundo Plutarco, que os sábios tiram mais ensinamentos dos loucos que estes deles, porque os sábios evitam os erros nos quais caem os loucos, enquanto estes últimos não imitam os bons exemplos daqueles. Plutarco, página 178. 2v.

꘏

Ouvindo Catão, que pronunciava poucas palavras para o intérprete traduzi-las em muitas, aos grupos observaram estes que as palavras do romano saíam do coração e as dos gregos da ponta da língua (*bout des lèvres*).

꘏

22-1-20.
Vi hoje entrar um navio à vela, sem auxílio de rebocador, com um terço do velame. Outra impressão do vapor. Não denunciava esforço, e parecia docemente ir a navegar sereno.

꘏

O Navarro, o tal de engenheiro, qualificou de vermelhas as cascas de laranjas, quando as mandou cortar pelo cozinheiro.

꘏

V. O. diz comprar um *yacht* logo saísse e convidou o comandante e o farmacêutico.

O Vidigal — lavador de peças de roupas dos pátios. Foi aluno da Escola de Minas. O tipo. Condenou-se ao silêncio. Gosto pela leitura. Vive nos vãos das janelas. Uma sesta, com outros que têm a mesma mania.

∞

O alemão grandão, que é meu vizinho no refeitório, por ocasião do café teve um ameaço de ataque epiléptico. Bem estúpido e malcriado. Tratar dos nomes de pavilhões e dependências.[80] Pinel, Esquirol! — mulheres — Calmeil.[81] O mais conhecido é o Esquirol porque foi médico do Auguste Comte.

∞

O F. Porto, a sua mania de amolar todo o dia o médico e seu esforço para impedir que os outros fizessem o mesmo.

---

80. Poucos recordam, mas o Hospital Nacional de Alienados já foi descrito em "O Bibelot", quinto capítulo da primeira parte de *Triste fim de Policarpo Quaresma* (1911). Logo no início, se vislumbra um pórtico ornado por uma escadaria de dez degraus e quatro colunas dóricas, onde figuram duas esculturas de mármore: a Ciência e a Caridade. Ao cruzar o átrio ladrilhado, surgem duas novas esculturas: Pinel e Esquirol. As quatro foram encomendadas ao escultor alemão Ferdinand Pettrich (1798-1872). É bom frisar que, neste romance, escrito antes mesmo da sua primeira internação, em 1914, o escritor já definia o hospício como "meio hospital, meio prisão".
81. O francês Philippe Pinel (1745-1826) é considerado o fundador da clínica psiquiátrica. Entre 1793 e 1795, foi médico do Hospício de Bicêtre e, posteriormente, médico-chefe do Hospital da Salpêtrière, onde permaneceu até o fim da vida. Publicou o *Traité médico-philosophique sur l'aliénation mentale ou La Manie* (Paris: Richard, Caille & Ravier, 1881), um marco da nova disciplina. Teve dois filhos: Scipion (1795-1859), que também se tornou alienista, e Charles (1802-71), botânico que se mudou em 1829 para o Rio de Janeiro, onde se casou e teve filhos.
Jean-Étienne Esquirol (1772-1840) foi o principal discípulo de Pinel, sucedendo a este, em 1811, na direção do Hospital de Salpêtrière. Publicou *Des Maladies mentales considérées sous les rapports médicaux, hygièniques et médico-legaux* (Paris: Baillière, 1838). Desempenhou um papel central no estabelecimento da legislação sobre alienados e na higiene dos hospícios, que serviu como base para a primeira lei brasileira, o decreto 1132, em 22 de dezembro de 1903.
J. L. Calmeil (1798-1895), por sua vez, foi discípulo de Esquirol. Entre outras obras, publicou *Lypémanie* (Paris: Masson, 1876).

Juliano (Tito) César Flamínio.

⁂

Vive-se aqui pensando na hora das refeições. Acaba-se o café, logo se anseia pelo almoço; mal se sai deste, cogita-se imediatamente no café com pão; à uma hora, volta-se e, no mesmo instante, se nos apresenta a imagem do jantar às quatro horas. Daí até dormir, são as horas piores de passar.

⁂

O V. O. logo se informou de tudo, costumes dos doentes, guardas, mexericos, puxava conversa com todos, doentes e guardas, para saber novidades.

⁂

23-1-20.
O Sampaio, que parecia idiota completo, a ponto de carregar troços dos outros, para os dar a um meu vizinho de dormitório, desapareceu. Emoção na seção.

⁂

O Carvalho, sempre com um pano preto. Tipo eclesiástico. Mal-encarado. Companheiro de bisca com o P... Uma voz fortemente nasal. Era tipógrafo. Tinha um ríctus constante de mau humor e aborrecimento.

⁂

24-1-20.
Hoje, antes das sete horas, Fraga, o que tem mania religiosa, desaveio-se com um belga, que tem mania de milionário e condecorado, e deu-lhe um golpe com uma faca improvisada.

24-1-20.
Visita do procurador da República, Olinto Braga. Agitação. Reclamação dos malucos. Inspeção das camas etc.

∽

Um doente chamou-o de boa-vida.

∽

Furtaram da sala do diretor a bengala do procurador.

∽

O Alves disse que o faziam ficar sem juízo e a alma se esvaía.

∽

O servente do laboratório. A sua pretensão. O avental que, no interior dos hospitais, se confunde com a tal esmeralda simbólica. Livros científicos. Meios de cultura. Não sabia francês. Quis que lhe traduzisse páginas. Pede a Pinheiro, embaraço deste. Caso semelhante, Hospital Central, com João Francisco,[82] diferença entre este e aquele. João e Horácio, nos laboratórios de química da Escola Politécnica.

∽

Ferraz diz que a mãe dele tem quatrocentos e vinte anos.

---

82. No *Diário íntimo*, em 27 de dezembro de 1918, Lima Barreto manifesta a intenção de escrever sobre João Francisco:
"Foi meu companheiro no Hospital Central do Exército.
João Francisco, alferes reformado, tipo *raté* da Escola Militar. As suas manias matemáticas. A sua terminologia. Megalômano.
Encontrei-o no Hospital Central do Exército. Escrevia cartas a todos os reis e potentados, aconselhando isso ou aquilo.
Tinha um tratado de mecânica etc. Caso patológico das manias dos militares saídos da Escola Militar há trinta anos."

Borges. Suas façanhas. Casa-forte. Pai rico. Transferido de seção. Saído da casa-forte. O... estava no pátio e na outra seção. Negro. Vassoura na mão. Reflexões a respeito.

∞

Vieram visitar-me o Luís Pinto, o Paixão e um amigo deste — 25-1-20, quando fazia um mês que eu aqui estava.

∞

A loucura, a degradação humana — o horror desse espetáculo.

∞

V. Oliveira, sua preocupação de ser o primeiro maluco que faz reclamações, e sua pretensão de que fala muito bem e com toda a clareza.

∞

V. O... disse-me que tinha duzentos e tantos mil-réis na palmilha da botina; quando brigou com o Dias, disse que tinha trezentos e tantos. No dia de São Sebastião, foi à capela do Hospício pelo correr do dia e à tarde. Voltou de lá dizendo que tinha arrematado prendas. Estávamos no salão, e ele apontou uma menina que passava, como tendo recebido dele o presente de uma flor arrematada. Vendo que a menina não levava flor alguma, emendou que estava no chapéu. Na ocasião da proeza do Duque Estrada no telhado, viu a sogra e a mulher. Ele toma-me as palavras e as repete como dele. Quando o Borges quebrou o nariz do Gato, eu, narrando-lhe o fato, classifiquei o estado do nariz do Gato como estando à meia-nau; imediatamente, contando a outro, ele repetiu a classificação. Vendo os padres no refeitório, achei-os indecentes, antipáticos, com ar de párocos portugueses. Ele, na minha vista, repetiu a opinião. As cartas que lhe dou minuta, que lhe emendo, quando eu o procuro para que ele aluda a esse serviço, mínimo, ele desconversa. Ele é mais ignorante do que eu pensava. É um caso interessante.

Diz Plutarco que, mais do que outra qualquer divindade, Vênus tem horror à violência e à guerra.

Não sabe suportar nem a boa nem a má fortuna.

✥

Há sempre prodígios, no Plutarco, até os ratos roem o ouro do templo de Júpiter, raios advertissadores,[83] crianças que nascem com cabeça de elefante, eclipses etc. Todos os seus heróis têm filhos mais belos da cidade.

✥

Houve quem perguntasse: bebemos porque já somos loucos ou ficamos loucos porque bebemos?

✥

A mania do F. P... pelos jornais que ele não lê. A razão. Os livros também. Um livro de matemática em alemão.

✥

Havia no Hospício um louco completamente imbecil, cuja mania era tirar os troços da cama de uns e levá-los para as de outros. Constantemente fazia isso. Hoje, 26-1-20, desapareceu-me um livro que me fora oferecido, dentre os três que ali tinha. Além do mutismo e ficar ereto nos cantos, a sua mania era esta. Tive-o sempre em antipatia, e o fato, que me aborreceu muito mais, aumentou a minha antipatia por ele. Os furtos aqui, antes dele, eram de onde em onde; agora se sucedem com frequência. É preciso saber que não tenho dormitório e tudo que tenho — livros, toalha, papel, sabonete etc. — guardo debaixo do travesseiro ou do colchão.

---

83. Francisco de Assis Barbosa supõe que o termo tenha sido cunhado por influência da leitura da tradução francesa de Plutarco, e que se trata de um hápax, palavra que só ocorre uma vez na documentação literária de um idioma.

Na primeira vez que aqui estive, consegui não me intrometer muito na vida do Hospício; agora não, sou a isso obrigado, pois todos me procuram e contam-me mexericos e novidades. Esse convívio obrigado, com indivíduos dos quais não gostamos, é para mim, hoje, insuportável e ainda mais esse furto e as minhas apavorantes dívidas fazem-me desejar imensamente sair daqui. O médico me ofereceu alta, mas não aceitei já porque só quero sair depois do carnaval. Demais, eu penso que o tal delírio me possa voltar, com o uso da bebida.

Ah! Meu Deus! Que alternativa!

E eu não sei morrer.

⁜

Sarará das drogas, o tal chibante, tem o cabelo crespo. Para assentá-lo, usa uma touca e naturalmente vaselina. Dorme com a touca e a usa pela manhã em fora.

⁜

V. O., desde dias, vinha brigando com M. Antônio, guarda, o substituto de Dias, na inspetoria da seção. Sabendo aquele que ele tinha uma tesoura em seu poder, tomou-a. Ele se enfureceu e disse que tinha um punhal; deram uma busca mais rigorosa e descobriram que ele furtava roupas particulares de outros doentes, cujas marcas trocava. Além disso, encontraram uma chave da porta dos fundos.

⁜

O caso dos jornais atrasados e a sua prisão no dormitório-cárcere.

⁜

A sala de bilhar é uma das melhores peças da parte do edifício que ocupamos. Fica no extremo da ala esquerda do Hospício. Tem três janelas de sacada para a frente, que olha para o mar; e três outras do lado esquerdo. Já foi melhor mobiliada. Nas paredes há quadrinhos, com recortes de revistas ilustradas, emoldurados modestamente com *passe-partout* improvisados. Representam castelos nas pontas de montanhas, com torres cilíndricas com os tetos cônicos, das condessinhas do século XIII ou XIV, paisagens de Estaque, no inverno; uns carvalheiros sem folhas ou *peupliers* tristes. Há um desenho de um senhor gordo deitado num divã rico, ele mesmo em vestuário de baile, que me parece ser de Leandro.[84]

Quem teve esse trabalho de decoração? Há vestígios de que foi pessoa de gosto e educação.

ತಿ

27-1-20.
Logo após o café, o V. O. provocou um barulho dos diabos com o F. P., porque este tinha sido transferido para um quarto melhor, com cômoda etc., e não pagava nada, enquanto ele pagava quinze mil-réis e não tem essas regalias. Trocavam insultos mutuamente os mais vis e baixos. V. O. mostrou todo o seu fundo de soberba, de presunção, de vaidade e mesquinharia. Entretanto, ele não paga.

ತಿ

Tem-se na conta do doente mais rico, mais importante, o que mete medo aos guardas, aos médicos, ao pessoal superior.

ತಿ

A sua loucura veio-lhe da vaidade doentia.

ತಿ

O Torres, o tal que matou o rival em amor, diz que viveu doze anos num ovo.

---

84. O mulato Leandro Joaquim (*c.*1738-*c.*1798) foi pintor, cenógrafo e arquiteto. Além de retratista, obteve reconhecimento graças a seis painéis ovais dedicados à paisagem do Rio de Janeiro, encomendados para figurar num dos pavilhões do Passeio Público. Colaborou em outros projetos urbanos com o Mestre Valentim (*c.*1745-1813). Gonzaga Duque e Mário de Andrade o consideravam como um dos artistas mais significativos da segunda metade do século XVIII.

V. O. tem o riso algo parecido com o J. B. e algumas vezes sublinha as frases com contrações de fisionomia e do canto dos lábios, e tem jeitos parecidos com ele.

O riso é antipático. Dostoiévski diz que se o riso de um desconhecido é agradável, ele é homem honesto. O do V. O. é desagradável, soa como um chocalho de coco ou cabaça.

⁓

Há outro caso de imitação entre loucos: um doente que esteve na minha seção foi transferido para outra e lá espiava o Aristides, que vivia pelas salas e corredores a dizer coisas desconexas, palavrões, e repetir, a espaços, a palavra "pinacoteca", derivados e ou acompanhadas de outras, que não fazem sentido com ela. Ao imitador não vi, mas fui informado por pessoa segura que andava de um lado para outro a dizer: pinacoteca, Piabanha.

⁓

O doente borrado, seminu, o seu aspecto horripilante. O seu maneio de sombra no corredor.

⁓

Gabriela de Coni[85] — *Vers l'œuvre douce* e *Fleurs de l'air*.

⁓

Annuaire International du crédit public.

---

85. A francesa Gabriela Laperrière de Coni (1866-1907) foi jornalista, escritora e socialista. Em 1884, aos dezoito anos, conheceu o médico argentino Emílio R. Coni (1855-1928) num congresso de saúde pública, em Paris. Foi viver em Buenos Aires, onde deu início a sua trajetória de militante e feminista. Publicou um romance autobiográfico, *Fleur de l'air* (1901), e *Vers l'oeuvre douce* (1903).

*Attala.*⁸⁶

ᘛᓭ

27-1-20.
Revolta dos presos na casa-forte, às sete horas da noite. Baderna etc. A revolta é capitaneada pelo Duque Estrada, o tal que subiu no telhado. Estão chegando bombeiros e força de polícia. Previ isto. Os revoltosos são vizinhos de quase metade da Seção Pinel. Armaram-se de trancas. Vejo-os cá de cima. O resto da Seção Pinel mantém calma. A nossa está quase sem guardas nem enfermeiros, mas a atitude de todos é de curiosidade. Um acontecimento desses quebra a monotonia e distrai. O Ferraz diz que o Sant'Ana é vítima de inimigos traiçoeiros, por ser mulato. Sant'Ana é um velho empregado da assistência e muito bom para os doentes em geral. Ferraz, em seguida, acrescenta que ele é um homem velho, tem quatrocentos e vinte anos, já foi Márcio Néri e outros despautérios que eu não pude guardar; mas pode com eles todos. O que é evidente é que alguém fornece meios e modos ao D. E. para ele fazer esses escândalos todos, no intuito de desacreditar alguma pessoa influente no Hospício ou mesmo toda a diretoria. A rua encheu-se; há um movimento de carros, automóveis com personagens, e força de polícia e bombeiros; há toques de corneta — um aspecto de grosso motim. Consta que ele lançou cimentos e varões de ferro. Já tenho medo de ficar aqui.⁸⁷

ᘛᓭ

Há alguns que não são aparentemente doentes, mas que em dados mo-

---

86. Provavelmente *Atala, ou Les Amours de deux sauvages dans le désert* (1801), romance do escritor e político François-René de Chateaubriand (1768-1848).
87. A revolta teve amplo destaque nos jornais. No relatório enviado em junho de 1920 ao presidente Epitácio Pessoa, o ministro da Justiça e Negócios Interiores, Alfredo Pinto Vieira de Mello, alerta sobre a superlotação e os baixos salários. Referindo-se à Seção Pinel, afirma que "é sempre de admirar que ali não ocorram acidentes diários, tanto mais quanto lá também estão quase todos os alienados delinquentes enviados ao manicômio".

mentos se denunciam em contrário. Os epilépticos, os sujeitos a certas manias que têm um delírio de tempos em tempos. Conheço o E. Pinheiro... desde que entrei aqui, como homem polido, de certa educação, serviçal, não aparentando a menor mania, senão a de não sair daqui. Foi estabelecido com tabacaria e mostra ter boas relações de amizade. Uma vez atrasou-se no banho; o guarda, ao passar pelo banho para o café, disse-lhe uma coisa sem importância, ele vestiu-se rapidamente, chegou a tempo, o guarda repetiu uma pilhéria sem alcance e, por isso, ele se fez pálido, beiços roxos e tremendo que nem uma pilha. Que seria capaz de fazer?

28-1-20.
O diretor proibiu a entrada dos jornais.

O F. P. atirou fora os abacates que lhe deram porque os temperaram com açúcar de terceira. Ele é branco de primeira ordem e não negro, nem mulato, para usar tal açúcar.

O nu no Hospício. A Liga pela Moralidade. Poucos homens bem-feitos; o mesmo no banho de mar. Um único eu vi no Hospício. Era um rapaz moreno, olhos e sobrancelhas negras, assim como os cabelos, de um negro bonito e luzente. Perfeitamente imbecil, olhava-me com um sorriso parado, sem dizer nada e nada pedir.

Os jornais foram proibidos, mas todos tinham jornais, entre eles o F. P. e o tal engenheiro C... P... Aquele moço bem alto, que não emprestava a ninguém, olhando para mim, ele que não cessa de pedir-me cigarros, fósforos, jornais e até dinheiro eu lhe dei para comprar revista. Contudo, o Gastão dos cigarros guarda um para mim. O maluco é em geral mau e egoísta, especialmente o Porto, cujo delírio é de grandeza. Raro é o liberal e agradecido. Só aqueles que caem em profunda loucura é que perdem o sentimento de propriedade. Descobri quem me furtou o livro. Foi o Gato a quem tratei bem e nunca lhe atirei chufas. Deu-o ao Gastão, que viu meu nome e não mo restituiu. Este G. é um rapazola de que já falei, e não tem nada de louco. Simplesmente sujeito a ataques. A esse tempo, agarrou de aborrecer-me muito, tenho feito muitos obséquios. Este pequeno tem de sair daqui, por força; é muito moço e não tem cura; mas terá um mau destino.

⁂

Convém falar no Juliano César, de Santa Teresa, um louco. A sua loucura. A história dos seus estudos, as suas crises, apelo a misticismo, vícios etc.

⁂

Custa a crer que esses loucos, dois principalmente, V. O. e F. P., me aborrecem e irritam-me. Esqueço de que são loucos e dá-me vontade de vociferar. Vou pedir alta, para não dar essa demonstração de loucura.

⁂

Loucura: — *"Un partenaire au jeu est un individu très émerdant. Toujours il me demande: Est-ce que vous connaissez monsieur un tel? En attendant ma reponse, il dit: Ce monsieur un tel est marié avec ma cousinne qui est fille du docteur un tel. Connaissez vous? — Non. — Au moins le docteur... Il a été une notabilité à Valparaiso. — Non. J'avait dit à lui que je suis été au Hospital Central. — Vous avez connut sans doute le general Travassos. Je me fache et en tire faché. Je dit: — Hier j'ait dit ainsi que je mis été au H. C. le dernier année. Oh! Mon Dieu de la France! J'étouffe"*.[88]

---

[88]. O texto em francês revela de modo truncado e cifrado o grau de aborrecimento do escritor com um dos loucos. Tradução possível seria: "Loucura: — 'Meu parceiro no jogo é um sujeito muito chato. Ele sempre me pergunta: Você conhece fulano de tal? Enquanto espera minha

F. Porto diz que é tão inteligente que, depois de seis meses de estudar latim, pôs-se a declinar grego, enquanto o irmão levou dois anos para traduzir Virgílio.

∽

O Torres matava camondongos, pelava-os, estripava-os, para dar aos gatos, a fim que não tivessem trabalho de fazer isto.

∽

As rixas! Os heróis delas.

∽

A loucura do cigarro. Um doente, homem rústico, tipo de nosso roceiro, veio para o meu dormitório. No primeiro dia, passou bem; mas, não recebendo visitas e, consequentemente, fumo ou cigarro, perdeu a quietude e ficou doido. Descrever a noite.

∽

No salão, havia um recorte representando uma pescaria de fúcsia por mulheres de coifa, à noite ao luar.

∽

Telefone do Schettino[89] — 3863 C

---

resposta, diz: Esse fulano de tal é casado com minha prima que é filha do tal doutor. Você conhece? — Não. — Ao menos o doutor... Ele foi famoso em Valparaíso. — Não. Tinha dito a ele que estive no Hospital Central. — Você conheceu provavelmente o general Travassos. Eu me aborreço e me retiro aborrecido. Digo: — Ontem disse assim que fui colocado no H. C., o ano passado. Ah! Meu Deus da França! Sufoco'".

89. O jovem livreiro e editor Francisco Schettino (1896-1944) publicou *Histórias e sonhos* (1920), contos de Lima Barreto. Desde que se conheceram, em 1918, tornou-se o melhor amigo

"As leis são como as teias de aranha que prendem os fracos e pequenos insetos, mas são rompidas pelos grandes e fortes" — Palavras de um sábio cita, Anacársis, citado por Plutarco, na vida de Sólon.

෴

Alves, primeiro, repetia — suavemente perfumas a tua lembrança — frase que ele encontrou num livro que me deram.

෴

Este mesmo fez-me ler, na biblioteca, *A dor*, do Alcindo,[90] com má prosódia, em que pronunciava "inercía" e "esteríl". Aconselhou-me que a lesse, porque educaria melhor o meu espírito que o livro de Renan que estava lendo. Lia um artigo sobre Amiel. *A dor* está no volume 24 da *Biblioteca internacional de obras célebres*.

෴

Leio o Plutarco (Hospício) vida de Coriolano e Alcibíades. Ambos puseram os seus talentos a serviço dos inimigos de sua pátria, por despeito de serem perseguidos politicamente. Temístocles matou-se.

෴

O beócio P. considera todos os três homens ilustres; hoje, aqueles dois não tomariam arma, mas vendê-la-iam em convênios e declarações de guerra, mediante ouro do estrangeiro.

෴

Não esquecer o poltrão do Veiga. Tipo de débil mental.

---
do escritor. A Livraria, localizada na rua Sachet, 18, era um ponto de referência para quem pretendia encontrar o romancista.
90. *A dor*, conferência dada pelo jornalista e acadêmico Alcindo Guanabara (1865-1918) em 9 de setembro de 1905, no salão do Instituto Nacional de Música, no Rio de Janeiro.

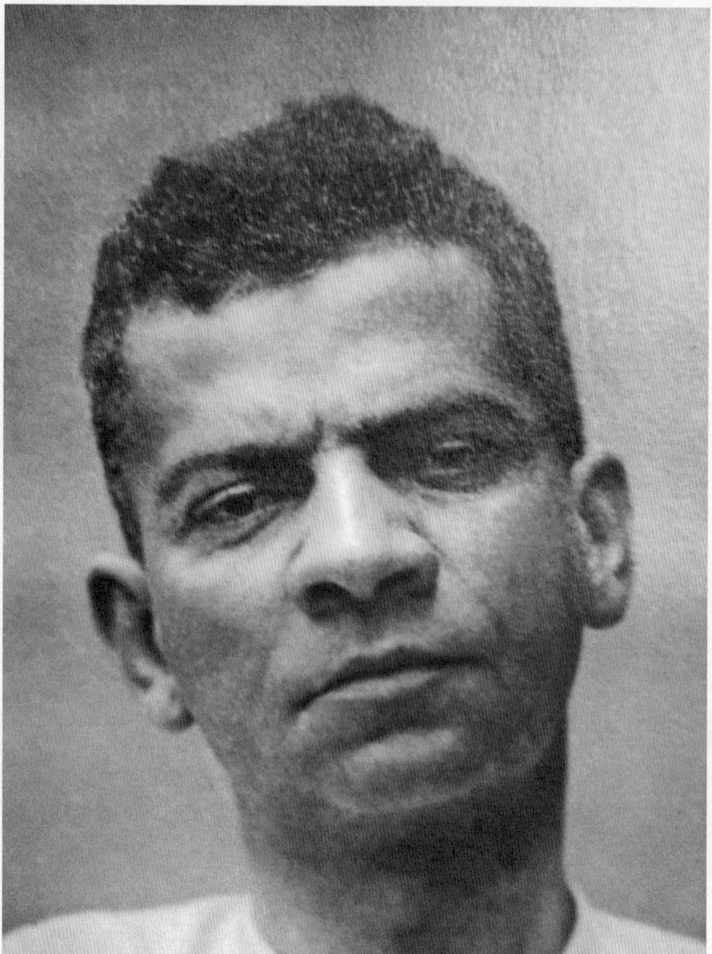

O CEMITÉRIO DOS VIVOS

Os originais de *O cemitério dos vivos* também se encontram na Seção de Manuscritos da Biblioteca Nacional. Foram escritos a caneta de tinta preta e em folhas pautadas. No entanto, além da caligrafia, é difícil interpretar a estranha numeração estabelecida por Lima Barreto. Para facilitar o trabalho de cotejo, utilizamos a revista *Souza Cruz*, n. 49, que, em janeiro de 1921, publicou as páginas iniciais do romance sob o título *As origens*. O manuscrito correspondente ao trecho editado pela revista se perdeu.

Quanto ao título da obra, tudo leva a crer que até 21 de janeiro de 1920, segundo carta do editor e amigo Francisco Schettino, havia alguma oscilação: "Que mais tens a dizer-me, meu caro Lima, além das tropelias do teu *Sepulcro dos vivos*, se é assim que vais denominar o teu novo livro". No entanto, em 7 de fevereiro, o mesmo Schettino já se referia a obra como "o teu *Cemitério dos vivos*".

Ainda com relação ao título do romance que o escritor deixou inacabado, é fundamental lembrar a forte impressão causada pela leitura do relato de viagem, *A China e os chins* (1888), do diplomata brasileiro Henrique C. R. Lisboa, principalmente das inúmeras gravuras que acompanham o livro, dentre elas, a do cemitério dos vivos de Cantão.

Por fim, não custa mencionar que o sobrenome do protagonista, Vicente Mascarenhas, corresponde ao nome da rua onde Lima Barreto morava, na época, Major Mascarenhas.

I

Quando minha mulher morreu, as últimas palavras que dela ouvi, foram estas, ditas em voz cava e sumida:
— Vicente, você deve desenvolver aquela história da rapariga, num livro.
Ainda durou cerca de dois dias, mas quase sem fala. Balbuciava unicamente; em geral, não entendia o que queria por aí, mas pelos gestos e sinais que fazia.
Nas ocasiões em que me aproximava dela, nos seus últimos momentos, o seu olhar de moribunda tinha uma doce e transcendente expressão de piedade. Era como se ela dissesse: "Vou morrer! Que pena! Vou deixá-lo só por esse mundo afora".
Para o filho, que andava próximo dos quatro anos, não lobriguei nos seus olhos uma tão profunda manifestação de comiseração. Parecia-lhe, certamente, que ele seria mais feliz do que eu. Não sei, não me recordo, se, logo após a sua morte, pus-me a pensar nas suas palavras, a bem dizer as últimas, e no meu casamento e outros fatos domésticos. Mas o certo é que elas me ficaram gravadas; e nunca mais se foi de mim a imagem daquela pobre moça, a morrer, com pouco mais de vinte e cinco anos, e o sentimento da dor que se lhe estampava no olhar místico, por me deixar no mundo, dor que não era bem de mulher, mas de mãe amantíssima.

REVISTA SOUZA CRUZ

O melhor é contar como foi o meu casamento, um pouco da minha vida, para que se possa compreender por que esse espetáculo doméstico, em geral de tão pouco alcance, trouxe para mim consequências desenvolvidamente dolorosas, um verdadeiro drama psicológico e moral, que todas as satisfações posteriores não puderam dar termo na minha consciência, nem tampouco o trabalho e o vício.

A minha história de casamento é singular. Vou narrá-la. Como toda gente, quis ser "doutor" em alguma coisa. Não tendo quem me custeasse os estudos, logo pelos dezessete anos, com uma falsa certidão de idade, fiz um concurso em uma repartição pública e obtive um pequeno lugar de funcionário. Minha família vivia fora do Rio de Janeiro; e eu, apresentado por outro colega, fui morar na pensão da viúva Dias, à rua xxx. Canhestro e tímido, apesar de ter vivido fora do ambiente doméstico, em internatos, no meio de meninos e rapazes desenvoltos, nunca fui dado à sociabilidade feminina, muito menos a namoros, e sempre que, por esta obrigação ou aquele obséquio, me impunham a tomar parte em sociedade de moças e senhoras, saía daí aborrecido. No dia seguinte, fazia um exame retrospectivo dos fatos da véspera e verificava, com amargura e vexame, que tinha dado tal *rata*, tinha sido ridículo, por isso, por aquilo, e jurava não mais me meter em semelhantes rodas.

Crente da minha irremediável inabilidade para tratar com damas de todo o jaez, evitava-lhes o comércio o mais que podia. Se minha irmã me pedia, lá donde estava, que comprasse qualquer coisa em loja servida por moças, dava a encomenda a outrem, para executá-la, mediante ou não gratificação. Até agora, ainda de todo não perdi essa cisma, pois evito comprar selos a funcionários de saias.

Com esse gênio, não me agradou muito quando deparei na pensão uma moça de pouco menos idade do que eu, vivendo familiarmente com os fregueses. Era dona Efigênia, a filha da dona da casa, que superintendia o serviço na sala das refeições. Guiava o copeiro, ralhava-o, atendia as reclamações dos fregueses; enfim, como já disse, vigiava na marcha das refeições das pensionistas, no salão a elas destinado.

A velha, sua mãe, dona Clementina, ficava lá nos fundos, dosava os pratos, racionava, como se diz hoje, e fazia outras miudezas da copa.

A descoberta da moça quase me fez abandonar o hotel de dona Clementina Dias, no fim do primeiro mês; mas temi agastar o meu colega e parecer-

AS ORIGENS

(Trecho do Cemiterio dos Vivos)

Quando minha mulher morreu, as ultimas palavras que della ouvi, foram estas, ditas em voz cava e sumida:

— Vicente, você deve desenvolver aquella historia da rapariga, num livro.

Ainda durou cerca de dois dias, mas quasi sem fala. Balbuciava unicamente; em geral, não entendia o que queria por ahi, mas pelos gestos e signaes que fazia.

Nas occasiões em que me approximava della, nos seus ultimos momentos, o seu olhar de moribunda tinha uma doce e transcendente expressão de piedade. Era como se ella dissesse: "Vou morrer! Que pena! Vou deixal-o só por este mundo afóra"

Para o filho, que andava proximo dos quatro annos, não lobriguei nos seus olhos uma tão profunda manifestação de commiseração. Parecia-lhe certamente que elle seria mais feliz do que eu. Não sei, não me recordo, se logo após a sua morte, puz-me a pensar nas suas palavras, a bemdizer as ultimas, e no meu casamento e outros factos domesticos. Mas o certo é que ellas me ficaram gravadas; e nunca mais se foi de mim a imagem daquella pobre moça, a morrer, com pouco mais de vinte e cinco annos e o sentimento da dôr que se lhe estampava no olhar mistico, por me deixar no mundo, dôr que não era bem de mulher, mas de mãe amantissima.

O melhor é contar como foi o meu casamento, um pouco da minha vida, para que se possa bem comprehender porque esse espectaculo domestico, em geral, de tão pouco alcance, trouxe para mim consequencias desenvolvidamente dolorosas, um verdadeiro drama psychologico e moral, que todas as satisfações posteriores não puderam dar termo na minha consciencia, nem tão pouco o trabalho e o vicio.

A minha historia de casamento é singular. Vou narral-a. Como toda a gente, quiz ser "doutor" em alguma cousa. Não tendo quem me custeasse os estudos, logo pelos dezesete annos, com uma falsa certidão de idade, fiz um concurso em uma repartição publica e obtive um pequeno lugar de funcionario. Minha familia vivia fóra do Rio de Janeiro; e eu, apresentado por outro collega, fui morar na pensão da viuva Dias, á rua XXX. Canhestro e timido, apezar de ter vivido fóra do ambiente domestico, em internatos, no meio de meninos e rapazes desenvoltos nunca fui dado á sociabilidade feminina, muito menos a namoros e sempre que, por esta obrigação ou aquelle obsequio, me impunham a tomar parte em sociedade de moças e senhoras, saía dahi aborrecido. No dia seguinte, fazia um exame retrospectivo dos factos da vespera e verificava com amargura e vexame que tinha dado tal *rata*, tinha sido ridiculo, por isso, por aquillo, e jurava não mais me metter em semelhantes rodas.

Crente da minha irremediavel inhabilidade para tratar com damas de todo o jaez, evitava-lhes o commercio o mais que podia. Se minha irmã me pedia, lá donde estava, que comprasse qualquer cousa em loja servida por moças, dava a encommenda a outrem para executal-a, mediante ou não gratificação. Até agora, ainda de todo não perdi essa scisma, pois evito comprar sellos a funcionarios de saias.

Com esse genio, não me agradou muito quando deparei na Pensão uma moça de pouco menos idade do que eu, vivendo familiarmente com os freguezes. Era D. Ephygenia, a filha da dona da casa, que superintendia o serviço na sala das refeições. Guiava o copeiro, ralhava-os, attendia as reclamações dos freguezes; emfim, como ja disse, vigiava na marcha das refeições das pensionistas, no salão a ellas destinado.

A velha, sua mãe, D. Clementina, ficava lá nos fundos, dosava os pratos, racionava, como se diz hoje, e fazia outras miudezas da cópa.

A descoberta da moça quasi me fez abandonar o hotel de D. Clementina Dias, no fim do primeiro mez; mas temi agastar o meu collega e parecer-lhe ao mesmo tempo ridiculo, se confessasse o motivo. Comtudo, no começo, envergonhado, quer para uma, quer para outra refeição, esperava-o sempre para tel-o como companhia.

D. Ephygenia, que deu com o meu embaraço, veiu ao meu encontro. Respondia-lhe ás perguntas, mas temia encaral-a. Com quasi vinte annos, habituado a todas as troças de rapazes, ficava que nem um seminarista diante daquella moça.

Furtivamente, eu a observava. Não era feia, nem bonita. Pequena, mesmo meuda, com uma cabecinha minuscula de cabellos escassos, parecia uma gatinha, com os seus estriados muito firmes de mirrada, agachada na escrevaninha alta donde dirigia o serviço do refeitorio e aonde ficava melhor, com mais elegante figura do que de pé, quando a isto era obrigada, para providenciar sobre qualquer cousa em cima das mesas, ás importunações e reclamações de um dos freguezes de sua mãe.

Assim, nessa postura, ficava inteiramente insignificante e o seu lindo olhar de força e penetração se sumia todo na justeza de sua figurinha; e na rua, então, ainda mais...

Não gostava de vel-a senão na escrevaninha alta, sobre um estrado; e era onde, positivamente, apreciava os seus olhos pardos, pe-

Revista Souza Cruz

-lhe ao mesmo tempo ridículo, se confessasse o motivo. Contudo, no começo, envergonhado, quer para uma quer para outra refeição, esperava-o sempre para tê-lo como companhia.

Dona Efigênia, que deu com o meu embaraço, veio ao meu encontro. Respondi-lhe às perguntas, mas temia encará-la. Com quase vinte anos, habituado a todas as troças de rapazes, ficava que nem um seminarista diante daquela moça.

Furtivamente, eu a observava. Não era feia, nem bonita. Pequena, mesmo miúda, com uma cabecinha minúscula de cabelos escassos, parecia uma gatinha, com os seus olhos estriados muito firmes de mirada,[1] agachada na escrivaninha alta, donde dirigia o serviço do refeitório e aonde ficava melhor, com mais elegante figura, do que de pé, quando a isto era obrigada, para providenciar sobre qualquer coisa em cima das mesas, às importunações e reclamações de um dos fregueses de sua mãe.

Assim, nessa postura, ficava inteiramente insignificante, e o seu lindo olhar de força e penetração se sumia todo na justeza de sua figurinha; e na rua, então, ainda mais...

Não gostava de vê-la senão na escrivaninha alta, sobre um estrado; e era onde, positivamente, apreciava os seus olhos pardos, pequenos, penetrantes, como que estriados, ao redor das pupilas negras.

De onde em onde, ela os punha sobre mim, detonando uma grande vontade de me adivinhar, e eu fugia deles com medo de me trair.

No fim de dois meses, ela me fez as perguntas do costume sobre os meus estudos e os meus avanços neles. Aborrecia-me com isto, porque já começava a aborrecer-me com eles. O que os estudos normais e consagrados do Brasil me podiam dar, eu já supunha ter obtido; o mais era ter um título de que me não iria servir e só me serviria de trambolho e enfeite de botocudo.

Não me queria absolutamente ignorante nas ciências físico-matemáticas e estava seguro de que as noções que tinha eram suficientes. As carreiras especiais, em uso na nossa terra, não me tentavam, tanto mais que sabia eu, pois tinha percebido logo após a minha matrícula, que em nenhuma delas se enri-

---

1. No texto da revista está "com os seus estriados muito firmes de mirada". Optou-se pela solução adotada por Francisco de Assis Barbosa em *O cemitério dos vivos* (São Paulo: Brasiliense, 1956).

quenos, penetrantes, como que estriados, ao redor das pupillas negras.

De onde em onde, ella os punha sobre mim, denotando uma grande vontade de me advinhar, e eu fugia delles com medo de me trahir.

No fim de dous mezes, ella me fez as perguntas do costume sobre os meus estudos e meus avanços nelles. Aborrecia-me com isto, porque já começava a aborrecer-me com elles. O que os estudos normaes e consagrados do Brasil me podiam dar, eu já suppunha ter obtido: o mais era ter um titulo de que me não iria servir e só me serviria de trambolho e enfeite de botocudo.

Não me queria absolutamente ignorante nas sciencias physico-mathematicas e estava seguro de que as noções que tinha, eram sufficientes. As carreiras especiaes em uso na nossa terra, não me tentavam, tanto mais que sabia eu, pois tinha percebido logo apoz a minha matricula, que, em nenhuma dellas, se enriquece ou mesmo se sobe em honrarias, sem ter nascimento ou fortuna ou, senão, empregando muita abdicação de suas opiniões ou — o que é peior — perdendo muito de sua autonomia e independencia intellectual na gratidão por seu protector.

AGUA DA COLONIA 500 VALES

O meu esforço, em "formar-me", como se diz por ahi, era para attender a um capricho de meu pai que, até o ultimo momento de vida, desejou isso, para vingar-se.

E' caso que elle tinha um parente ou contraparente com quem viera ás mãos por causa de uma questão de herança do avô, meu bisavô, portanto, e dera-lhe uns tiros. Processado, fôra absolvido, mas não deixou de passar um anno na cadeia e soffrer o supplicio moral do Juiz. Nunca me contara isso, mas, todos que ouvi a respeito, eram unanimes em dizer-me que esse tal meu primo era um fanfarrão, presumpçoso de seu titulo de engenheiro pela Belgica ou Estados Unidos.

Tratava com muito desprezo o meu pai e este o supportava porque fôra amigo do sobrinho, pai delle, de quem não tirara a bondade e o carinho.

Antes do doloroso facto, demonstrava publicamente não querer relações estrictas com meu pai e a quem o inquirisse sobre a natureza de seu parentesco com o meu genitor, respondia desdenhoso:

— E', é meu parente; mas muito longe.

Acredito que dissesse isso, porque meu pai ainda tinha em muita evidencia traços de raça negra; e o seu primo, o doutor belga como todos os anthropologistas nacionaes, põe os defeitos e qualidades da raça nos traços e signaes que ficam á vista de todos.

No suspeito doutor americano, elles se haviam detido muito, apezar do cabello liso e côr de fogo.

Apezar dos tiros terem todos errado o alvo, o seu odio se sentiu cevado. Casou-se meu pai, vindo eu a nascer em breve e todo o seu esforço foi encaminhar-me para a formatura, numa escola nacional, bem direitinho, para dar uma outra licção no filho do seu irmão mais velho, que o era em muitos annos sobre elle, numa differença de quasi vinte.

Comecei cedo a fazer os preparatorios, senão com brilho, ao menos com muita segurança; e cedo acabei-os; mas, sobrevieram difficuldades de familia, meu pai enfermo, veiu a morrer, fiquei sobre mim, lonje de minha mãe e dos meus irmãos.

Tinha grandes ambições intellectuaes, um grande orgulho de intelligencia, mas, não sentia nenhuma attracção pelo "doutorado" nacional, eu visava o Khamtchaka, os paizes exoticos, as regiões defesas á intelligencia.

Ainda mais: era meu proposito ambicioso de menino examinar a certeza da sciencia e isto — vejam só os senhores — porque, lendo um dia, nos meus primeiros annos de adolescencia, uma defeza de jury, encontrei este periodo:

"O réo meus senhores é um irresponsavel. O peso da tara paterna dominou todos os seus actos durante toda a sua vida, dos quaes o crime de que é accusado, não é mais do que o resultado fatal. Seu pae era um alcoolico, rixento, mais de uma vez foi processado por ferimentos graves e leves. O povo diz tal pae, tal filho, a sciencia moderna tambem."

Muito menino, sem instrucção sufficiente; entretanto, semelhante aranzel me pareceu abstruso e sobretudo baldo de logica e em desaccordo com os factos. Conhecia filhos de alcoolicos, abstinentes; e abstinentes pais com filhos alcoolicos.

Demais, um vicio que vem em geral pelo habito individual como póde de tal forma impressionar o apparelho da geração, a não ser para inutilisal-o, até o ponto de determinar modificações transmissiveis pelas cellulas proprias á fecundação? Porque mecanismo iam essas modificações transformar-se em caracteres adquiridos e capazes de se constituirem em herança?

Não sabia responder isto e até hoje não sei responder, e ainda mais se me perguntava, nesse caso de alcoolico: no acto da geração, dado que fosse a verdade essa sinistra theoria da herança de defeitos e vicios, o pae já seria deveras um alcoolico que tivesse as suas cellulas fecundantes sufficientemente modificadas, egualmente, para trasmittir a sua desgraça ao filho virtual?

Menino, pouco lido nessa cousa, como ainda hoje sou, a affirmação daquelle advogado de jury me pareceu menos certa do que se elle dissesse que um desvairo, um máo genio tinha feito o seu constituinte errar, peccar, roubar ou assassinar. E' mais decente pôr a nossa ignorancia no mysterio do que querer mascaral-a em explicações que a nossa logica commum, quotidiana, de dia a dia, repelle immediatamente e para as quaes as justificações com argumentos de ordem especial não fazem mais do que embrulhal-as, obscurecel-as a mais não poder.

Sou, e hoje posso affirmar sem temor, sujeito a certas impressões duradouras, tenazes, que me acodem todos os dias á lembrança, por estas ou aquellas circumstancias apparentemente sem relação com o fundo dellas. Não sei nunca por que me ficaram e, as mais das vezes, não posso verificar o instante em que ellas me ficaram.

Revista Souza Cruz

quece ou mesmo se sobe em honrarias, sem ter nascimento ou fortuna, ou senão empregando muita abdicação de suas opiniões, ou — o que é pior — perdendo muito de sua autonomia e independência intelectual na gratidão por seu protetor.

O meu esforço em "formar-me", como se diz por aí, era para atender a um capricho de meu pai, que, até o último momento de vida, desejou isso, para vingar-se.

É caso que ele tinha um parente ou contraparente, com quem viera às mãos por causa de uma questão de herança do avô, meu bisavô, portanto, e dera-lhe uns tiros. Processado, fora absolvido, mas não deixou de passar um ano na cadeia e sofrer o suplício moral do júri. Nunca me contara isso, mas todos que ouvi a respeito eram unânimes em dizer-me que esse tal meu primo era um fanfarrão, presunçoso de seu título de engenheiro pela Bélgica ou Estados Unidos.

Tratava com muito desprezo o meu pai, e este o suportava, porque fora amigo do irmão,[2] pai dele, de quem não tirara a bondade e o carinho.

Antes do doloroso fato, demonstrava publicamente não querer relações estreitas com meu pai e, a quem o inquirisse sobre a natureza de seu parentesco com o meu genitor, respondia desdenhoso:

— É, é meu parente; mas muito longe.

Acredito que dissesse isso porque meu pai ainda tinha em muita evidência traços de raça negra; e o meu primo, o doutor belga, como todos os antropologistas nacionais, põe os defeitos e qualidades da raça nos traços e sinais que ficam à vista de todos.

No suspeito doutor americano, eles se haviam detido muito, apesar do cabelo liso e cor de fogo.

Apesar dos tiros terem todos errado o alvo, o seu ódio se sentiu cevado. Casou-se meu pai, vindo eu a nascer em breve, e todo o seu esforço foi encaminhar-me para a formatura, numa escola nacional, bem direitinho, para dar uma outra lição no filho do seu irmão mais velho, que o era em muitos anos sobre ele, numa diferença de quase vinte.

Comecei cedo a fazer os preparatórios, senão com brilho, ao menos com

---

2. Na revista está "amigo do sobrinho". A correção relaciona-se com o que é dito mais adiante: "filho do seu irmão mais velho".

Lembro-me de um grande pé de eucalyptos que havia na estrada da casa de um amigo de minha familia, e isto vi quando tinha sete annos ou menos; lembro-me de uma cadeira de jacarandá, estylo antigo, com um alto e largo espaldar, em que minha avó materna sentava-se, tendo os pés num tamborete e todos os netos sentados no chão a ouvir-lhe historias ou a responder as suas perguntas affectuosas, e ella morreu antes de completar eu vinte annos; entretanto, não tinha a menor lembrança de factos importantes que se deram depois, quer domesticos, quer particulares a mim, quer publicos.

Não me recordo mais quaes foram os meus examinadores de Historia Universal, dos seus nomes, nem das suas phisionomias. Só me lembro de que todos os tres eram velhos, bem velhos, e me tratavam filialmente.

Tinha, entretanto, já treze annos de idade.

Esse phraseado de advogado que mais acima citei, jamais me saiu da memoria. De mim para mim, pensei: se um simples bebado, pode gerar um assassino; um quasi-assassino (meu pae) bem é capaz de dar origem a um bandido (eu). Assustava-me e revoltava-me. Seria possivel que a sciencia tal dissesse. Não era possivel. Havia ali, por força uma allusão scientifica, um exagero, senão uma verdadeira imperfeição; e o meu pensamento de menino foi estudal-a, mas bem depressa. Depois que a frequencia das predicas pusitivistas, deram-me, por negação, algumas vistas sobre as bases metaphysicas das sciencias, planejei estudal-as, decompol-os e marcar o grão de exactidão dos seus methodos, a sua connexão com o real, a deformação que elle trazia ao que passava de facto bruto para o dado na theoria scientifica; havia de aquilatar a collaboração da fatalidade da nossa intelligencia nas leis, na contingencia d'ellas, as idéas primeiras — todo um programma de alta philisophia, de alta logica e metaphysica eu esboçava nos voltas com o calculo de Pi.

Parecia-me que estavamos quanto á experiencia, ao methodo experimental, caindo nos mesmos erros e exageros que os escolasticos medievaes com os seus principios aristotelicos, seus syllogismos e outras allusões e preconceitos logicos, bem etiquetados, enfileirados e disciplinados. Sobretudo, no que tocava aos confins da biologia e do que chamam sociologia ou estudos sociaes, havia vicios insanaveis de pensar e tudo o que parecia inducção, resultado de experiencias honestas e conclusões de documentos que as equivaliam, devia merecer uma critica rigorosa, não só dessas experiencias e documentos, como tambem dos instrumentos de observação e de exame, — critica que, neste e naquelle ponto já vinha sendo feita por espiritos mais livres, mais ousados, libertos das tyranias da tradição das Academias e Universidades.

Tinha firme o proposito, quando pisava a Pensão, de abandonar o que vulgarmente se chama entre nós, estudos superiores e fazer com todo o afinco, segundo programma meu e o destino que tinha em vista, o que entendesse e da forma que entendesse.

Por isso, eu me aborrecia, como já disse, quando D. Ephygenia, com toda a sua unção de mulher e de moça, me perguntava pelos meus officiaes.

De accordo com o meu systema, a ninguem fizera confidencia dessas minhas tenções. Tinha para mim que todos, admittindo que eu fosse capaz de tudo ser, até poeta, haviam de rir-se do meu singular e estupendo plano de trabalhos intellectuaes. . Se não me julgassem totalmente incapaz, certamente haviam de aconselhar-me:

— Bem ! Está direito ! Mas você pode formar-se, pois uma cousa não impede outra.

Impedia, sim. Com o diploma, o *pergaminho* da superstição popular, não permittia a censura geral que havia de reagir sobre mim, que ficasse eu copiando officios numa repartição do Governo. Tinha que obter um emprego adequado ao meu titulo, para isto era necessario dar passos que me repugnavam: arranjar pistolões, mendigal-os mesmo, para me collocar e, de accordo com a alta conta em que então tinha as minhas faculdades mentaes, para não fazer feio, estudar, estar ao par das cousas da profissão de que o Estado me investira solemnemente num canudo de folhas de Flandres, curtindo um papel encorpado e uma caixa de prata com um sello de lacre.

Sobretudo este ultimo passo não me convinha dar. Queria depender o menos possivel das pessoas poderosas, as unicas capazes de me darem um emprego e, conquanto ellas nada exigissem, eu ficava tacitamente obrigado a não expender umas certas opiniões radicaes sobre varias questões que as podiam interessar proximamente. De resto applicar-lhe ao estudo de uma profissão liberal o que exigia o meu amor proprio, se a fosse exercer seria desviar da applicação normal, da inclinação natural e expontanea da minha intelligencia que não me levava para isso.

Sem nenhuma autoridade moral sobre mim, pois 'a unica que tinha, era meu pae, que morrera, estava firmemente decidido a executar o meu plano de vida, sem attender a conselhos quaesquer.

Mandaria ás ortigas o "pergaminho", o canudo, o lacre, o grão, o retrato de tabolleta, numa casa de modas na rua do Ouvidor e resignar-me-ia a ser tratado desgraciosamente por *seu fulano*.

Aquelle anno em que fui para a "pensão" da viuva Dias, ainda resolvi frequentar, por minha conta e risco, sem cuidar da seriação official das materias, certas aulas da escola, para aprender umas dadas noções e idéas que julgava necessario tel-as; mas, no anno seguinte, não mais lá iria. Foi quando appareceu D. Ephygenia.

Apezar de fugir della, a moça estava sempre a puxar-me pela lingua. Não sabia a que attribuir essa irresistivel sympathia que se denunciava assim por mim. Não me tinha como repellente, julgava-me mesmo sympathico para os rapazes e homens: mas suppôr que o mesmo fôsse para raparigas e moças, era vaidade que não penetrava em minha pessoa.

LIMA BARRETO

(Inédito)

muita segurança; e cedo acabei-os; mas sobrevieram dificuldades de família, meu pai enfermo veio a morrer, fiquei sobre mim, longe de minha mãe e dos meus irmãos.

Tinha grandes ambições intelectuais, um grande orgulho de inteligência, mas não sentia nenhuma atração pelo "doutorado" nacional, eu visava o Kamtchatka, os países exóticos, as regiões defesas à inteligência.

Ainda mais; era meu propósito ambicioso de menino examinar a certeza da ciência e isto — vejam só os senhores — porque, lendo um dia, nos meus primeiros anos de adolescência, uma defesa de júri, encontrei este período:

"O réu, meus senhores, é um irresponsável. O peso da tara paterna dominou todos os seus atos, durante toda a sua vida, dos quais o crime de que é acusado não é mais do que o resultado fatal. Seu pai era um alcoólico, rixento, mais de uma vez foi processado por ferimentos graves e leves. O povo diz: tal pai, tal filho; a ciência moderna também."

Muito menino, sem instrução suficiente, entretanto, semelhante aranzel me pareceu abstruso e sobretudo baldo de lógica e em desacordo com os fatos. Conhecia filhos de alcoólicos, abstinentes; e abstinentes pais, com filhos alcoólicos.

Demais, um vício que vem, em geral, pelo hábito individual, como pode de tal forma impressionar o aparelho da geração, a não ser para inutilizá-lo, até o ponto de determinar modificações transmissíveis pelas células próprias à fecundação? Por que mecanismo iam essas modificações transformar-se em caracteres adquiridos e capazes de se constituírem em herança?

Não sabia responder isto e até hoje não sei responder, e ainda mais se me perguntava, nesse caso de alcoólico: no ato da geração, dado que fosse a verdade essa sinistra teoria da herança de defeitos e vícios, o pai já seria deveras um alcoólico que tivesse as suas células fecundantes suficientemente modificadas, igualmente, para transmitir a sua desgraça ao filho virtual?

Menino, pouco lido nessa coisa, como ainda hoje sou, a afirmação daquele advogado de júri me pareceu menos certa do que se ele dissesse que um desvario, um mau gênio, tinha feito o seu constituinte errar, pecar, roubar ou assassinar. É mais decente pôr a nossa ignorância no mistério, do que querer mascará-la em explicações que a nossa lógica comum, quotidiana, de dia a dia, repele imediatamente, e para as quais as justificações com argumentos de ordem especial não fazem mais do que embrulhá-las, obscurecê-las a mais não poder.

Sou, e hoje posso afirmar sem temor, sujeito a certas impressões duradouras, tenazes, que me açodem todos os dias à lembrança, por estas ou aquelas circunstâncias aparentemente sem relação com o fundo delas. Não sei nunca por que me ficaram e, as mais das vezes, não posso verificar o instante em que elas me ficaram.

Lembro-me de um grande pé de eucalipto que havia na estrada da casa de um amigo de minha família, e isto vi quando tinha sete anos ou menos; lembro-me de uma cadeira de jacarandá, estilo antigo, com um alto e largo espaldar, em que minha avó materna sentava-se, tendo os pés num tamborete e todos os netos sentados no chão a ouvir-lhe histórias ou a responder a suas perguntas afetuosas, e ela morreu antes de completar eu vinte anos; entretanto, não tinha a menor lembrança de fatos importantes que se deram depois, quer domésticos, quer particulares a mim, quer públicos.

Não me recordo mais quais foram os meus examinadores de História Universal, dos seus nomes, nem das suas fisionomias. Só me lembro de que todos os três eram velhos, bem velhos, e me tratavam filialmente.

Tinha, entretanto, já treze anos de idade.

Esse fraseado de advogado, que mais acima citei, jamais me saiu da memória. De mim para mim pensei: se um simples bêbado pode gerar um assassino, um quase assassino (meu pai) bem é capaz de dar origem a um bandido (eu). Assustava-me e revoltava-me. Seria possível que a ciência tal dissesse? Não era possível. Havia ali, por força, uma alusão científica, um exagero, senão uma verdadeira imperfeição; e o meu pensamento de menino foi estudá-la, mas bem depressa. Depois que a frequência das prédicas positivistas deram-me, por negação, algumas vistas sobre as bases metafísicas das ciências, planejei estudá-las, decompô-las e marcar o grau de exatidão dos seus métodos, a sua conexão com o real, a deformação que ele trazia ao que passava de fato bruto para o dado na teoria científica; havia de aquilatar a colaboração da fatalidade da nossa inteligência nas leis, na contingência delas, as ideias primeiras — todo um programa de alta filosofia, de alta lógica e metafísica eu esboçava nas voltas com o cálculo de "pi".

Parecia-me que estávamos, quanto à experiência, ao método experimental, caindo nos mesmos erros e exageros que os escolásticos medievais com os seus princípios aristotélicos, seus silogismos e outras alusões e preconceitos lógicos, bem etiquetados, enfileirados e disciplinados. Sobretudo, no que tocava aos confins da biologia e do que chamam sociologia ou estudos sociais, havia vícios insanáveis de pensar, e tudo o que parecia indução, resultado de experiências honestas e conclusões de documentos que as equivaliam, devia merecer uma crítica rigorosa, não só dessas experiências e documentos, como também dos instrumentos de observação e de exame — crítica que, neste e naquele ponto, já vinha sendo feita por espíritos mais livres, mais ousados, libertos das tiranias da tradição das academias e universidades.

Tinha firme o propósito, quando pisava a pensão, de abandonar o que vulgarmente se chama, entre nós, estudos superiores e fazer com todo o afinco, segundo programa meu e o destino que tinha em vista, o que entendesse e da forma que entendesse.

Por isso eu me aborrecia, como já disse, quando dona Efigênia, com toda a sua unção de mulher e de moça, me perguntava pelos meus estudos oficiais.[3]

De acordo com o meu sistema, a ninguém fizera confidência dessas minhas tenções. Tinha para mim que todos, admitindo que eu fosse capaz de tudo ser, até poeta, haviam de rir-se do meu singular e estupendo plano de trabalhos intelectuais. Se não me julgassem totalmente incapaz, certamente haviam de aconselhar-me:

— Bem! Está direito! Mas você pode formar-se, pois uma coisa não impede outra.

Impedia, sim. Com o diploma, o "pergaminho" da superstição popular, não permitia a censura geral que havia de reagir sobre mim, que ficasse eu copiando ofícios numa repartição do governo. Tinha que obter um emprego adequado ao meu título, para isto era necessário dar passos que me repugnavam; arranjar pistolões, mendigá-los mesmo, para me colocar e, de acordo com a alta conta em que então tinha as minhas faculdades mentais, para não fazer feio, estudar, estar ao par das coisas da profissão de que o Estado me investira solenemente, num canudo de folhas de flandres, curtindo um papel encorpado e uma caixa de prata com selo de lacre.

Sobretudo este último passo não me convinha dar. Queria depender, o menos possível, das pessoas poderosas, as únicas capazes de me darem um emprego, e, conquanto elas nada exigissem, eu ficava tacitamente obrigado a não expender umas certas opiniões radicais sobre várias questões que as po-

---

3. Por dedução, foi incorporada a palavra "estudos".

diam interessar proximamente. De resto, aplicar-lhe, ao estudo de uma profissão liberal, o que exigia o meu amor-próprio, se a fosse exercer, seria desviar da aplicação normal, da inclinação natural e espontânea da minha inteligência, que não levava para isso.

Sem nenhuma autoridade moral sobre mim, pois a única que tinha era meu pai, que morrera, estava firmemente decidido a executar o meu plano de vida, sem atender a conselhos quaisquer.

Mandaria às urtigas o "pergaminho", o canudo, o lacre, o grau, o retrato de tabuleta, numa casa de modas na rua do Ouvidor, e resignar-me-ia a ser tratado desgraciosamente por "seu fulano".

Aquele ano em que fui para a pensão da viúva Dias, ainda resolvi frequentar, por minha conta e risco, sem cuidar da seriação oficial das matérias, certas aulas da escola, para aprender umas dadas noções e ideias que julgava necessário tê-las; mas, no ano seguinte, não mais lá iria. Foi quando apareceu dona Efigênia.

Apesar de fugir dela, a moça estava sempre a puxar-me pela língua. Não sabia a que atribuir essa irresistível simpatia que se denunciava assim por mim. Não me tinha como repelente, julgava-me mesmo simpático para os rapazes e homens; mas supor que o mesmo fosse para raparigas moças, era vaidade que não penetrava em minha pessoa.[4]

Ao menor pretexto, conversasse ela qualquer coisa com outro comensal da pensão, voltava-se para mim e indagava:

— Não é, seu Mascarenhas? Não é assim? Não é isso?

E deitava sobre mim aquele seu olhar de frecha, que fazia baixar o meu, timidamente.

Estava sempre a procurar jeitos e modos para que eu falasse. Ora falava-me na guerra russo-japonesa, ora sobre os méritos de uma dessas efêmeras celebridades que os jornais noticiavam a sua estadia; e eu respondia com muito acanhamento e timidez, e até, em começo, com certo mau humor.

Aos poucos, porém, fui perdendo o medo; e, por fim, já dava respostas mais longas, sustentava a palestra, levantava o olhar, não me limitando a respostas secas e curtas.

---

4. O trecho publicado pela revista *Souza Cruz* termina neste ponto. A partir de então, o texto de referência é o manuscrito.

Seguiu-se o capítulo dos livros emprestados: romances, livros de versos. Com as minhas fumaças de filósofo e sabichão adolescente, desdenhava tudo isso, muito tolamente, porque ainda não houve sábio ou filósofo de verdade que os desdenhasse, a não ser os do Brasil, que os são em família e, mal morrem, todos se esquecem deles e da sua portentosa mentalidade inovadora.

As minhas leituras literárias eram poucas. Em menino, lia autores nacionais: Alencar, Macedo, Manuel de Almeida, Aluísio, Machado de Assis; e também os poetas: Gonçalves Dias, Varela, Castro Alves e Gonzaga, de quem soube de cor várias liras da *Marília de Dirceu*. Jules Verne, porém, era o meu encanto, pois me fazia sonhar no concreto de novos mares, novos céus e até novos meios diferentes dos possíveis de admitir, mesmo imaginando.

Depois dos dezesseis anos, pouco procurei literatura, a não ser o *Paulo e Virgínia*, o *D. Quixote*, o *Robinson*, que são livros geralmente conhecidos e universalmente prezados.

Não os tinha, porém, para emprestar à moça, e tive que os pedir, por empréstimo, para ser galante e serviçal.

A mos emprestar, era um meu colega, Nepomuceno, positivista simpático, pela mão do qual fui às conferências do senhor Teixeira Mendes e a outras festividades da Religião da Humanidade. A minha passagem pelo positivismo[5] foi breve e ligeira. Frequentei o apostolado cerca de um ano; mas, apesar de me ter convencido de muita coisa da escola, eu, até hoje, nunca pude acreditar que aquele conjunto de doutrinas, capazes de falar e seduzir inteligências, fosse capaz de arrebatar corações com o ardor e o fogo de uma fé religiosa.

Deu-me, entretanto, a frequência daquela curiosa igreja, o gosto pelas leituras de autores antigos, dos mestres que todos nós, em geral, só conhecemos de nome ou por citações de citações.

Lembro-me bem que lá adquiri uma brochura do *Discours de la méthode*, de Descartes, em tradução. Lia-a com atenção, sem fadiga, antes com prazer. O que me encantou no livrinho do filósofo francês foi preconizar ele a dúvida metódica, senão sistemática, a tábua rasa preliminar, para se chegar à certeza. Quando, mais tarde, pude ler, nos resumos, as suas *Meditações metafísicas*, a minha admiração cresceu ainda muito, aumentou sobremaneira, não tanto

---

5. No manuscrito falta a palavra "positivismo", cuja omissão se torna óbvia com a menção a Teixeira Mendes, um dos representantes da doutrina no Brasil.

que o seguisse tão rápido quanto ele, da análise e da crítica, à construção final... Demorava-me na análise...

Além disto, gostava de História e dos estudos históricos e sociológicos das civilizações; dos filósofos franceses do século XVIII, constituí durante muito tempo minha leitura predileta. Tive mesmo, por aqueles tempos, um magnífico exemplar da *Esquisse d'un tableau historique des progrès de l'esprit humain*, seguido de vários opúsculos de estudos sociais de Condorcet,[6] exemplar que não sei que sumiço teve.

Com tais leituras rebarbativas, senão pedantes, e a biblioteca ortodoxa do Nepomuceno, via-me às vezes muito embaraçado quando dona Efigênia me pedia:

— Doutor Mascarenhas, o senhor não tem os versos do Bilac?

Não me vinha felizmente a burrice de dizer que os não lia; mas, constrangido, dizia que não tinha. Se dissesse mesmo que não lia, seria rematada hipocrisia, pois o fazia com emoção e gozo, em toda parte que os encontrava.

A moça, porém, insistia:

— Veja se me arranja.

— Vou ver.

Dava-me com um rapaz do Ceará, meu colega de curso, de nome Chagas, vadio que nem ele, mesmo estroina e desregrado, mas inteligente, bom camarada, e dado a versos e a poetas, em cujo meio vivia. Possuía muitos livros de versos e outros de autores literários que eu me abstinha de ler. Morava na mesma casa de cômodos que eu, à rua do Lavradio, o famoso 69, que conheceu gerações e gerações de estudantes. Era um sobradão de dois andares e loja, que devia ter sido construído nos fins da Regência ou no começo do Segundo Reinado, forte, com amplas salas, áreas, mas assim mesmo escuro, iluminado somente por aquela meia-luz dos templos e dos mosteiros. Chagas levava na troça o meu positivismo, mas éramos amigos. Pedi-lhe o livro de Bilac. Ele sorriu e disse-me, entre malicioso e contente:

---

6. Condorcet (Marie-Jean-Antoine-Nicolas de Caritat), matemático, político e filósofo francês (1743-94), cuja obra principal é *Esboço de um quadro histórico dos progressos do espírito humano* (1795). Segundo Francisco de Assis Barbosa, esse foi um dos livros que mais interessaram o escritor, "que lia e relia a obra de Condorcet, especificamente um dos opúsculos que a integram: *Réflexions sur l'esclavage des nègres*. Foi daí talvez que lhe nasceu a ideia de escrever uma história da escravidão negra no Brasil".

— Você está namorando, Mascarenhas?[7]

— Por quê? Homessa!

— Qual! Você, positivista, lendo Bilac — não é possível! Isto é para "alguém", seu manata! Vou emprestar a você o Bilac e é já!

Nunca me tinha passado semelhante coisa pela cabeça, pois me julgava completamente inapto para semelhante atividade e conformava-me orgulhosamente, por julgar tal incapacidade de bom augúrio para realizar os estudos que meditava. Chagas, porém, fez-me ver melhor a mim mesmo, examinar mais detidamente as minhas atitudes diante da moça e as modificações que elas tinham sofrido, naqueles oito meses de convivência pelo jantar e pelo almoço. Não deixava de ter ele razão, em parte...

Não me assustei com a descoberta e, daí por diante, as minhas relações com a moça, filha da dona da pensão, se estreitaram; e a minha solicitude pelas suas leituras chegou a tal ponto, que eu mesmo comprei livros para emprestar-lhe e até lhe dar. Ela passou a chamar-me somente por "doutor"...

Uma manhã, levei Chagas a almoçar comigo. Chagas era um excelente rapaz de coração, generoso, cavalheiro, poeta sem verso nem prosa, mas tomava para mexer comigo, no dizer familiar, uma atitude satânica e cínica. Logo que entrou e deu com a moça, disse-me em voz baixa:

— Olha que ela não é má, Mascarenhas.[8] Para Musa é pouco escultural, tem muito pouco de Deusa; na rua das Marrecas, há mais perfeitas; mas, para fabrico dos feijões e dos bebês, deve ser excelente.

Fechei a cara e Chagas não continuou nesse diapasão.

Veio o Pinto, um dos fregueses da viúva Dias, e, não havendo lugar nas outras mesas, sentou-se na nossa, justamente na cabeceira. Empenhou-se em uma conversa com Chagas, sobre Zola. Esse Pinto era um rapaz do comércio, que vim encontrar mais tarde em circunstâncias bem tristes e de que falarei com vagar no decorrer desta narração; era inteligente, curioso, razoavelmente lido, tendo feito a sua educação e instrução por si. Gostava de Zola, mas Chagas, que era nefelibata, decadente, simbolista ou coisa parecida, detestava o romancista francês.

Tanto eu como o Pinto, pouco ou nada sabíamos dessas coisas de escolas

---

7. No manuscrito: "Azevedo". O escritor oscilava quanto ao nome do protagonista.
8. No manuscrito: "Azevedo". Só que desta vez riscado e com o "Mascarenhas" superposto.

literárias; e Chagas, apesar de enfronhado e devoto desses assuntos de literatura, não explicava claramente, nitidamente, a diferença ou as diferenças que existiam entre elas. Falava nevoentamente, com grande calor, frases bonitas e novas; mas não as definia cabalmente. A discussão foi absolutamente inócua, mas a moça seguiu-a com atenção e, com algum travo de ciúme, observei que ela bebia, saboreando, o palavreado de Chagas.

No dia seguinte, ou no jantar desse mesmo dia — não me recordo bem — ela, mal sentava à mesa para tomar a refeição, ela se dirigiu a mim e perguntou-me:

— Doutor Mascarenhas, aquele seu camarada que almoçou consigo falou nos *Cegos*, de um autor belga, cujo nome...

— Maeterlinck.[9]

— É isto. Ele terá?

— Não sei; mas, se tiver, há de ser em francês.

— Não faz mal; serve assim mesmo.

Muito indelicadamente, perguntei sem reflexão:

— A senhora lê francês?

— Com dificuldade — respondeu ela —, mas leio. Aprendi com as irmãs, no colégio.

Trouxe o livro que, de fato, Chagas possuía; e esse episódio me passou com muitos outros que, por aqueles tempos, me pareceram sem importância.

Escrevendo estas linhas hoje e percorrendo na lembrança toda a minha vida passada, causa-me assombro de que, em face de todos esses episódios, a minha atitude fosse de completo alheamento. Mais do que os grandes acontecimentos, na nossa vida, são os mínimos que decidem o nosso destino; e esses pequenos fatos encadeados, aparentemente insignificantes, vieram influir na minha existência, para a satisfação e para o desgosto. Entretanto, quando se davam, eu me limitava a responder o que ela me perguntava e, sem força de consciência, fazia uma observação banal.

---

9. Maurice Maeterlinck (1862-1949), dramaturgo, poeta e ensaísta central na difusão das ideias simbolistas. Além de citar a peça *Les Aveugles* (1890), Lima Barreto possuía em sua biblioteca dois outros livros do autor: *L'Intelligence des fleurs* (Paris: Fasquelle, 1907) e *La Mort* (Paris: Fasquelle, 1913). Talvez Lima Barreto tenha entrevisto na trama absurda e dramática vivida pelos personagens de *Les Aveugles* — um grupo de cegos perdidos numa floresta — uma analogia com a experiência de desamparo dos alienados.

Foram precisos muitos e dolorosos acontecimentos, erros e guinadas, na minha vida, para que eu os reunisse todos na imaginação e reconstituísse com eles a figura excepcional de minha mulher, que eu não soube ver quando viva.

Não era menino, mas o meu sonho interior, o meu orgulho, o pavor de parecer ridículo, de mistura com uma forte depreciação a que, à minha personalidade, eu mesmo tinha levado, tudo isso e outros fatores difíceis de registrar contribuíram para que eu não visse, ou mal visse, a alma excepcional daquela pobre moça, cujo olhar, onde não havia ódio, me amedrontava como se não fosse humano.

Arrependo-me, embora não me sinta em nada culposo para com ela; arrependo-me por não a ter bem-visto e não a ter extremado da massa humana, onde só via indiferença e incapacidade para o amor e para a bondade.

Expiei bem duramente essa minha falta íntima, que tantos sentimentos desencontrados fez surgir em mim, a tantas dores deu nascimento, como verão no decorrer destas páginas, que são mais de uma simples obra literária, mas uma confissão que se quer exteriorizar, para ser eficaz e salutar o arrependimento que ela manifesta.

O abismo abriu-se a meus pés e peço a Deus que ele jamais me trague, nem mesmo o veja diante aos meus olhos, como o vi por várias vezes...

Como ia dizendo, porém, continuei a emprestar livros a dona Efigênia e mesmo lia alguns dos que emprestava, para poder conversar com ela sobre as suas leituras. Assim, pouco a pouco, fui vencendo o fingido desprezo que tinha pela literatura; e, quase sem sentir, dei em me interessar pelas suas coisas. Deixei aquela falsa e tola atitude positivista de só falar em Shakespeare, Dante e Molière; e falei sem fingido pudor em outros autores, alguns menores, mas alguns tão grandes quanto aqueles. De há muito eu percebia, mas minha toleima infantil não queria dar o braço a torcer, confessá-la. A convivência com a moça tirou-me afinal desse empacamento de muar letrado.

Deu-se um incidente, por aí, que muita influência teve ao depois no desenvolvimento da minha existência: comecei a escrever.

Animou-me a isto um outro colega meu, camarada íntimo de Chagas, com quem morava e discutia dia e noite literatura.

Era ele dado a escrever versos satíricos aos professores e a coisas de estudantes, para o que demonstrava singular habilidade e uma virtuosidade invejável. Tinha mesmo fundado um jornalzinho de estudante e arrastou-me a escrever nele. Colaborava com artiguetes tímidos, vacilantes, tratando de assuntos adequados ao meio, troças a este ou àquele, pequenos comentários sobre este ou aquele fato. Foi assim que comecei. Houve quem apreciasse, gabasse mesmo; e tratei de aperfeiçoar-me. Tratei de ler os autores com cuidado, de observar como dispunham a matéria, como desenvolviam, a procurar teorias de estilo, e isto, como todo principiante, fui procurar no enfado dos clássicos; mas, bem depressa, abandonei esse sestro e o meu escopo foi unicamente vazar o melhor possível o pensamento que queria vazar no papel.

Tinha um grande medo da gramática, dos galicismos, da regência dos complementos, das concordâncias especiais, por isso os escritos saíam-me cautelosos, numa prosa um pouco dura, sem fluência; mas os outros, assim mesmo, achavam graça no escrito.

Apurei-me, afinei-me, escrevendo duas, três e mais vezes a mesma coisa; e estendi a minha colaboração a jornaizinhos equivalentes ao do amigo de Chagas e, por intermédio dele, meti-me na roda de estudantes literatos que abandonam as letras mal se formam, e também na de profissionais.

Esqueci-me um momento dos meus propósitos de alto debate metafísico, de ferir a Ciência nas suas bases e contestar-lhe esse caráter de confidência dos Deuses, que os pedantes querem dar-lhe, para justificarem a vaidade de que tresandam, por saber dela um poucochito, levando, com as suas asserções arrogantes, tristeza no coração dos outros e discórdia entre os homens.

Certo dia em que me pus a pensar nisso, veio-me a reflexão de que não era mau que andasse eu a escrever aquelas tolices. Seriam como que exercícios para bem escrever, com fluidez, claro, simples, atraente, de modo a dirigir-me à massa comum dos leitores, quando tentasse a grande obra, sem nenhum aparelho rebarbativo e pedante de fraseologia especial ou um falar abstrato que faria afastar de mim o grosso dos legentes. Todo homem, sendo capaz de discernir o verdadeiro do falso, por simples e natural intuição, desde que se lhe ponha este em face daquele, seria muito melhor que me dirigisse ao maior número possível, com auxílio de livros singelos, ao alcance das inteligências médias com uma instrução geral, do que gastar tempo com obras só capazes de serem entendidas por sabichões enfatuados, abarrotados de títulos e tiranizados na sua inteligência pelas tradições de escolas e academias e por preconceitos livrescos e de autoridades. Devia tratar de questões particulares com o espírito geral e expô-las com esse espírito.

De resto, é bem sabido que os especialistas, sobretudo de países satélites, como o nosso, são meros repetidores de asserções das notabilidades europeias, dispensando-se do dever mental de examinar a certeza das suas teorias, princípios etc., mesmo quando versam sobre fatos ou fenômenos que os cercam aqui dia e noite, fazendo falta, por completo, aos seus colegas da estranja. Abdicam do direito de crítica, de exame, de livre-exame; e é como se voltássemos ao regímen da autoridade.

A verdade, porém, é que, raciocinando assim, eu não fazia senão justificar-me, iludindo-me, de um desfalecimento no caminho que tinha prometido a mim mesmo trilhar. Não só abandonei os meus estudos particulares, satisfeito com o sucesso de estima que tinha obtido no estreitíssimo círculo de estudantes, como também não liguei importância alguma mais às disciplinas escolares.

Adiei os exames e deixei passar as duas épocas, sem prestar nenhum. Pouco demorou que Efigênia não soubesse de minha estreia nas letras; e instasse comigo para que lhe trouxesse os jornais. Trouxe um ou outro e percebi que ela não tinha entendido as croniquetas. Não era possível ser de outra forma. Eram momentos, observações sobre episódios de uma classe, de vida muito à parte, com costumes muito seus e sempre a variar. Um dia, porém, tentei um conto. Havia já uma certa naturalidade na narração, alguma lógica no encadeamento e no desenlace, mas sem frescura de emoção diante das coisas vivas e mortas, e uma falta de ingenuidade doce, que precisava acentuar-se na heroína.

Era a tal história da rapariga que Efigênia me falou na hora da morte... A dar-lhe o continho, não fui eu; e até hoje não sei como lhe chegou às mãos. O certo é que sempre me falou nele, fazendo observações a respeito, como se o tivesse de cor. Ainda me lembro que um dia, já estávamos casados, ela, aludindo ao conteco, me perguntou:

— Por que você não descreveu mais o amor da rapariga?

— Por que você pergunta isto? — fiz eu.

— Ora, por quê! Porque ficava mais bonito...

— Tive vergonha.

Ela dardejou sobre mim o seu olhar de malícia, em que não havia o menor sinal de raiva, mas só esforço de penetração, e inquiriu:

— Vergonha de quê?

— Não sei.

Disse isso, vexamos e nos calamos, como não precisando mais de palavras para nos entendermos.

Tenho me alongado em detalhes que parecem não ter interesse algum para o meu primitivo objetivo; mas espero que, quem tiver a paciência de me ler, há de achá-los necessários para a boa compreensão desta história de uma vida sacudida por angústias íntimas e dores silenciosas.

Havia quase dois anos que eu comia na pensão da viúva Dias, quando ela caiu doente. Um ataque prostrou-a, e perdeu movimentos, e tudo levava a crer que morresse ou ficasse paralítica. Parecia não ter parentes no Rio; e, a tal respeito, pouco sabia, pois nunca foi dos meus hábitos essa nacional bisbilhotice doméstica. Daqui e dali, uma frase hoje ou uma recordação amanhã, tinham-me feito crer que ela tinha ainda dois filhos, mas em Mato Grosso. Um, o mais velho, era oficial do Exército e lá vivia muito bem casado, interessado na política local e de lá não queria afastar-se; o outro era o mais moço, mais moço ainda que Efigênia, e vivia com o irmão que, por não poder dar-lhe caminho qualquer, o fizera soldado, depois cabo, mas não conseguindo, por mais que se esforçasse, fazê-lo sargento do seu batalhão.

Só isso sabia sobre a família da velha Dias e, conforme o meu gênio, dei-me por satisfeito.

Durante alguns dias ainda, a moça sua filha, fazendo todos os sacrifícios, dirigiu a pensão; mas, ao chegar o fim do mês, avisou a todos nós que ia fechá-la. Não podia mais; a mãe exigia todos os cuidados, e ela não podia atender as duas coisas ao mesmo tempo: à mãe e ao negócio. Tivéssemos paciência e desculpássemos.

— Por que não vende? — perguntou alguém.

— Não posso perder tempo em esperar quem apareça para comprar. Faremos leilão de tudo. Eu, mamãe e Ana vamos morar nos subúrbios, onde talvez minha mãe[10] melhore.

Ana era uma crioula de meia-idade, que chefiava a cozinha. Não era bem uma criada; era uma espécie de agregada desse tipo especial de negras e pretas, criado pela escravatura, que seguem as famílias nos seus altos e baixos, são como parte integrante delas e morrem nelas.

---

10. No manuscrito: "minha mulher".

Reparei que, quando Efigênia respondeu daquela forma, olhou para mim, com menos afinco do que lhe era habitual, e que seu olhar, sempre enxuto e polido, tinha alguma névoa úmida, uma angustiosa expressão de dor de quem não sabe ou não quer chorar.

Aquele pequeno drama doméstico, embora seja eu de natural bom, naquela ocasião, não me feriu muito porque tinha ainda o coração dessecado por disparatadas ambições; agora, porém, relembro, censurando-me a mim mesmo, por não ter sabido avaliar logo o tormento daquela moça, só no mundo, a acompanhar a mãe que mal se movia no leito.

Acabada a pensão, deixei de saber notícias delas, durante três ou quatro meses. Já me passavam mesmo da lembrança, iam ficando no rol das fracas impressões da vida, quando, com espanto, recebo um bilhete de Efigênia, pedindo-me fosse vê-las, numa estação dos subúrbios. "Minha mãe", dizia-me ela, "tem melhorado; mas, mesmo assim e por isso, talvez, pede que o senhor venha até cá, em atenção a ela."

Não enxerguei no bilhete coisa alguma de extraordinário. O que me passou pela ideia foi que precisassem de algum recurso de dinheiro e, em falta de outrem, apelassem para mim. Isto me punha em sérios embaraços, porquanto não dispunha de pronto de qualquer quantia e ser-me-ia doloroso negar-lhes o que me pedissem, pois era fácil de supor as suas necessidades. Em todo o caso, disse de mim para mim, vou lá.

Uma tarde, tomei o trem de subúrbios e fui em demanda da casa das pobres senhoras. Viajei despreocupado, sem dar nenhuma importância ao caso. O meu pensamento ia vagabundo para todos os lados, sem me deter em coisa alguma. A observação mais demorada que fiz, foi a da grotesca e imprópria edificação dos subúrbios, com as suas casas pretensiosas e palermas, ao jeito das dos bairros *chics*, a falta de jardins e árvores, realçada pelos morros pelados, pedroucentos, que, de um lado, correm quase paralelamente ao leito da estrada e quase nele vêm tocar. Não parecia aquilo subúrbios de uma grande e rica cidade; mas uma série de vilarejos pedantes, a querer imitar as grandes cidades do país. Totalmente lhes fazia falta de gracilidade e de frescor de meia roça.

Destarte, cheguei à estação em que moravam e fui ter à casa de dona Clementina Dias. Ficava longe da estação, numa rua improvisada, mal delineada pelas casas escassas que se erguiam, tendo de permeio terrenos baldios, onde cresciam árvores de capoeira de certo porte. Por toda parte, jaqueiras, mangueiras, sebes de maricás, além das essências silvestres de que falei, enfim, muita árvore e muita sombra doce e amiga. Se os arredores da estação tinham um ar pretensioso, de pretender-se um pequeno Rio de Janeiro, aquela rua longínqua, simplesmente esboçada, ensombrada de grandes árvores, atapetada de capim e arbustos, tinha a parecença de uma estrada, ou antes, de um trilho de roça.

Bati na porteira, pois tinha uma, ficando o chalezinho afastado da cerca que bordeava a rua. Era começos de março e os espinheiros dela estavam em flor, tocados de um branco flocoso e macio. Olhei as montanhas distantes; a tarde ia adiantada e elas se empurpureciam e douravam-se e prateavam-se...

Abriu-me a porta a moça e, juntos, entramos na casa modesta, cuja planta é conhecida de todos na sua simplicidade mais que elementar. Um quadrado, ou quase isso, divide-se em quatro partes desiguais, as menores são quartos e as maiores salas que se comunicam entre si por uma porta. Um quarto fica do lado esquerdo e dá para a sala de visitas; e outro, do lado direito e tem comunicação para a sala de jantar. Há um puxado, aos fundos, para a cozinha.

Descansei o chapéu na sala de visitas e logo Efigênia me disse:

— Venha ver mamãe.

Abriu a porta do quarto que dava para onde estávamos e nele deparei a velha dona Clementina.

Pareceu-me melhor. Tinha a fisionomia mais repousada. Estava deitada, não bem deitada, assim como que meio sentada, com o busto reclinado sobre grandes almofadas. Os olhos estavam bons e, ao contrário da filha, que tinha nos seus sempre uma grande firmeza, os dela eram incertos, distraídos e erradios, humildes sempre de bondade e não sei de que vaga e indeterminada cisma.

Perguntando-lhe se ia melhor, ela me disse lentamente:

— Sim, vou melhor, doutor; mas vivemos tão sós...

— Nem tanto, dona Clementina. Tem a companhia de sua filha, da Ana, que...

— E do Nicolau, — fez a moça.

— Que Nicolau? — perguntei eu.

— Aquele que carregava marmitas — explicou a velha senhora. — Ele não para aqui... vai trabalhar.

— Qual trabalhar! — acudiu a Ana, que chegava naquele momento. — Não sai das vendas e dos botequins... Uma vez ou outra faz um carreto, um biscate...

— Não digas isso, Ana. Sempre foi bom para nós... Soube da minha moléstia e veio logo nos ver... Que seríamos nós, neste deserto, sem um homem em casa... Ele nos serve e nos ajuda nas medidas de suas posses...

Este Nicolau não era bem preto; tinha a tinta do rosto azeitonada, cabelos lisos e negros, embora a barba e o bigode fossem crespos. Fora praça do Exército e muito chegado ao pai de Efigênia, que morrera capitão. Tendo baixa, quando cismava e deixava os seus empregos de ocasião, procurava a casa da viúva, ajudava-a nisto ou naquilo e um belo dia desaparecia, pois arranjava um trabalho neste ou naquele ponto da cidade e arredores. Corria o Rio de Janeiro, da Penha à Gávea, da Praça do Mercado a Santa Cruz; conhecia-o todo, pois o palmilhava a pé, de bonde, de carroça, de automóvel, só não empregava o cavalo, e, assim mesmo, não se sabe se o fazia nas freguesias rurais.

Nicolau era nortista, do Piauí ou do Ceará, mas viera muito moço para um corpo do Exército, estacionado no Rio de Janeiro, e nunca mais quis sair da capital do país.

— Por que você não vai para sua terra, Nicolau, comer buriti e mangaba?

— Pra quê? — dizia ele. — Aqui tem também boa fruta; o carioca é que não sabe... Olhe: eu sempre acho.

De fato, ele sempre descobria frutas, que trazia a dona Clementina, se não lhe acontecia achar comprador pelo caminho. Era fiel como um cachorro, serviçal, prestável, mas despido de toda ambição na vida. Não procurava outro prazer na vida senão servir e beber cachaça. Só bebia cachaça; não suportava outra bebida.

Ouvindo o que a mãe dizia a respeito de Nicolau, Efigênia observou com certa dureza:

— Ora, qual! Mamãe! Nicolau não serve pra nada... Se fôssemos fiar nele, estávamos bem arranjados. Ele chega à noite, deita-se e dorme que nem uma pedra até o dia seguinte. De que serve?

— Não diga isso, Efigênia; é sempre um companheiro. Tenha pena.

— Tenho, mas a verdade deve se dizer.

Com intuito de variar de conversa, perguntei de chofre:

— E os seus filhos, dona Clementina?

Ela me olhou com espanto, e eu, atônito, olhei dela para a moça, que parecia censurar-me amargamente com os olhos.

A velha, afinal, falou e com raiva:

— Não me fale neles! Deixe-me... Deixe-me...

Efigênia chamou-me:

— Venha cá, doutor Mascarenhas. Mamãe quer descansar.

Anoitecia. Ainda havia cigarras retardatárias a chilrear dentro da melancolia do fim do crepúsculo. Quando íamos saindo, a velha chamou:

— Efigênia, endireita-me na cama.

A sua voz já era outra; a filha apressou-se em ajustá-la, em posição conveniente nos travesseiros. Paralítica de um lado, precisava a todo instante de quem a auxiliasse para tudo. Mesmo com a mão esquerda, que já tinha ganho alguns movimentos, ela não podia afastar os cabelos, quando lhe caíam sobre os olhos, senão com auxílio de alguém. Ao contrário de Efigênia, que os tinha escassos, os da mãe eram ainda abundantes e tinham poucos fios brancos.

Logo que se viu em posição, disse-me:

— Ah! Meu filho! Que suplício! Tenho que, a toda hora e todo instante, incomodar os outros... Estar parada não me incomoda tanto, mas... ter que aborrecer todos... e eu... e eu que só tenho essa filha!... Coitada!

Sossegou um pouco e continuou:

— O que me aborrece também... O que me aborrece, doutor, é deixá-la só por aí... Se, ao menos, ela...

— Mamãe, sossega! Vamos falar em outra coisa! — observou-lhe com alguma rispidez a filha.

Eu e a Ana não dizíamos nada. Nós ambos adivinhávamos que daquele diálogo entre mãe e filha sairia alguma coisa que interessava o Destino.

— Não! Não! — fez a velha com teimosia. — Disseste que falavas, que confessavas... é tua mãe que te pede, diz a verdade...

— Mas, mamãe!

A velha tinha falado com uma energia pouco comum, com um forte acento de desespero; e a filha, súplice e vexada. Eu não entendia nada daquela cena e a Ana, a quem interroguei com olhos, parecia sem espanto. Sorria a meio até.

Depois do balbucio, dirigindo-se a mim e à Efigênia, dona Clementina continuou com entono de ordem:

— Vocês devem se entender para o meu sossego. Vão para a sala conversar, enquanto eu descanso um pouco. Ana, acende as lâmpadas.

Não havia meio de eu atinar com o sentido de tudo aquilo. Estava no ar e me parecia ao mesmo tempo estar entre doidos. A viúva ainda ordenou:

— Vão.

E obedeci ao convite de Efigênia:

— Venha para a sala, "Seu" Mascarenhas.

Notei a mudança de tratamento e segui-a. Sentou-se ela em uma cadeira e eu também. A porta do quarto estava fechada. A preta Ana ficara do lado de dentro. Ficamos uns instantes calados. A fisionomia de Efigênia era de opressão, de vergonha, de angústia... Parecia sofrer por não poder chorar. Já tinha percebido nela essa dificuldade para o pranto. Não dizia nada. Ao fim de instantes, ousei:

— Mas o que há, dona Efigênia?

— Que há? — fez num ofego.

— Sim; o que há?

— Há... sim... há...

Depois, como se tomasse coragem e alento, falou de um só hausto:

— O senhor não me tomará mal, não é?

O tom de voz, o olhar, a atitude toda ela da moça me pareceu de vergonha, de humilhação, mas, ao mesmo tempo, do desejo de dizer, de confessar qualquer coisa que a trabalhava interiormente.

Eu me perturbava, mas respondi com firmeza:

— Não há motivo... Fale, minha senhora; seja franca!

Ela acalmou-se, olhou-me com a sua firmeza habitual de olhar e perguntou-me naturalmente:

— Eu amo, Seu Mascarenhas; o senhor quer casar comigo?

Esperava tudo, menos uma pergunta dessas. Vi logo as desvantagens do casamento. Ficaria preso, não poderia com liberdade executar o meu plano de vida, fugiria a meu destino pelo dever em que estava de amparar minha mulher e a prole futura. Com os anos cresceriam as necessidades de dinheiro; e teria então de pleitear cargos, promoções, fosse formado ou não, e havia de ter forçosamente patronos e protetores, que não deveria melindrar para não parecer ingrato. Onde ficaria o meu sonho de glória, mesmo que fosse só de demolição? Onde ocultaria o meu "pensamento de mocidade"? Havia de sofrer muito, por ter fugido dele...

De resto, mesmo que conseguisse aproximar-me da realização do que planejava, o meu casamento era a negação da minha própria obra.

Apesar de toda a minha superioridade no momento, o meu orgulho me determinava que não desse essa prova pública de fraqueza; que não sancionasse com esse gesto o pensar geral; que não amaciasse o meu desgosto e não o tornasse inútil, para orquestrar superiormente a obra que meditava... Tudo isso me passou num segundo pelo pensamento e só pude responder com uma exclamação:

— Eu!

— Sim; você, Mascarenhas!

Ela percebia bem o meu caráter, o meu natural hesitante e a minha disposição de inclinar-me sempre para o lado simpático. Ela já me governava. Eu tremia.

— Mas, minha senhora — animei-me —, sou apanhado assim de supetão... A senhora não me conhece bem... Sou cheio de defeitos, de caprichos... Não vá se arrepender...

Não sei como cheguei até aí. Fosse arrastado pela fatalidade da palavra ou determinado por outra qualquer força, o certo é que pronunciei aquele meio "consinto" — "não vá se arrepender".

Parece-me que tinha falado mais alto, a ponto de dona Clementina ouvir lá, de dentro do quarto, e dizer, que eu escutei:

— Também eu quero, doutor!

Havia me esquecido desta. Olhei mais firme a filha. Não tinha mais o aspecto de angústia, de vergonha, de humilhação; os seus olhos não tinham mais aquela vontade incoercível de chorar. A sua fisionomia estava risonha, banhada de alegria. Acudindo à mãe, ela respondeu:

— Ele aceita, mamãe.

Não a desmenti e fomos até a borda da cama de dona Clementina. A custo apertou-me a mão, eu a beijei depois, e ela me disse:

— Abracem-se, meus filhos. Como estou satisfeita!

Deu um suspiro muito longo e nós nos abraçamos. A Ana chorava, eu também, mas me sentia feliz...

II

Entrei no Hospício no dia de Natal. Passei as famosas festas, as tradicionais festas de ano, entre as quatro paredes de um manicômio. Estive no pavilhão pouco tempo, cerca de vinte e quatro horas. O Pavilhão de Observação é uma espécie de dependência do Hospício a que vão ter os doentes enviados pela polícia, isto é, os tidos e havidos por miseráveis e indigentes, antes de serem definitivamente internados.

Em si, a providência é boa, porque entrega a liberdade de um indivíduo, não ao alvedrio de policiais de todos os matizes e títulos, gente sempre pouco disposta a contrariar os poderosos; mas à consciência de um professor vitalício, pois o diretor do pavilhão deve ser o lente de psiquiatria da faculdade, pessoa que deve ser perfeitamente independente, possuir uma cultura superior e um julgamento no caso acima de qualquer injunção subalterna.

Entretanto, tal não se dá, porque as generalizações policiais e o horror dos homens da Relação às responsabilidades se juntam ao horror às responsabilidades dos homens do pavilhão, para anularem o intuito do legislador.

A polícia, não sei como e por quê, adquiriu a mania das generalizações, e as mais infantis. Suspeita de todo o sujeito estrangeiro com nome arrevesado; assim os russos, polacos, romaicos são para ela forçosamente caftens; todo cidadão de cor há de ser por força um malandro; e todos os loucos hão de ser por força furiosos e só transportáveis em carros blindados.

Os superagudos homens policiais deviam perceber bem que há tantas formas de loucura quanto há de temperamentos entre as pessoas mais ou menos sãs, e os furiosos são exceção; há até dementados que, talvez, fossem mais bem transportados num coche fúnebre e dentro de um caixão, que naquela antipática almanjarra de ferro e grades.

É indescritível o que se sofre ali, assentado naquela espécie de solitária, pouco mais larga que a largura de um homem, cercado de ferro por todos os lados, com uma vigia gradeada, por onde se enxergam as caras curiosas dos transeuntes a procurarem descobrir quem é o doido que vai ali. A carriola, pesadona, arfa que nem uma nau antiga, no calçamento; sobe, desce, tomba pra aqui, tomba para ali; o pobre-diabo lá dentro, tudo liso, não tem onde se agarrar e bate com o corpo em todos os sentidos, de encontro às paredes de ferro; e, se o jogo da carruagem dá-lhe um impulso para frente, arrisca-se a ir de fuças de encontro à porta de praça-forte do carro-forte, a cair no vão que há entre o banco e ela, arriscando a partir as costelas... Um suplício destes, a que não sujeita a polícia os mais repugnantes e desalmados criminosos, entretanto, ela aplica a um desgraçado que teve a infelicidade de ensandecer, às vezes, por minutos...

É uma providência inútil e estúpida que, anteriormente, em parte, me aplicaram; contudo, posso garantir que iria para o Hospício muito pacificamente, com qualquer agente, fardado ou não. Era o bastante que me ordenassem segui-lo, em nome do poderoso chefe de polícia, eu obedeceria incontinente, porquanto estou disposto a obedecer tanto ao de hoje como ao de amanhã, pois não quero, com a minha rebeldia, perturbar a felicidade que eles vêm trazendo à sociedade nacional, extinguindo aos poucos o vício e o crime, que diminuem a olhos vistos.

Por mais passageiro que seja o delírio, um ergástulo ambulante dessa conformidade só pode servir para exacerbá-lo mais e tornar odiosa aos olhos do paciente uma providência que pode ser benéfica. A medicina, ou a sua subdivisão que qualquer outro nome possua, deve dispor de injeções ou lá que for, para evitar esse antipático e violento recurso, que transforma um doente em assassino nato involuído para fera.

Dessa feita, porém, pouparam-me o carro-forte. Fui de automóvel e desde o Largo da Lapa sabia para onde ia. Não tive o menor gesto de contrariedade, quando percebi isto, embora me aborrecesse passar pelo pavilhão.

Não guardava nenhum ressentimento dessa dependência da assistência a alienados, mas o seu horror à responsabilidade, que o impede de dar altas por si, fazia-me ver que eu, apesar de sentir-me perfeitamente são, tendo de passar por ele, teria forçosamente de ficar segregado mais de um ou dois meses, entre doentes de todos matizes, educação, manias e quizílias. Tristes e dolorosas lembranças...

Feria-me também o meu amor-próprio ir ter ali pela mão da polícia, doía-me; e, mais me doeu, quando, nesse dia de Natal, eu tomei café num pátio, sem mesa, e, sem ser em mesa, com prato sobre os joelhos, comi a refeição elementar que me deram, servida numa escudela de estanho e que eu levava à boca com uma colher de penitenciária. Jamais pensei que tal coisa me viesse acontecer um dia; hoje, porém, acho uma tal aventura útil, pois temperou o meu caráter e certifiquei-me capaz de resignação.

Quando, pela primeira vez, me recolheram ao Hospício, de fato a minha crise era profunda e exigia o meu afastamento do meio que me era habitual, para varrer do meu espírito as alucinações que o álcool e outros fatores lhe tinham trazido. Durou ela alguns dias seguintes; mas ao chegar ao pavilhão, já estava quase eu mesmo e não apresentava e não me conturbava a mínima perturbação mental. Em lá chegando, tiraram-me a roupa que vestia, deram-me uma da "casa", como lá se diz, formei em fileira ao lado de outros loucos, numa varanda, deram-me uma caneca de mate e grão e, depois de ter tomado essa refeição vesperal, meteram-me num quarto-forte.

Até ali, apesar de me terem despido à vista de todos — coisa que sempre me desagradou —, não tinha razão de queixa; mas aquele quarto-forte provocou-me lágrimas. Eis em que tinham dado os meus altos projetos de menino. Por aí, não sei por quê, me lembrei de minha mulher morta, cuja lembrança o delírio tinha afastado de minha mente; ganhei mais forças e entrei mais confiante naquela prisão inútil...

Aí, tive três companheiros, dos quais dois eram inteiramente insuportáveis, que, a bem dizer, não me deixaram dormir. Um deles era um velho de cerca de sessenta anos, com umas veneráveis barbas de imagem, alto, a que chamavam os outros por São Pedro; o outro era um português esguio, anguloso, mas sólido de músculos e de pés.

Tinha este a mania de sapatear com força e gesticular como se guiasse animais de carro ou carroça. Soltava, de onde em onde, interjeições, assobios; e fazia outros gestos e sinais usados pelos cocheiros, ao mesmo tempo que imitava com os pés o esforço de tração dos burros, quando se apoiam nas patas a que o chão foge, a fim de arrastar a carroça. Não esquecia de chamar as imaginárias alimárias pelos seus nomes de cocheira: — Eia, Jupira! Acerta, Corisco!

"São Pedro" ficava, enquanto isto, em outro canto, rezando, à meia-voz, litanias, ou a orar em voz alta, tudo acompanhado de persignações rituais.

Em certas ocasiões, o palafreneiro e as invisíveis bestas corriam para onde estava aquele, cego inteiramente. "São Pedro" afastava-se, mas prorrompendo em injúrias muito pouco próprias a um santo tão venerável.

Quando não encontrava, de pronto, caminho livre para a sua fuga, atirava-se para qualquer lado. Mais de uma vez, quer um quer outro, quase me pisaram em cima da simples enxerga de capim que, com um travesseiro e uma manta, me haviam dado, para dormir.

De uma feita, fugi de vez para a cama de um deles. Parecia-me que lá ficaria mais sossegado. Foi por aí que interveio o quarto companheiro. Era um preto que tinha toda a aparência de são, simpático, com aqueles belos dentes dos negros, límpidos e alvos, como o marfim daqueles elefantes que as florestas das terras dos seus pais criam. A sua aparência de sanidade era ilusória; soube, mais tarde, que ele era um epiléptico declarado. O crioulo, vendo o meu embaraço e a minha falta de hábito daquela hospedaria, gritou enérgico:

— "São Pedro" vai rezar lá pra porta! E você, cavalgadura (falava ao português), fica dando coices à vontade, mas na cama de você... Deixa o rapaz dormir sossegado!

Agradeci ao negro e ele se pôs a conversar comigo. Respondi-lhe com medo e cautela. Hoje, não me lembro de tudo o que ele me perguntou e do que lhe respondi; mas de uma pergunta me recordo:

— Você não foi aprendiz marinheiro?

Esta pergunta me pôs bem a par da situação onde tinha caído; era ela tão humilde e plebeia, que só se podia supor de mim, na vida, essa iniciação modestíssima de aprendiz marinheiro. Verifiquei tal fato, mas não me veio — confesso — um desgosto mais ou menos forte. Tive um desdém por todas as minhas presunções e filáucias, e até fiquei satisfeito de me sentir assim. Encheu-me de contentamento tirar a prova provada de que, na vida, não era coisa alguma; estava mais livre, e os ventos e as correntes podiam-me levar de polo a polo, das costas da África às ilhas da Polinésia...

No dia seguinte, quando o guarda que nos veio abrir a porta deu-me uma vassoura e um pano com que eu ajudasse a ele e outros a baldear o quarto-forte e a varanda, não fiz nenhum movimento de repulsa. Tomei os dois objetos e cumpri docilmente o mandato. O que me aborreceu, porém, foi a minha falta de forças e hábito de abaixar-me, para realizar tão útil serviço. Havia-me preparado para todas as eventualidades da vida, menos para aquela, com que não contei nunca. Imaginei-me amarrado para ser fuzilado, esforçando-me para não tremer nem chorar; imaginei-me assaltado por facínoras e ter coragem para enfrentá-los; supus-me reduzido a maior miséria e mendigar; mas por aquele transe eu jamais pensei ter de passar... Realizei, entretanto, o serviço até o fim, e foi com uma fome honesta que comi pão e tomei café.

A faina não tinha cessado, e fui com outros levado a lavar o banheiro. Depois de lavado o banheiro, intimou-nos o guarda, que era bom espanhol (galego) rústico, a tomar banho. Tínhamos que tirar as roupas e ficarmos, portanto, nus, uns em face dos outros. Quis ver se o guarda me dispensava, não pelo banho em si, mas por aquela nudez desavergonhada, que me repugnava, tanto mais que até de outras dependências me parecia que nos viam. Ele, com os melhores modos, não me dispensou, e não tive remédio: pus-me nu também. Lembrei-me um pouco de Dostoiévski, no célebre banho da *Casa dos mortos*; mas não havia nada de parecido. Tudo estava limpo e o espetáculo era inocente, de uma traquinada de colegiais que ajustaram tomar banho em comum. As duchas, principalmente as de chicote, deram-me um prazer imenso e, se fora rico, havia de tê-las em casa. Fazem-me saudades do pavilhão...

O guarda, como já disse, era um galego baixo, forte, olhar medido, sagaz e bom. Era um primitivo, um campônio, mas nunca o vi maltratar um doente.

A sua sagacidade campônia tinha emprego ali no adivinhar as manhas, planos de fuga dos clientes, e mais maroscas deles; mas, pouco habituado às coisas urbanas, diante daquela maluqueira toda, uniformemente vestida, não sabia distinguir em nenhum deles variantes de instrução e educação; para ele, devia ser o seu pensar, e isto sem maldade, todos ali eram iguais e deviam saber baldear varandas.

Teria para si, sem desprezar nenhum, que aqueles homens todos que para ali iam, eram pobres, humildes como ele e habituados aos misteres mais humildes, senão, iriam diretamente para o Hospício. Não deviam, por consequência, vexar-se por executá-los.

Desde lá, não o levei a mal, por ter-me conduzido àquelas baldeações. Estava ele no seu papel, tanto mais que eu não era melhor do que outros a que o Destino me nivelara. Sofri, com resignação e, como já disse, às vezes mesmo com orgulho, o que poderia parecer a outrem humilhação. Esqueci-me da minha instrução, da minha educação, para não demonstrar, com uma inútil insubordinação, como que uma injúria aos meus companheiros de Desgraça. Não reclamei; não reclamo e não reclamarei; conto unicamente.

Parece-me que ele gostou da minha obediência, pois deu-me cigarros; e, naquele dia ou no seguinte, escolheu-me para ir varrer os canteiros do jardim, isto é, os que circulavam o edifício da enfermaria.

Por essa ocasião, confesso, vieram-me as lágrimas aos olhos. Já não era mais o varrer, porque, mais de uma vez, varri a minha residência; em menino, minha mãe fazia-me varrer a casa e fazer outros serviços menores, para não ficar em prosa; quando estudante, para poupar dinheiro, vasculhava o meu cômodo. Não era o varrer; era o varrer quase em público, sob o olhar de tanta gente a que não ligava a infelicidade comum.

Veio-me, repentinamente, um horror à sociedade e à vida; uma vontade de absoluto aniquilamento, mais do que aquele que a morte traz; um desejo de perecimento total da minha memória na terra; um desespero por ter sonhado e terem me acenado tanta grandeza, e ver agora, de uma hora para outra, sem ter perdido de fato a minha situação, cair tão, tão baixo, que quase me pus a chorar que nem uma criança.

Senti muito a falta de minha mulher e toda a minha culpa, puramente moral e de consciência, subiu-me à mente... Pensei... Não... Não... Era um crime...

Tomei a vassoura de jardim, e foi com toda a decisão que, calçado com uns chinelos encardidos que haviam sido de outros, com umas calças pelos tornozelos, em mangas de camisa, que fui varrer o jardim, mais malvestido que um pobre gari.

Não dei, porém, duas vassouradas. Um rapaz de bigode alourado, baixo, vestido com aquele roupão de brim apropriado aos trabalhos de enfermaria, médico ou interno, cujo nome até hoje não sei, aproximou-se de mim, chamou-me e perguntou-me quem tinha determinado fazer eu aquele serviço. Disse-lhe e o médico ou interno determinou que encostasse a vassoura e me fosse embora. Se nesse episódio, houve razão de desesperar, houve também a de não perder a esperança nos homens e na sua bondade.

Disse mais atrás que tinha do pavilhão recordações tristes e dolorosas. Uma delas é a desse episódio e a outra é do pátio, do terreiro em que estávamos encurralados todo o dia, até vir a hora de ir para os dormitórios pois eu estava num bem asseado.

Habituado a andar por toda parte, a fantasiar passeios extravagantes quando não me prendem a obrigações de escrever e de ler, ou então a estar na repartição enervava-me ficar, bem doze horas por dia, em tão limitado espaço, sob a compassiva sombra de umas paineiras e amendoeiras.

Os cigarros que tinha, fumava-os um sobre o outro guardando as pontas para fabricar novos, com papel comum de jornal. Fumar assim era um meio de afastar o tédio. Jornais, recebia irregularmente dos meus parentes, dos meus amigos e, uma ou outra vez, do chefe dos enfermeiros que era muito afável.

Conversar com os colegas era quase impossível. Nós não nos entendíamos. Quando a moléstia não os levava para um mutismo sinistro, o delírio não lhes permitia juntar coisa com coisa.

Um dia, um menino, ou antes, um rapaz dos seus dezessete anos, chegou perto de mim e me perguntou:

— O senhor está aqui por causa de algum assassinato?

Estranhei a pergunta que me encheu de espanto. Respondi:

— Deus me livre! Estou aqui por causa de bebida — mais nada.

O meu interlocutor acudiu com toda a naturalidade:

— Pois eu estou. O meu advogado arranjou...

Não pôde concluir. O guarda chamou-o com aspereza:

— Narciso (ou outro nome), venha para cá. Já disse que não quero você perto da cerca.

Não pude apurar a verdade do que me dizia esse tal Narciso ou que outro nome tenha. Soube que era fujão e, talvez por causa disso, foi logo transferido para o hospital propriamente.

Vivi assim cerca de uma semana, condenado ao silêncio e ao isolamento mais estúpidos que se podem imaginar, junto a uma quase imobilidade de preso na solitária.

Foram dias atrozes por isso, e só por isso, os que padeci no pavilhão; mas, em breve, depois que um médico moreno, de óculos, um moço, pois o era, em toda a linha, inteligente, simpático e bom, ter-me minuciosamente examinado o estado mental e nervoso, a monotonia do pátio foi quebrada com o fazer eu as refeições no comedouro dos enfermeiros. Deixava um pouco o pátio, aquele curral de malucos vulgares.

Pouco me recordo dos doentes que ali encontrei, a não ser do tal menino, cuja palestra comigo interrompeu-a uma reprimenda do guarda.

Não me lembro se tudo que já narrei, foi tudo o que ele me disse ou perguntou; mas, fosse delírio ou fosse verdade, é à imagem dele que ainda hoje associo a lembrança do pavilhão e a do seu pátio.

Doutra forma não era possível a contasse, à vista de um conhecimento que se trava por intermédio de tão fantástica pergunta:

— O senhor está aqui por causa de algum assassinato?

Criminoso que fosse, ele mesmo, a sua pessoa não me meteu medo, como, em geral, não me assustam os criminosos; mas a candura, a inocência e a naturalidade, em que não senti cinismo, com que ele respondeu — "pois eu estou" — causaram-me não sei que angústia, não sei que tristeza, não sei que mal-estar.

Aquele menino, quase imberbe, falava-me de seu crime, como se fosse a coisa mais trivial desta vida, um simples incidente, uma pândega ou um contratempo sem importância.

Todas as minhas ideias anteriores a tal respeito estavam completamente abaladas; e me veio a pensar, coisa que sempre fiz, no fundo da nossa natureza, na clássica indagação da sua substância ativa, na alma, na parte que ele tomava nos nossos atos e na sua origem.

Até bem pouco, quase nada me preocupava com tais questões; tinha-as por insolúveis, e tomar tempo com o querer resolvê-las era trabalho perdido. Entretanto, os transtornos e as dores da minha vida doméstica tinham-me levado às vezes a pensar nelas. Procurei estabelecer, para meu uso particular, uma teoria que, forçosamente, me saiu por demais simplista, a fim de explicar a nossa existência e a do mundo, assim como as relações entre os dois. Não tinha chegado ao mistério, ao espesso mistério impenetrável, em nós e fora de nós. Isto que escrevo, agora, aqui não será propriamente muito meu; mas o gérmen que havia em mim não fez mais que se desenvolver mais tarde, com o adubo das ideias dos outros.

Repugnava-me personalizar com este ou aquele nome o desconhecido, o informe, o vago. Dar um apelido seria limitar o ilimitado, definir o indefinido, distinguir o indistinto, fazer perecível o imperecível. Sendo tudo, em face do nada, e nada, em face de tudo, esse ser não devia ter corpo, nem forma, nem extensão, nem movimento, nem outra qualidade qualquer com que nós conhecemos as coisas existentes. O nosso ideal, a nossa felicidade seria ser como ele, e, para alcançá-lo, devíamos procurar a nossa desincorporação, pela imobilidade e pela contemplação. O sábio é não agir. Quando li esta conclusão nos meus manuais baratos de filosofia, assustei-me. Aceitava a concepção, mas a conclusão me repugnava. Se na verdade era que, em presença desse tumulto da vida, desse entrechocar de ambições, as mais vis e imundas, desse batalhar sem termo e sem causa, o homem beneficiado pela sabedoria tinha o dever superior de afastar-se disso tudo e tudo isso contemplar com piedade; era verdade também que a ação, julguei assim, seria favorável à nossa reincorporação no indistinto, no imperecível, desde que fosse orientada para o Bem. Como conhecer o Bem? O meu espírito não encontrava, para sinal de seu conhecimento, senão na revelação íntima. Os problemas últimos da nossa natureza moral, nas minhas cogitações, ficaram aí, e dei-me por satisfeito; mas — chega-me esse pequeno criminoso e me põe tudo de pernas para o ar! Por que, pensei eu, se cada consciência fala ao indivíduo de uma maneira, sobre o bem e sobre o mal, como na desse rapazola, que não podia ter sofrido outras influências duradouras que não as dele mesmo; se os homens não se encontram a respeito numa opinião única, como distingui-las — Deus do Céu?

O curto encontro com esse rapazola criminoso, ali, naquele pátio, mergulhado entre malucos a delirar, a fazer esgares, uns; outros, semimortos, aniquilados, anulados, encheram-me de um grande pavor pela vida e de um sentimento profundo da nossa incapacidade para compreender a vida e o universo.

Lembrei-me, então, dos outros tempos em que supus o universo guiado por leis certas e determinadas, em que nenhuma vontade, humana ou não, a elas estranhas, poderia intervir, leis que a ciência humana iria aos poucos desvendando... Não sorri inteiramente; mas achei tal coisa ingênua e que todo o saber humano só seria útil para as suas necessidades elementares de vida e nunca conseguiria explicar a sua origem e o seu destino. Tudo mistério e sempre mistério.

Em tal estado de espírito, penetrado de um profundo niilismo intelectual, foi que penetrei no Hospício, pela primeira vez; e o grosso espetáculo doloroso da loucura mais arraigou no espírito essa concepção de um mundo brumoso, quase mergulhado nas trevas, sendo unicamente perceptível o sofrimento, a dor, a miséria, e a tristeza a envolver tudo, tristeza que nada pode espantar ou reduzir. Entretanto, pareceu-me que ver a vida assim era vê-la bela, pois acreditei que só a tristeza, só o sofrimento, só a dor faziam com que nós nos comunicássemos com o Logos, com a Origem das Coisas e de lá trouxéssemos alguma coisa transcendente e divina. Shelley, se bem me recordo, já dizia: "Os nossos mais belos cantos são aqueles que falam de pensamentos tristes"...[11]

Toda a minha vida particular, toda a minha existência doméstica quer de filho, quer de chefe, tendia para conceber e praticar essa concepção do Universo, só sentido e representado em nós pelos seus aspectos sombrios.

Casado, como já contei, com tantas reservas íntimas, vivi cinco anos com minha mulher, até a sua morte, na mais perfeita paz de decência doméstica. Logo após passar o meu primeiro ano de casamento, aí pelo nascimento do meu primeiro e único filho, sua mãe, a minha sogra, melhorara muito das consequências do ataque, ganhara quase todos os movimentos mas de juízo não me saiu muito sã e o foi perdendo aos poucos, até chegar à mania declarada.

Foi depois da morte de Efigênia que o meu pensamento fez viver uma vida desnorteada, que me levou duas vezes ao manicômio.

O meu primeiro ano de casamento correu mansamente, da forma mansa e vulgar de todos os enlaces da espécie do meu. Não tinha por minha mulher grandes extremos de sentimento; dominava em mim, porém, a imagem das minhas responsabilidades de marido, e as cumpri como um dever sagrado. Estimava-a, prezava-a, mais como um companheiro, como um amigo, do que mesmo objeto de uma profunda solicitação da minha total natureza. Reprimia mesmo o mínimo movimento nesse sentido, porque sempre tive vexame, pudor de amar.

Não lhe dizia as coisas mais secretas a mim mesmo. Dos meus planos de vida, dos meus projetos intelectuais, não lhe confidenciava palavra, nem dos meus desânimos, nem dos meus desalentos. Mal lhe noticiava o aparecimento

---

11. Verso 90 do poema "To a Skylark" [A uma cotovia]: "*Our sweetest songs are those that tell of saddest thought*".

de um trabalho nesta ou naquela pequena revista ou jornal obscuro. Não só motivava isso um certo desdém pela sua inteligência e instrução, como também por temer que ela me desanimasse e censurasse os meus propósitos literários, porque ela sempre teve sobre mim um grande ascendente, senão império moral.

Os nossos sentimentos nunca são lógicos, por isso mesmo não são simples. Eu respeitava muito minha mulher, via-a, às vezes, interessada pelas minhas tentativas; mas não me queria abrir com ela, dizer tudo, temendo que a sua medíocre condição de pequena e modesta burguesa não se assustasse com as minhas ambições intelectuais. Encerrava-me em mim mesmo e sofria. Sem inquietar-me que toda gente percebesse a minha relação íntima, para a qual não sabiam, até, onde procurar a fonte, fazia, contudo, todos os esforços, para que Efigênia não a percebesse em mim e nos meus escritos.

Veio, porém, um acontecimento, que me obrigou a desvendar-me um tanto. Graças ao meu amigo Chagas, pouco depois do nascimento de meu filho, fiz parte, como colaborador, da redação de uma revista do gênero denominado humorístico, que se acabava de fundar e era dirigida por quem sabia explorar a indústria da publicidade. Tinha eu aí um razoável ordenado mensal, que sempre empreguei honestamente, e a *Gatimanhas*, tal era o nome da publicação, fez sucesso. Não pude esconder isso a minha mulher e ela pareceu alegrar-se; mas, com o meu espírito sistemático, não quis ver, na sua alegria, senão o contentamento pelo acréscimo da renda do casal.

De há muito tinha abandonado a escola superior que frequentava; e, embriagado com o sucesso de estima que ia fazendo, na revistinha, esquecia-me dos meus estudos, das minhas leituras, sem, contudo, procurar reputação no gênero que ela representava. Saía da repartição, ia ao escritório da publicação, entregava originais, conversava um pouco, jantava nos freges literários e ficava até a meia-noite nas cervejarias. Quase sempre encontrava minha mulher acordada, costurando, fazendo *crochet* ou mesmo lendo.

Não chegava muito são, mas minha embriaguez era discreta e pouco evidente. Nunca ela me disse nada; nunca lhe fiz a mínima má-criação. Passava assim durante a semana; e só no domingo ficava em casa ou saía com ela a passeio ou a visitas. Evitava muito estas, pois me aborreciam; eu estava naquele período inicial de literato que só quer ouvir falar de literatura ou coisas literárias. As conversas familiares me entediavam, e não sabia sustentá-las. Enquanto minha sogra não ficou declaradamente doida, era ela as mais das vezes quem acompanhava minha mulher; mas, à proporção que ensandecia, deixou de fazê-lo, e eu tive de acompanhá-la.

A minha entrada na *Gatimanhas* e o hábito de frequentar chopes, adquiri depois de ter meu filho, Boaventura, um ano. Antes, eu vinha cedo para a casa. Minha sogra, apesar da decadência de seu estado mental, e a preta Ana gostavam muito do pequenote, que havia nascido robusto, forte, mas com um mau feitio de cabeça, que me desgostava.

Não tinha eu, porém, conquanto pai, tanto gasto de ternura com ele; e se o queria animar e acalentar, fazia-o com a mais total falta de jeito de que uma criatura é capaz.

— Arre, Vicente![12] — dizia minha mulher. — Você não sabe pegar numa criança.

Não lhe dizia nada ou senão passava-lhe a criança, observando:

— Pega lá, você, que sabe! Isto é mesmo serviço de mulher.

Mais de uma vez ao lhe dizer isto minha mulher dizia muito séria meio brincando:

— Dá cá, meu caboclinho! Dá cá! Diz pra ele, meu filhinho, diz: deixa estar! Quando você se casar, segunda vez, há de saber também. Diz, meu filhinho.

E se punha a acalentar a criança, cantarolando qualquer coisa adequada. Em outras vezes, o diálogo continuava, desta maneira, após a minha pergunta, cheia de surpresa:

— Como é isto, Efigênia, segunda vez?

— Sim, quando eu morrer; porque eu só me casei com você, para ensinar a você estas coisas.

— Você tem cada uma... Ora, bolas!

— Qual! Eu sei... Você ganha nome, é capaz de formar-se...

— Disse, a você, antes de nos casarmos, que não me formava[13] mais, não foi? Quanto a mulher, você sabe muito bem o que vale...

— Enfeita, pelo menos.

— Se é assim, você já está recebendo os enfeites.

---

12. No manuscrito: "Fortunato".
13. No manuscrito: "casava".

— A mim! Você nem ao menos me diz o que escreve...

— ??

— Foi. Mas pensei que você se entregasse a estudos altos. Você se enveredou, porém, por essas coisinhas de revistas sem importância...

Por aí, eu olhei minha mulher, espantado com a sua reflexão, e ela, que estava sentada do outro lado da mesa em que eu escrevia, olhava-me muito séria, sem dureza, debruçada, com a mão na cabeça, apoiada no móvel, com um ar misterioso que não pude decifrar.

Tentei dizer alguma cousa:

— Não dou importância a essas tolices, tanto que não as assino...

— É verdade, mas não vejo você pegar mais nos livros. Ainda ontem, vi-os tão cheios de pó, que tratei de limpá-los. Você sabe onde estava o Bouglé?

— Qual?

— *La Démocratie devant...*[14]

Cada vez me espantava mais minha mulher. Com aquele interesse pelos meus livros, sabendo-lhes os nomes, os títulos... Olhei-a mais e demoradamente para ela, estava ainda na mesma postura de sondagem, de exame, de interrogação misteriosa. Não me contive:

— Efigênia, é você mesmo quem me fala?

— Sou, meu filho. Sou eu, Efigênia, tua mulher.

No momento, eu vi, na censura disfarçada de minha mulher,[15] a manifestação de um pequeno desgosto doméstico, por chegar eu, em casa, geralmente tarde; hoje, porém, a fisionomia e a expressão de minha mulher naquela ocasião me parece totalmente outra, e, no correr da narração, eu tenho bem dito que a senti misteriosa e estranha.

Minha mulher nunca teve para mim uma palavra azeda, uma palavra má; e, conquanto as vezes birrento, mudo, nunca a tratei senão com delicadeza e cordura. Se tenho algum arrependimento das minhas relações com ela, não é

---

14. *La Démocratie devant la science: Études critiques sur l'hérédite, la concurrence et la différenciation* (1904), de Célestin Bouglé (1870-1940), figurava na biblioteca do escritor juntamente com *Essais sur le regime des castes*. Em 1906, impressionado com a leitura da obra, Lima Barreto escreveu uma carta ao renomado discípulo de Durkheim, professor de sociologia na Sorbonne e diretor do Centre de Documentation Sociale, da École Normale Supérieure. Curiosamente, foi Bouglé que, em 1934, convidou Claude Lévi-Strauss a lecionar na Universidade de São Paulo.
15. Há perda de palavras, entre "mulher" e "manifestação".

por nenhum dos meus atos externos; era pela minha reserva de alma e de pensamento, que sempre mantive em face dela; é da minha incompreensão dela, enquanto viveu, e da grande esperança e do grande desejo que eu realizasse o meu destino.

Fosse pela sua meiga e disfarçada censura, fosse por que fosse, o certo é que deixei um pouco as rodas bulhentas da minha literatice incipiente, fugi aos cafés e pus-me a meditar em um livro. A obra que meditava, assim que travei conhecimento mais íntimo com a cozinha literária, percebi logo que me seria difícil publicá-la, sem que, antes, eu adquirisse um certo nome, uma certa posição que me garantisse o bem-querer dos livreiros. Demais, eu precisava anos para realizá-la, tal qual eu a meditava. Pobre, não me seria possível custear a impressão, e mesmo era preciso que eu fosse criando um núcleo de leitores. Resolvi, portanto, publicar alguma coisa que atraísse atenção sobre mim, que me abrisse as portas, como se diz, que me fizesse conhecido, mas queria pôr nessa obra alguma coisa das minhas meditações, das minhas cogitações, atacar em síntese os inimigos das minhas ideias e ridicularizar as suas superstições e ideias feitas. Pensei em diversas formas, procurei modelos, mas me veio, ao fim dessas cogitações todas, a convicção de que o romance ou a novela seria o gênero literário mais próprio, mais acessível a exprimir o que eu pensava e atrair leitores, amigos e inimigos.

Mas o romance, como a canônica literária do Rio ou do Brasil tinha estabelecido, não me parecia próprio. Seria obra muito fria, teria de tratar de um caso amoroso, ou haver nele alguma coisa de parecido com isso. Eu tinha um grande pudor de tratar de amor. Parecia-me ridículo ter esse sentimento e ainda mais ridículo analisá-lo ou tratá-lo em livro. Todo o amor, parecia isto a mim, me humilhava, e não queria o fato de descrever um qualquer encontrasse em mim prova de fraqueza e rebaixamento de mim mesmo.

Evitando o amor, voltei as minhas vistas para os grandes livros de aventuras; e, por eles, vi bem que os romances que as narram são talvez os que mais resistem ao tempo. Não foi, porém, por isso, nem mesmo pela sua aparente facilidade; foi tão somente para evitar o escolho do Amor, que comecei a escrever um.

Tínhamos entrado no terceiro ano do casamento; meu filho já tinha dois, já tinha mais aparência de gente e me atraía com mais naturalidade de sentimento. Minha sogra não o deixava, o pequeno; era o seu enlevo, era a sua única preocupação. Tinha questões com a filha, por causa dele; atribuía-lhe a culpa das suas manhas naturais de criança, ensinava-o a andar. A velha Ana, que o era um pouco mais do que minha sogra, também tinha um grande pendor pelo pequeno, embora não demonstrasse grande simpatia por mim.

Não era bem preta e tinha sido cria do pai de minha sogra, senão filha ou parenta próxima dele. As duas velhas se tratavam pelos apelidos e por tu e você. Era você, Aninhas, pra ali; era tu, Clementina,[16] pra lá.

Entre as duas, havia muitos vestígios daqueles singulares costumes existentes entre senhores e escravos, nas pequenas propriedades rurais, antes das agitações abolicionistas. Eram todos parentes e íntimos, mucamas e sinhazinhas. Fingia sempre não perceber a antipatia de Aninhas por mim e sempre, afora o que minha mulher lhe dava, eu lhe oferecia dinheiro, que era aceito com pressa. Tinha um fundo religioso, não era bem este ou aquele credo que a tomava: eram todos. Todo domingo ia à missa, confessava-se e comungava com frequência, nos dias próprios levava a benzer palmas, ramos de alecrim e arruda, mas isso não impedia que também frequentasse sessões espíritas e procurasse feiticeiros quando julgava necessário.

Se conversava com ela, não cessava de dizer-me a todo o propósito:

— No tempo de Seu Zuzu, as coisas eram outras... Havia sempre de "um tudo" a fartar em casa... Não era, Clementina?

Esse Zuzu era o falecido marido de minha sogra, que tinha umas propriedades agrícolas no estado do Rio, mas que, depois da República, liquidara tudo e se fizera tesoureiro ou pagador de uma repartição do Ministério da Viação.

Outras vezes, quando eu estava presente, a velha Aninhas lembrava:

— Clementina, você se lembra daquele São João em que seu pai matou um boi, para receber a visita do deputado?

Minha sogra não gostava dessas rememorações; mas nada objetava, limitando-se a dizer: "Sim, eu me lembro". Minha mulher, porém, era mais franca:

— Ora, Aninhas! Águas passadas não movem moinho...

— Não movem! — exclamava a velha cabrocha, tirando o cachimbo da boca. — É que naqueles tempos havia "homes"...

E olhava para mim significativamente. Compreendia que ela queria pôr

---

16. No manuscrito: "Candinha".

nos meus olhos a grandeza passada dos parentes de minha mulher, em face da mediania atual, que, se não era eu culpado, demonstrava, por continuar ela, incapaz e indigno de me ter casado com Iaiá Figena. Disse isto a minha mulher e ela me observou:

— É assim, Aninhas: pensa sempre em muito; mas se contenta com pouco e nada exige quando não se tem. Essas lembranças do passado são para ela como os nossos sonhos de futuro.

Tive ocasião de verificar isto nos transes de vida por que vim a passar. Escrevia meu livro, mas não com seguimento e vontade. Interrompia, ora por uma coisa, ora por outra. Continuava a escrever nas minhas revistecas, para ganhar dinheiro e mesmo por gosto; mas via bem que elas não me dariam o que sonhava e estavam abaixo dos meus propósitos e da minha instrução. Procurava campo mais vasto...

Uma tarde, era domingo, estava eu sentado com minha mulher no jardim, quando ela me perguntou:

— Você leu a opinião de F. sobre o livro do teu amigo Oliveira?

— Li.

— Achei justa.

— Você o leu?

— Li. Ele não ofereceu a você? Peguei-o em cima da mesa e li-o... Uma coisa, Vicente?

— Que é?

— Você abandonou a sua obra?

Não tinha dito nunca a minha mulher que fazia uma tentativa literária, mas não escondia nada, nem fechava móvel algum. Espantei-me e indaguei:

— Como é que você sabe disso?

— Muito simplesmente: via você escrever tantas folhas de papel e descobri que você fazia uma obra.

Fiquei envergonhado e arrependido com aquela falta de franqueza com minha mulher e tentei uma desculpa:

— Não disse isso a você porque podia falhar e...

— Mas que mal havia nisso para a sua mulher, Vicente?[17] Você tem vexames, temores, com sua mulher? O que é preciso é acabá-lo... — Há quase um mês que você não escreve nele...

---

17. No manuscrito: "Flamínio" e "para a mulher de você".

— Como é que você sabe disso?

— Antes de São João, você estava na página cento e catorze; ontem, eu vi que você continuava na mesma página, e nós estamos em fins de julho!

Todo esse interesse de minha mulher pelos meus trabalhos, pela minha vida mental, passava-me despercebido. Eu os não unia, eu os não coordenava, para completar a figura dela, a sua inteligência, o seu amor por mim. Duas coisas levavam-me a isto: a certeza de que não é dado às mulheres brasileiras de seu nascimento se preocuparem com essas coisas, e o meu vexame de fazer confidências a quem quer que fosse do que planejava em letras.

A intervenção dela, porém, não foi em vão. Terminei a obra e, apesar de antemão saber que não arranjaria editor, procurei um, dois, três. Todos eles me diziam: "O senhor já mostrou a F.?". "Não", dizia eu. "Deve mostrar", objetavam; e restituíam-me o manuscrito intacto. Não conhecia nem fulano, nem beltrano, e desconfiava que eles não gostassem da minha literatura, das minhas poucas opiniões existentes no livro, na forma da narração e, sobretudo, a timidez junto ao orgulho impediam-me de pedir-lhes opinião.

Correram tempos e minha mulher, vendo-me uma vez ler o meu manuscrito, ao trazer-me café que lhe pedi, perguntou-me:

— Você por que não publica isto?

— Não há quem o queira imprimir.

— Publique você mesmo. Custa caro?

— Muito.

Ela convenceu-me que devia pedir emprestado o dinheiro necessário sobre os meus vencimentos. Assim fiz, e o livro ia em meio da composição, quando ela adoeceu gravemente. A sua moléstia foi dolorosa e duradoura. Mais de quatro meses, ela esteve acamada, morrendo aos bocados. No fim, só tinha de humano o olhar, aquele seu olhar vivo, penetrante, com expressões indefiníveis. Penou muito e muito me fez penar. No fim, parecia estranha a tudo, até ao filho, até à mãe, e estava já quase assim, quando me fez aquela recomendação:

— Você deve desenvolver aquela história da rapariga num livro...

Já estava morta, quando meu livro apareceu. Vendi toda a edição quase pelo preço de impressão, para pagar dívidas, e ma comprou um daqueles livreiros que me editara. Não pude desagravar os meus ordenados; a minha colaboração rendia pouco. A minha sogra, depois da morte da filha, ficou aluada. Não se movia do lugar, não queria sair, não queria ver ninguém. Os atos e requerimentos para receber a sua pensão de montepio, era uma dificuldade para obter dela a assinatura. Do pequeno cuidava, mas a seu jeito; enfurecia-se com qualquer represenção a ele e a todo instante relembrava-lhe a mãe:

— É isto, a Efigênia não está aí...

O meu consolo era o meu livro. A crítica assinada, a responsável, honrou-o muito, particulares insuspeitos gabaram-no à queima-roupa. Ele era cochichado e eu pressentia no ar a emoção e a surpresa que tinha causado. Devia alegrar-me, mas a alegria que me podia causar era abafada pelas minhas dificuldades de dinheiro e pela doença de minha sogra.

Ela sempre me estimara, eu via bem; ela sempre me quisera, eu percebia; ela mesma fora que nos casara; mas a loucura sua, que ia a passos largos, como sempre, virava-se para os parentes próximos e para as pessoas amigas.

Sem aproveitar o pequeno e restrito sucesso que havia obtido, eu não sabia como haver dinheiro. Não queria tentar o jornal. Muitas coisas me faziam pensar.

Repugnava-me aceitar um lugar subalterno, sentia-me capaz de outra coisa; mas, ao mesmo tempo não me queria hipotecar por gratidão ou dinheiro a pessoas e influências, que fariam sepultar em mim as minhas ideias e abafar a paixão com que elas deviam ser expostas.

Voltou-me o hábito de beber, e, desta vez, sem dinheiro, malvestido, sentindo a catástrofe próxima da minha vida, fui levado às bebidas fortes e, aparentemente, baratas, as que embriagam mais depressa. Desci do *whisky* à genebra, ao *gin* e, daí, até à cachaça.

Tinha recebido um sobrinho para se empregar no Rio, no correr desses cinco anos que mediaram entre a morte de minha mulher e a minha primeira entrada no Hospício. Era um rapaz simples, bom, de pouca instrução e inteligência. Filho de uma irmã que ficara e se casara no interior, eu não o conhecia; mas foi bom pra mim. Ele e a preta Aninhas.

Esta perdera a antipatia por mim, adivinhava-me as dificuldades, não todas, e, das origens, ela só supunha consolar-me da morte de Efigênia:

— Sossega, "Seu" Mascarenhas![18] — dizia-me ela em certas manhãs que eu amanhecia terrível. — Que se há de fazer? Deus assim quis...

---

18. No manuscrito: "Torres". Outro nome cogitado para o protagonista.

Meu filho crescia sob os cuidados desta pobre rapariga. Ele tinha pouco mais de dois anos, quando a mãe morreu. Pouco depois dos cinco, veio a ter em certas noites umas convulsões, um choro, um tremer que me assustou. Levei-o ao médico, meu amigo.

— Mascarenhas — disse-me ele —, toma cuidado com este teu filho... Evita contrariá-lo...

Deu-me uma poção calmante e não me quis dizer mais nada. Foi crescendo e, aos sete anos, tentei ensinar-lhe a ler. Começava "a-e-i-o-u"; quando passei a juntar as letras, ele ia até certo ponto e desandava a chorar. Minha sogra intervinha, às vezes com bons modos, às vezes malcriada:

— Deixem o pequeno! Malvados!

Tentava convencê-la, mas era em vão. Tratei de experimentar o colégio; a professora me disse que era dócil, o meu filho, mas não sabia o que tinha ele, verdade é que não havia jeito de poder-lhe prender a atenção na cartilha.

Tinha trinta e poucos anos, um filho fatalmente analfabeto, uma sogra louca, eu mesmo com uma fama de bêbado, tolerado na repartição que me aborrecia, pobre, eu vi a vida fechada. Moço, eu não podia apelar para minha mocidade; ilustrado, não podia fazer valer a minha ilustração; educado, era tomado por um vagabundo por todo mundo e sofria as maiores humilhações. A vida não me tinha mais sabor e parecia que me abandonava a esperança.

Depois de beber consecutivamente durante uma semana, certa noite, amanheci de tal forma gritando e o dia seguinte passei de tal forma cheio de terrores, que o meu sobrinho André, que já era empregado e muito me auxiliava, não teve outro remédio senão pedir à polícia que me levasse para o Hospício.

Foi esta a primeira vez.

III

O espetáculo da loucura, não só no indivíduo isolado, mas, e sobretudo, numa população de manicômio, é dos mais dolorosos e tristes espetáculos que se pode oferecer a quem ligeiramente meditar sobre ele. Dizia Catão que os sábios tiram mais ensinamentos dos loucos que estes deles. Deve ser assim, conforme quem os interpela e o tempo que o faz, mas o certo é que, à primeira vista, o ensinamento não é, como queria o orgulho romano, para melhoramento e progresso dos ajuizados; ao contrário, a primeira impressão é de abjeção para o seu espírito, pelo enigma que nele se põe, diante de uma misteriosa interrogação sem resposta. Donde vem isto? Que inimigo da nossa espécie é esse que se compraz em nos rebaixar?

No pavilhão, devido ao número exíguo de doentes, não se sente bem essa dor especial, é-se tomado de amargura pelo nosso destino, o nosso pensamento não se angustia tanto em querer resolver tão sombrio problema da nossa existência que a loucura provoca; mas na Seção Pinel é de abater, é de esmagar, a contemplação, o contato, o convívio com quase duas centenas de loucos.

Da primeira vez, não saí do pavilhão para essa seção, que é a dos gratuitos, a dos indigentes, mas, na qual, como uma consideração que a bondade da administração pode ter, sem ferir os regulamentos, há muitos que não eram.

De forma que, quando saí do pavilhão, para ela, na segunda vez, foi-me um espetáculo novo, inédito, denso, a que fui obrigado a assistir nela.

Logo após o café, fui chamado à presença de um jovem médico, muito simpático, pouco certo dos seus poderes para curar-me. Fez-me umas perguntas, e senti mesmo que seu desejo era mandar-me embora. Disse-me mais ou menos isso, ou melhor, as suas palavras foram estas, depois de dizer o que eu tinha tido:

— Não há dúvida... Mas o senhor ou você — não me recordo — veio pela polícia, tem que se demorar um pouco.

Concordei e voltei para o pátio. Vestia umas calças que me ficavam pelas canelas, uma camisa que me ficava pela metade do antebraço. Um tal vestuário me aborrecia deveras e não porque eu me julgava mais ínfimo ali com ele do que se outro tivesse. Pouco tempo depois, fui de novo para a varanda, onde me puseram num banco, ao lado de outros companheiros. Estava em uma extremidade e o doente a meu lado era um preto moço, tipo completo do espécimen mais humilde da nossa sociedade.

Era ocasião da visita do médico-chefe, que me conhecia de vista e eu a ele; mas não fez alusão a isso, e também não me dei por achado. Sempre me disseram um excelente rapaz, mas o supunha muito cheio de certeza, por isso embirrava com ele.

Acabada a visita do médico-chefe, voltei para o terreiro, à espera da minha alta. Estava certo dela; e, quando o enfermeiro-mor me chamou do alto da varanda que dava para onde eu estava sentado, sorri de alegria.

Esse enfermeiro não me fez mal algum, mas impliquei com ele. Era alto, bem-apessoado, tinha uma fisionomia bragantina, papada, bochechas, olhos pequenos... O guarda-civil que me esperava no portão do Hospício chamou-o de doutor e ele se deixou tratar assim. Pareceu-me um pouco pedante; se não me maltratou, tratou-me com desdém e sobranceria... Muitas vezes, rio-me interiormente, quando tal acontece, mas com ele irritei-me.

Veio-me chamar e levantei-me alvissareiro:

— Venha cá!

Olhando para ele, perguntei:

— Eu?

— Sim, você.

Levou-me o bragantino por corredores e pátios até o Hospício propriamente. Aí é para não me ir embora, mas ficar.

— Não vou-me embora?

— Não; você fica.

Ainda esperei que fosse cair na seção dos pensionistas; mas assim não foi. Entrei para a Pinel, para a seção dos pobres, dos sem ninguém, para aquela em que a imagem do que a Desgraça pode sobre a vida dos homens é mais formidável e mais cortante.

O mobiliário, o vestuário das camas, as camas — tudo é de uma pobreza sem par. O acúmulo dos doentes, o sombrio da dependência que fica no andar térreo — e o pátio interno é quase ocupado pelo pavilhão das latrinas de ambos os andares — tirando-lhe a luz, tudo isso lhe dá má atmosfera de hospital, de emanações de desinfetantes, uma morrinha terrível.

Os loucos são de proveniências as mais diversas; originam-se, em geral, das camadas mais pobres da nossa gente pobre. São pobres imigrantes italianos, portugueses, espanhóis e outros mais exóticos; são negros roceiros, que levam a sua humildade, teimando em dormir pelos desvãos das janelas sobre uma esteira ensebada e uma manta sórdida; são copeiros, são cocheiros, cozinheiros, operários, trabalhadores braçais e proletários mais finos: tipógrafos, marceneiros etc.

No meio desse baralhamento de homens de tão diferentes raças e educação, fazem-se às vezes descobertas. Um dia, um maluco diz a outro:

— Você sabe? Aquele novo é padre.

— Qual?

— Aquele alemão, que veio há dias do pavilhão.

A notícia corre de boca em boca e vai até o enfermeiro-chefe. Este, então, verifica e procura melhorar o tratamento do pobre náufrago da vida.

Quando lá estive, havia um religioso alemão ou teuto-brasileiro, moço, forte, silencioso, com aquele doce olhar que há em certos alemães, em que a gente vê o mar raso e a areia faiscando no fundo. Parecia um frade concentrado e, sem rezar, parecia rezar, andando de um lado para outro do corredor. Pelo que se entendia do seu português, ele o falava bem, com certo acento, mas correto. Não se o entendia, porque não pronunciava as palavras: balbuciava, ciciava...

Vi também o D. L., meu antigo conhecido, poeta das pequenas coisas, paródias, sonetos satíricos. Era companheiro do T., que foi meu colega de colégio, e agora se fez esquecer; mas foi um grande estroina. D. L. montou um colégio num arrabalde modesto e segundo notícias ele prosperou. Deixou de andar em rodas dos literatos, parece que estudou, pois eu o conheci com pouca instrução, e os seus discípulos gabavam-lhe o saber e o método. Veio, porém, a equiparação ao ginásio, ele não tinha dinheiro para equiparar o seu colégio ao oficial, foi perdendo alunos, endividou-se e enlouqueceu.

Foi o primeiro a me falar e, pelo jeito com que o fez, parecia que me esperava ali desde muito tempo...

Fui de novo à presença de um médico; era também moço, mas não tão cético como o primeiro que me viu no pavilhão, nem tão crente como o chefe deste. Interrogou-me pacientemente sobre o meu delírio, sobre os meus hábitos e antecedentes. Disse-lhe toda a verdade. Não me desgostou este médico, senão quando ele me perguntou assim, com um pouco de menosprezo:

— O senhor colabora nos jornais?

— Sim, senhor; e já até publiquei um livro.

O doutor, por aí, sorriu desdenhosamente, mas foi um instante. Saí do exame e fiquei pelos corredores. Eu tinha passado bem a noite passada; mas tudo aquilo me parecia mais extravagante. Como é que eu, em vinte e quatro horas, deixava de ser um funcionário do Estado, com ficha na sociedade e lugar no orçamento, para ser um mendigo sem eira nem beira, atirado para ali que nem um desclassificado?

Por que o Estado queria-me gratuito, comendo à sua custa, quando era mais simples tomar-me o ordenado e dar-me pelo menos um paletó?...

Recordei-me um pouco da casa do meu sobrinho, da sua infantil mania de supor que o Hospício me curava e de supor que era o álcool e as companhias que me punham a delirar. O meu sofrimento era mais profundo, mais íntimo, mais meu. O que havia no fundo dele, eu não podia dizer, a sua essência era meu segredo; tudo mais: álcool, dificuldades materiais, a loucura de minha sogra, a incapacidade de meu filho, eram consequências dele e do desnorteamento em que eu estava na minha vida. Depois de quase dez, ou antes, logo nos primeiros anos da morte de minha mulher, é que eu senti bem a falta dela e que me convenci que ela viera ao meu encontro, para realizar o meu destino e o meu sonho. Perdida ela, perdida nas condições em que foi, parecia-me que eu tinha praticado um crime, uma falta grave, sem remédio e sem resgate. Embora não a tivesse nunca maltratado de nenhuma sorte, eu me sentia culpado por não a ter compreendido em tempo, por não a ter adivinhado.

Vinha-me um desespero íntimo, um aborrecimento de mim mesmo, um sinal da evidência da minha incapacidade para qualquer obra maior, pois — raciocinava — quem teve um ente humano a seu lado, com ele viveu na mais total intimidade em que dois entes humanos podem viver, não o compreendeu, não pode absolutamente compreender mais coisa alguma. E eu atirava meus livros para o lado, e eu me punha a beber, e eu não tratava do meu, e eu me queria anular, ficar um desclassificado, uma bola de lama aos pontapés dos polícias...

Não tinha lido o trecho de Plutarco a que aludi, pois o li no próprio Hospício; mas, agora, relembrando as minhas impressões, sinto bem que ele tem bastante razão. Eu estava ajuizado e tinha muito que aprender com loucos.

Da primeira vez, não me demorei observando loucos. Revoltei-me, censurei meu sobrinho; mas desta vez, voltava mais capaz de fazê-lo. Eu me tinha esquecido de mim mesmo, tinha adquirido um grande desprezo pela opinião pública, que vê de soslaio, que vê como criminoso um sujeito que passa pelo Hospício, eu não tinha mais ambições, nem esperanças de riqueza ou posição: o meu pensamento era para a humanidade toda, para a miséria, para o sofrimento, para os que sofrem, para os que todos amaldiçoam. Eu sofria honestamente por um sofrimento que ninguém podia adivinhar; eu tinha sido humilhado, e estava, a bem dizer, ainda sendo, eu andei sujo e imundo, mas eu sentia que interiormente eu resplandecia de bondade, de sonhos de atingir a verdade, do amor pelos outros, de arrependimento dos meus erros e um desejo imenso de contribuir para que os outros fossem mais felizes do que eu, e procurava e sondava os mistérios da nossa natureza moral, uma vontade de descobrir nos nossos defeitos o seu núcleo primitivo de amor e de bondade.

O Hospício me retemperava. Lembrava-me do plano de minha obra, dos grandes trabalhos que ela demandava, dos estudos que pedia; e, de mim para mim, eu me prometia levá-la a cabo, empregando todos os argumentos, tirando-os de toda a parte, não só os lógicos, como os sentimentais; havia de escrevê-la, empregando todos os recursos da dialética e da arte de escrever.

Voltava-me para trás da minha vida e lá via minha sogra louca, às vezes, delirando; às vezes, calada, a olhar tudo com um olhar intraduzível e sobretudo meu filho, seu neto, que passava dos dez anos e não sabia absolutamente nada. Não havia ameaça, não havia afago, não havia promessa que o fizesse dar um pouco de atenção à cartilha. Eu não sabia o que fazer. Deixava o tempo correr;

e, quando me vinha a ideia que havia de ter um filho completamente analfabeto, eu amaldiçoava tudo e me arrependia de tê-lo gerado. No Hospício, porém, estas duas lembranças dolorosas não me abatiam tanto quanto em casa ou solto em qualquer parte. A conclusão a que chegava era ser preciso transmontá-las, para executar o meu propósito de moço e o meu sonho de menino...

— "Seu" Vicente,[19] venha ver sua cama.

Era o inspetor. Era bom homem, conhecera meu pai e se lembrava dele com amizade. Eu não me recordava dele; havia-o visto menino. Ele, entretanto, fez tudo para suavizar a minha sorte, sem pedido nem rogo meu. Era um mulato escuro, forte, mesmo muito forte, rosto redondo grande, olhos negros brilhantes, com uma pequena jaça de desconfiança.

Deu-me uma cama num dormitório mais razoável, com melhor companhia; e, por sua iniciativa, fez que eu tomasse as minhas refeições com os doentes mais escolhidos.

Entre estes fui encontrar um rapaz português da minha idade, a quem conhecera quando estudante. Travamos relações na pensão da senhora que veio a ser minha sogra. Parece que ele fora daqueles que tinham de voltar pobres. Era um tanto instruído e me foi de um préstimo inesquecível. Não tinha cigarros, ele mos deu; não sabia ir ao refeitório, ele me ensinou; enfim, amaciou as dificuldades do primeiro estabelecimento.

Apesar de não demonstrar vestígio algum de loucura, nem mesmo a alcoólica ou tóxica, Misael era veterano no Hospício e me informou muito sobre os loucos, suas manias, seus antecedentes. O meu mergulho naquele mundo estranho foi logo profundo, naqueles quatro dias que nele passei.

Vista assim de longe, a noção do horror que se tem da loucura não parte da verdadeira causa. O que todos julgam é que a coisa pior de um manicômio é o ruído, são os desatinos dos loucos, o seu delirar em voz alta. É um engano. Perto do louco, quem os observa bem, cuidadosamente, e une cada observação a outra, as associa num quadro geral, o horror misterioso da loucura é o silêncio, são as atitudes, as manias mudas dos doidos.

Há indivíduos que se condenam a um mutismo absoluto, que não conversam com ninguém, não dizem palavra anos e anos. Destes, uns vivem de um lado para outro, outros deitados; ainda outros fazem gestos, e certos outros prorrompem em berreiros.

19. No manuscrito: "Flamínio".

Alguns, a sua doença atacou-os no aparelho de emissão da palavra. Havia um, mas na outra seção, velho e dizem que de família importante, que falava de onde em onde, mas logo perdia o jeito e emudecia. Tinha delírios terríveis. Corria que em estado de loucura matara uma irmã, na fazenda paterna, com mão de pilão.

Alguns não suportam roupa no corpo, às vezes totalmente, outras vezes em parte. Na Seção Pinel, num pátio que ficavam os mais insuportáveis, dez por cento deles andavam nus ou seminus. Esse pátio é a coisa mais horrível que se pode imaginar. Devido à pigmentação negra de uma grande parte dos doentes aí recolhidos, a imagem que se fica dele, é que tudo é negro. O negro é a cor mais cortante, mais impressionante; e contemplando uma porção de corpos negros nus, faz ela que as outras se ofusquem no nosso pensamento. É uma luz negra sobre as coisas, na suposição de que, sob essa luz, o nosso olhar pudesse ver alguma coisa. Aí é que há os berradores; mas, como em toda a parte, são só os seus gritos que enchem o ambiente. Eles são relativamente poucos.

Há outros que se degradam no sexo, com uma indiferença de amaldiçoados a isso... É um horror silencioso, que nos apavora e faz-nos cobrir a humanidade de piedade, e nos amedronta sobre a nossa vida a vir.

Olham-se os quartos e todos aqueles homens, muitas vezes moços, sem moléstia comum, que não falam, que não se erguem da cama nem para exercer as mais tirânicas e baixas exigências da nossa natureza, que se urinam, que se rebolcariam no próprio excremento, se não fossem os cuidados dos guardas e enfermeiros, pensa-se profundamente, dolorosamente, angustiosamente sobre nós, sobre o que somos; pergunta-se a si mesmo se cada um de nós está reservado àquele destino de sermos nós mesmos, o nosso próprio pensamento, a nossa própria inteligência, que, por um desarranjo funcional qualquer, se há de encarregar de levar-nos àquela depressão de nossa própria pessoa, àquela depreciação da nossa natureza, que as religiões querem semelhante a Deus, àquela quase morte em vida.

Parece tal espetáculo com os célebres cemitérios de vivos que um diplomata brasileiro, numa narração de viagem, diz ter havido em Cantão, na China.[20]

20. *A China e os chins: Recordações de viagem*, de Henrique C. R. Lisboa (Montevidéu: A. Godel, 1888).

Nas imediações dessa cidade, um lugar apropriado de domínio público era reservado aos indigentes que se sentiam morrer. Dava-se-lhes comida, roupa e o caixão fúnebre em que se deviam enterrar. Esperavam tranquilamente a Morte.

Assim me pareceu pela primeira vez que deparei com tal quadro, com repugnância, que provoca a pensar mais profundamente sobre ele, e aquelas sombrias vidas sugerem a noção em torno de nós, de nossa existência e a nossa vida, só vemos uma grande abóbada de trevas, de negro absoluto. Não é mais o dia azul-cobalto e o céu ofuscante, não é mais o negror da noite picado de estrelas palpitantes; é a treva absoluta, é toda ausência de luz, é o mistério impenetrável e um *não poderás ir além* que confessam a nossa própria inteligência e o próprio pensamento.

A loucura se reveste de várias e infinitas formas; é possível que os estudiosos tenham podido reduzi-las em uma classificação, mas ao leigo ela se apresenta como as árvores, arbustos e lianas de uma floresta: é uma porção de coisas diferentes.

Uma generalização sobre o seu fundo pecaria pela base. Choques morais, deficiência de inteligência, educação, instrução, vícios, todas essas causas determinam formas variadas e desencontradas de loucura; e, às vezes, nenhuma delas o é.

Apela-se para a hereditariedade que tanto pode ser causa nestes como naqueles; e que, se ela fosse exercer tão despoticamente o seu poder, não haveria um só homem de juízo, na terra. É bastante pensar que nós somos como herdeiros de milhares de avós, em cada um de nós se vem encontrar o sangue, as taras deles; por força que, em tal multidão, há de haver *detraqués*, viciosos etc., portanto a hereditariedade não há de pesar só sobre este e sobre aquele, cujos antecedentes são conhecidos, mas sobre todos nós homens. Por ser remota? Mas as forças da natureza não contam o tempo; e, às vezes mesmo, as mais poderosas só se fazem notar quando se exercem lentamente, durante séculos e séculos.

A explicação por hereditariedade é cômoda, mas talvez seja pouco lógica.

Sem capacidade nem competência para tratar de semelhante assunto, eu me lembrei de fazer estas considerações por ter observado entre os meus colegas da Pinel um caso singular de mania.

Eu via um português velho, sempre com um gorro e borla, de barba cerrada, enroupado num grande sobretudo marrom, passear de um lado para o outro nos corredores. A sua fisionomia tinha um ar de estampa, sorridente, mas orgulhosa. Perguntei certo dia:

— Misael,[21] quem é aquele doente?

— É um português que foi barbeiro. Os fregueses chamavam-no de Francisco I, imperador da Áustria. Ele se parece, convenceu-se e acabou aqui. Há dias, quando embarcaram uma turma para a colônia, ele foi até o grupo e recomendou: "Olhem, vocês vão para lá. Se forem maltratados, queixem-se a mim, que sou seu imperador".

Que relação teria a sua loucura com a sua fortuita semelhança com o imperador da Áustria? É possível que ela tivesse alguma intervenção?

Parecia pueril uma tal questão, mas eu a pus sempre, de mim para mim, essa pergunta do poder de autossugestão na loucura e também da imitação.

Tomei posse do meu dormitório e despertei maravilhosamente. O meu dormitório era no canto da ala direita do pavimento térreo.

O Hospício é bem construído e seria adequado, se não tivesse quatro vezes o número de doentes para que foi planejado. É obra de iniciativa individual, e a sua construção, pode-se dizer, foi custeada pela caridade pública. Nas dádivas e doações, como sempre, nas obras, muito concorreram os portugueses que enriqueceram no comércio. Os chãos parece que já eram da Santa Casa, mas o edifício propriamente é resultado de dádivas e doações. É grande de fachada, com fundo proporcional, acabamento e remates cuidadosos, um pouco sombrio no andar térreo, mais devido aos acréscimos do que ao plano primitivo, que se adivinha. Acabado de construir em 1852, todo ele trai, no aspecto exterior, ao gosto do pseudoclássico da Revolução e do Império Napoleônico. O seu arquiteto, Domingos Monteiro, foi certamente discípulo da antiga Academia de Belas-Artes e certamente do arquiteto Grandjean de Montigny.[22] É de aspecto frio, severo, solene, com pouco movimento nas massas

---

21. No manuscrito: "Messias".
22. A planta básica, projetada pelo tenente-coronel português Domingos Monteiro, foi inspirada na Maison Nationale de Charenton, casa-mãe da psiquiatria francesa. O engenheiro militar Joaquim Cândido Guillobel (1787-1859) e José Maria Jacinto Rebelo (1821-71), ambos discípulos do principal arquiteto da Missão Francesa, Grandjean de Montigny (1776-1850), foram chamados para introduzir algumas moficações. Entre elas, o pórtico neoclássico desenhado por Guillobel.

arquiteturais. Custou naquela época cerca de mil e quinhentos contos, e por aí se pode avaliar a tenacidade de José Clemente,[23] que o ideou e o ergueu, no espaço curto de dez anos. Dizem que há, no salão nobre, uma estátua dele, mandada fazer pelo segundo imperador, que também tem a sua, diante da daquele. Este José Clemente parece não ter sido estadista de grandes vistas políticas, mas pelas posições em que passou deixou traços do seu amor a obras de utilidade pública, sobretudo de assistência.

Interiormente é dividido em salões e quartos, maiores e menores, com janelas todas para o exterior, e portas para os corredores, que olham para os pátios internos.

O meu dormitório ficava no extremo da ala esquerda do edifício, como já disse, e as camas ficavam encostadas ao longo das quatro paredes. Tinha três janelas de sacada para a rua, mas eram inteiramente gradeadas. Via-se o jardim, a rua, os bondes, o mar e as montanhas de Niterói e Teresópolis.

Com o ar azul da enseada de Botafogo, para quem olha, devia ser um alegre retiro, tivesse ele outro destino; mas a beleza do local pouco deve consolar, apreciada através das grades, da triste condição em que se está, torvo o ambiente moral em que ali se respira. A beleza da natureza faz mais triste a quem tem consciência do lugar em que está e, olhando-a com os olhos tristes, ao amanhecer, a impressão que se tem é que não se pode mais sonhar felicidade diante das belas paisagens e das belas coisas...

Assim amanheci. Olhei o mar através das grades, com esses sombrios pensamentos, e recebi essa emoção. Demorei-me pouco vendo-o... Pela enseada adentro, entrava uma falua, com velas enfunadas e muito suavemente deslizava sobre o mar levemente encrespado pelo terral fresco... Passavam banhistas de ambos os sexos. As mulheres, envolvidas em roupões ou lençóis, escondiam as pernas e os braços, mais ainda que os calções e as blusas; os homens, porém, ostentavam-nos com garbo. As pernas, embora musculosas, às vezes, eram hediondas.

Todos olhavam para a grade, e logo saí dela vexado com aquela curiosi-

---

23. José Pereira Clemente (1787-1854) foi um dos políticos mais importantes do Império: deputado, presidente do Senado, ministro de quase todas as pastas. Provedor da Santa Casa de Misericórdia, elegeu como prioridade a construção do Hospício, feita por subscrição pública, com forte campanha para arrecadação de recursos.

dade malsã... Domingo, eu não amanheci mais nesse dormitório. O inspetor tinha resolvido que me transferia para um quarto em que havia um outro doente de consideração. Não me agradou, porque se tratava de um estudante e porque, à sua enfatuação (eu a tive também) de estudante, não devia agradar um companheiro que lhe surgia no estado de mendigo. Tratou-me bem e eu não tive queixa dele durante as duas noites que fui seu companheiro de aposento.

Estava há quatro dias no hospital e não havia recebido visita alguma. Misael salvou-me no que toca a cigarros, o inspetor emprestava-me os jornais; mas não me contentava com isso.

Chamaram-me à noite e, de pé, no corredor para onde se abria a porta da seção, falei com meu sobrinho. Não tive aborrecimento algum, eu tinha convicção da minha manifestação de loucura. "O" que me amedrontava era a seção. Não os loucos propriamente, mas do que o seu aspecto geral me trazia ao pensamento. Trouxe-me cigarros e eu só lhe reclamei a saída da seção, fosse como fosse. De tanto pensar no meu destino, entrelaçado com o daqueles que me eram companheiros, eu me apavorava mais do que se estivesse no Inferno, perseguido por mil diabos.

Perguntei por todos de casa e despedi-me. Voltei ao interior da seção e fizeram-me mudar a roupa. Foi a primeira satisfação que me oferecia o manicômio. Senti-me mais integrado na minha dignidade, na minha educação, com aquele pijama que me cobria os tornozelos e os braços.

Não pude fumar um cigarro até o fim. Vieram-me chamar. Era um bom vizinho, negociante dos subúrbios, humano e compassivo. Minha família comprava na sua venda e, a bem dizer, foi dela que saí da segunda vez para o Hospício. Deu-me cigarros e jornais. Conversamos dez minutos, e senti bem, naquele homem simples, de pouca cultura, a piedade profunda que lhe inspirava. Foi a segunda satisfação que o Hospício me dava. Havia bondade, simpatia de homem para homem, independente de interesse e parentesco.

Pus-me a ler os jornais. A minha sensação já não era de mágoa e de dor de estar ali; era de esperança da minha correção e da melhoria de todos os homens. A afeição, o amor, a simpatia e a piedade haviam de inspirar um dia alguém que curasse aqueles pobres homens...

Naquele instante, conversando com um companheiro, um outro doente delirava de fazer rir. Não me ri, mas prestei-lhe atenção, simulando ler.

Dizia o doente a outro que, no banco em que era empregado, certas vezes dava a fazer a cobrança de que estava encarregado a outro colega. Este lhe pedia a roupa, os sapatos, o chapéu, o relógio etc. Um dia, porém, pediu-lhe por empréstimo o nariz, os olhos, os bigodes etc.

— Neguei-lhe — afirmava com energia —, como havia eu de viver sem nariz, sem olhos, sem bigodes, enfim, sem a minha cabeça?

O outro, que era também delirante, não vi a que propósito, veio a falar em livros, poetas etc., porque é próprio do delírio, como toda gente sabe, não ligar nunca as ideias, às vezes só às palavras, outras vezes nem a uma nem a outra coisa, para continuar a sua manifestação, em estilhaços de pensamentos, de uma que arrebentou sob a pressão da loucura:

— Livros! Tive-os muito bons! — fez o homem que não queria emprestar os bigodes. — Você já ouviu falar em Luís de Camões?

— É o autor dos *Lusíadas*, português.

— Qual o quê! Sou eu! Era uma obra em que eu há muito tempo trabalhava. Escrevia-o em papel muito bom, com uma excelente caligrafia, quando saía, guardava-o numa escrivaninha à chave. Eu tinha uma criada, uma negra que era amigada com um português. Certo dia, esqueci-me da chave e, ao voltar para a casa, não encontrei a negra, nem o livro. Ela tinha fugido com o meu trabalho... Passam-se anos e um dia li que, em Lisboa, morrera na miséria um poeta que vivia com uma negra, deixando um poema, intitulado *Lusíadas*, primoroso... Adivinhei logo a coisa: era o meu trabalho, que a negra tinha roubado e dado ao galego...

— Não reclamou?

— Qual! Não arranjei nada!

O parentesco do delírio do meu companheiro de dormitório com o episódio do Jau, da vida de Camões, toda gente percebe; eu, porém, não intervim na conversa e, até, forcei a atenção para os jornais, a fim de que ela não me arrastasse de novo a pensamentos agoureiros.

Li-os com cuidado, li seções que, normalmente, desprezava, mas não findei a leitura. Misael chamou-me para o jantar.

Nos domingos, era mais cedo, e, como das outras vezes, atravessamos o pátio cheio dos doentes mais incorrigíveis, uns em pé, do lado para outro, outros deitados debaixo daquele sol de dezembro, outros nus e sobre uma esteira, um inteiramente nu, de bruço, com um curativo negro de um cáustico qualquer, que denunciava uma das mais nojentas formas de sodomia. Misael perguntou-me:

— Sabe o que é isso?

— Sei... Há muitos?

— Muitos.

Não quis mais continuar o diálogo, mesmo porque chegávamos ao refeitório.

O domingo, que tinha amanhecido toldado, nevoento, com o correr do dia se tornou claro e luminoso. O calor bastante sensível não era de sufocar, a viração soprou bem cedo, e a tarde se fez uma esplêndida tarde tropical, tépida, embalsamada de azul e de silêncio imaterial das coisas. Do refeitório, nós víamos as montanhas, e até o Corcovado inclinava-se para o Hospício. Acabado o jantar, eu e Misael fomos dar um passeio pela chácara. É vasta e, apesar das modificações, mutilações, que tem sofrido, ainda guarda exemplares das grandes fruteiras que deviam povoá-la há quarenta anos passados. Vi nela uma grande horta, sem viço, sem verdura tenra das couves e repolhos, por ser verão; mas, assim mesmo, ela me interessava todo, me recordava sonhos e projetos.

Gostei sempre muito da casa, do lar; e o meu sonho seria nascer, viver e morrer, na mesma casa. A nossa vida é breve, a experiência só vem depois de um certo número de anos vividos, só os depósitos de reminiscências, de relíquias, as narrações caseiras dos pais, dos velhos parentes, dos antigos criados e agregados é que têm o poder de nos encher a alma do passado, de ligar-nos aos que foram e de nos fazer compreender certas peculiaridades do lugar do nosso nascimento. Todos os desastres da minha vida fizeram com que nunca eu pudesse manter uma inabalável, minha, a única propriedade que eu admitia, com as lembranças dos meus antecedentes, com relíquias dos meus amigos, para que tudo isso passasse por sua vez aos meus descendentes, papéis, livros, louças, retratos, quadros, a fim de que eles sentissem bem que tinham raízes fortes no tempo e no espaço e não eram só eles a viver um instante, mas o elo de uma cadeia infinita, precedida de outras cadeias de números infinitos de elos.

Uma horta, um pomar com grandes jaqueiras, mangueiras, laranjeiras, abacateiros, sempre foi o meu sonho; e estavam ali aqueles restos de uma grande chácara, com árvores de mais de meio século de existência, maltratadas, abandonadas, talvez, de toda a contemplação sonhadora de olhos humanos, mas que ainda assim davam prazer, consolavam aquele sombrio lugar de dor e de angústia.

Misael tinha não sei que moléstia nos músculos de uma das pernas que o faziam capengar, e nós, sob a luz coada maternalmente pelas árvores, andamos devagar pela chácara afora.

Havia por ela outros pavilhões, além do de observação. Havia o de epiléticos, o de tuberculosos, e neste eu vi um chim, no último grau, deitado numa cama, debaixo de uma árvore frondosa, que me lembrou de novo o cemitério dos vivos de Cantão. Ele tinha todas as duas magrezas: a de tuberculoso e a de chim; e, falando a Misael, eu me admirei que não tivesse tido piedade dele. Quis afastar-me logo; e o china nos ofereceu cigarros. Recusei, por temer o contágio. Surpreendi-me com esse motivo que calara, porque nunca temo pegar moléstia alguma. É espontâneo em mim esse destemor, mesmo nas maiores epidemias que tenho atravessado.

Continuamos a nossa peregrinação. A tarde ainda estava alta e clara; a noite ainda se demoraria a vir.

Por baixo das árvores, havia doentes; e deparei ao lado cerradas touceiras de bambus, cujos colmos se entrelaçavam no alto. Não eram as do Jardim Botânico; mas, no momento, tinham a beleza de me lembrar as ogivais dele. Quem as teria plantado? De quem teria sido aquela chácara? Como as coisas têm às vezes o destino ilógico!

Aquelas árvores, aqueles bambus, destinavam-se a uma remansosa estação de recreio, teriam assistido às festas de junho, bulhentas de foguetes e outros fogos, e iluminadas por fogueiras de cultos esquecidos. Os anos as fizeram ver a mais triste moléstia da humanidade, aquela que nos faz outro, aquela que parece querer mostrar que não somos verdadeiramente nada, nos aniquilando na nossa força fundamental.

Parecia que bastava esta ali; mas não era assim.

Fomos ver outra pior, a horrorosa morfeia, que, junta com a loucura, é para juntar o horror até o mais alto grau. Uma deforma, degrada o pensamento; a outra, o corpo, o rosto sobretudo.

Não quis olhar onde estavam alojados os lázaros dementes. Era numa barraca de campanha, erguida sobre espeques, e cujas bordas eram presas por pedregulhos respeitáveis.

A sua moradia era provisória; a Morte não tardaria em levá-los...

Era no fundo da chácara. Os automóveis passavam fonfonando. Adivinhava-os cheios de senhoras, moças, rapazes, homens, cheios de satisfação por ir gozar aquele domingo em Copacabana; na frente, era o mesmo movimento dos que se dirigiam a contemplar a baía, a cidade, o mar e as árvores das montanhas, por cima do Pão de Açúcar.

O Hospício estava naquele dia de passeio quase cercado de alegria e movimento. Ele, porém, continuava tranquilo, silencioso, só às vezes o silêncio se quebrava, com um grito isolado de alienado lá nos pavilhões da frente; e nós estávamos diante da mais terrível associação de males que uma pessoa humana pode reunir.

Voltamos pelo mesmo caminho. Olhei o céu tranquilo, doce, de um azul muito fino. Não se via o sol, que descambava pelas nossas costas.

A tarde continuava bela e agradável. Em meio do caminho, encontramos bandos de crianças loucas, de menos de dez anos, que iam brincar, sob a vigilância de uma enfermeira estrangeira, alemã, parecia.

Havia de todas as cores, e todas eram feias, algumas mesmo aleijadas. Continuamos a volta. Eu olhei o muro que dava para uma das ruas, onde corriam os automóveis, e calculei sua altura pela minha, que eu sabia de cor...

IV

Na segunda-feira, logo após o almoço, o superintendente da seção chamou-me e disse-me:

— Senhor Mascarenhas, vamos à presença do diretor.

Pus o cigarro fora, ele mesmo ajudou-me a compor o meu vestuário, e lá fui eu. Em caminho, perguntou-me o chefe da enfermaria:

— O senhor conhece o diretor?

— Conheço — respondi.

A segurança da minha resposta pareceu intrigar o meu caridoso pastor. Adivinhei, de mim para mim, que ele se fazia a seguinte pergunta: como é que este rapaz conhece assim o diretor, e logo não reclamou uma melhoria de situação, e deixou que eu espontaneamente o fizesse?

Seria simples a explicação, se ele me conhecesse melhor. A minha consciência, a certeza em que eu estava de que o culpado de estar ali era eu, era a minha fraca vontade, que, entretanto, era forte em outros sentidos, obrigavam-me, para meu decoro moral, a nada pedir aos camaradas que me suavizassem a minha situação. De resto, eu já tinha obtido o razoável para um sujeito que foi recolhido a um hospital público como um *va-nu-pieds*. Longe de acusar os outros, longe de censurar aqueles desconhecidos e semiconhecidos com os quais lidei com essa classificação social, eu só tinha que dizer bem deles, pois me julgando assim, em nada me ofenderam ou maltrataram. As pequenas coisas que feriam o meu amor-próprio e que me desgostavam intimamente eram decorrentes do modo por que eu ia me conduzindo na vida, deixando cair, aniquilando-me. É curioso agora notar que o que mais me impressionava nos loucos era a mania depressiva, eram os efeitos da moléstia, a conduzir o indivíduo para o esquecimento do seu corpo, da sua dignidade de homem, da obliteração, senão apagamento, de todas as manifestações externas de sua alma, de sua vida...

Conhecia perfeitamente o diretor e travei conhecimento com ele espontaneamente. Havia em mim uma atração por ele, e eu me espantava que ele pudesse, sem barulho, mansamente, se fazer até onde estava. Pouco conhecia de sua vida, mas conhecia bem a geral e de outros no seu caso, para achar a dele surpreendente. Ele tinha mesmo qualidades nativas de sedução e despertar simpatias; mas, se isso se dava nele, e se dá em muitos outros, entretanto, não despertava, não provocava antipatias, o que é inevitável, desde que a nossa força na vida venha da capacidade oposta, como acontecia com ele.

Todos gabavam muito o seu talento, a sua ilustração; mas — não era bem por isso que eu o amava. Nunca lhe tinha lido um trabalho, só mais tarde me foi dado fazer isso, não tinha nenhuma ilustração no assunto do seu saber para julgar; mas, conquanto sentisse logo um homem superior, eu o amava pela sua exalação de doçura.

Logo que fui à sua presença, estava ele sentado a uma pequena mesa, modesta e sem traduzir nenhuma imponência burocrática, muito semelhante àquela em que escrevo em casa. Deu comigo, fez-me sentar a seu lado e perguntou-me, sem nenhuma censura nas palavras e nem no acento da fala ou no olhar:

— Você, Mascarenhas,[24] quer ficar embaixo ou em cima?
— Em cima, doutor; lá há uma biblioteca...
— Pois bem; vá lá pra cima.

E foi assim que, antes de ter meu sobrinho[25] dado o menor passo para a minha transferência, ela me foi dada, e tive um pequeno alívio na minha sorte de maluco periódico.

---

24. No manuscrito: "Azevedo".
25. No manuscrito: "meu irmão". Lima Barreto desloca o fato real — foi seu irmão Carlindo quem o levou ao hospício —; na ficção, esse papel coube ao sobrinho.

A biblioteca era a dependência da seção de que mais me recordava. Quando estive lá pela primeira vez, enchia o tempo lá, lendo. Havia um razoável número de livros, mas, além dos muitos dilacerados, havia obras desfalcadas nos seus volumes. Logo ao entrar, depois de mudar a roupa, tratei de me instalar nela. Tinha mudado de local; era agora logo na entrada, quando antigamente era no fundo. Fui vê-la. Estava pobríssima, não havia mais o Vapereau, dicionário de literatura, tão interessante; não havia mais uns volumes de Dostoiévski, nenhum deles escapara; os segundos românticos nacionais tinham desaparecido; e, dos primeiros, só restava um volume de Gonçalves Dias.

Mesmo da vez passada, a biblioteca do Hospício não era um modelo de lógica, não a tinha presidido nenhum espírito; tinha de tudo, mas como a massa dos volumes era de literatura de ficção, não se observava bem o absurdo de certas associações de obras. Agora, não; ele ressaltava francamente. Os livros de ficção eram poucos; entretanto de Bourget, de quem não havia só romance, se encontravam os dois volumes de *Essais de psychologie contemporaine*,[26] em magnífico estado; a *Bohème Galante*, de Gérard de Nerval, estava conservada, assim como o *Romance de Pedro, o Grande* tinha os dois volumes em magnífico estado.

Encontravam-se, porém, outros livros, que não se sabia bem como foram ali parar. Por exemplo, eu achei nela livros estreitamente especiais, como estes: *L'État civil des nouveaux-nés*,[27] cujo autor não me recordo; safados relatórios oficiais de vários ministérios, que, entretanto, apesar da sua aridez, eram muito procurados; *Études sur Colbert*, por Joubleau, que me pareceu uma bela obra, embora a não pudesse ler; *Histoire des classes rurales en France*; E. Poirier — *Le Chili en 1908*;[28] e um *La Mer rouge, le darwinisme*, em que o doutor F. Jousseaume combatia as opiniões de Darwin sobre a formação dos bancos e

---

26. Não é de estranhar que uma obra como *Essais de psychologie contemporaine: Baudelaire, M. Renan, Flaubert, M. Taine, Stendhal* (Paris: Alphonse Lemerre, 1883), do escritor e crítico francês Paul Bourget (1852-1935), figurasse na biblioteca do Hospital Nacional de Alienados. Bourget sempre demonstrou grande interesse pela psiquiatria e pela criminologia. Por exemplo, em *L'Irréparable* (1881) recorreu a noções desenvolvidas por T. Ribot em *Les Maladies de la mémoire* (1881). Ao lado de André Gide, foi um dos primeiros a incorporar a discussão em torno da psicanálise, caso do seu romance *Némésis* (1918). Na Limiana figuram três romances do autor: *André Cornélis* (1887), *Mensonges* (1887) e *Un Divorce* (1904).
27. *De l'État-civil des nouveau-nés au point de vue de l'histoire, de l'hygiène et de la loi: Nécessité de constater les naissances a domicilie*, de Joseph-Napoléon Loir (Paris: Cotillion, 1854).
28. *Chile em 1908*, de Eduardo Poirier (Santiago: Imprenta Barcelona, 1909).

recifes calcários, com muito luxo de palavras de má literatura, assim como a teoria do calor central, ou por outra, de um núcleo ígneo no centro da Terra, com bastante razão. Pode parecer fatigante, mas não me é possível deixar de citar mais estas três obras exóticas por demais ali: *Le Chien*, Gayot; um tratado de xadrez; *Annuaire du crédit public*, de 60 a 61. Dois romances dessa curiosa literatura de colégio de irmãs de caridade encontrei também. Eram de uma virtuosa, certamente, dama — dona Gabrielle Coni e se intitulavam: *Vers l'Oeuvre douce* e *Fleur* não sei de quê. Um estava dilacerado, mas no outro procurei descobrir indícios de quem fosse, não encontrei. Em alguns, havia. O forte, porém, da biblioteca eram duas coleções, com vinte e tantos volumes, da *Biblioteca das obras célebres*.

O salão da biblioteca era mobiliado com pequenas mesas de peroba, em três filas com quatro delas, cadeiras comuns, duas em cada mesa, cadeiras de balanço e duas espécies de divãs com enxergão de arame, próprios à leitura, mas no qual dormiam aqueles que precisavam companheiros, senão bulha, para conciliar o sono.

Tinha três janelas de sacada, mas gradeadas, e via-se bem próximo o Pão de Açúcar, a Urca, surgindo das ondas suavemente, sem luta, nem a interrupção que a denunciasse na transição de uma praia.

Entrando na biblioteca, muito naturalmente, pois já estava acostumado aos costumes da casa, tirei a esmo um volume dos vinte e dois ou quatro das *Obras célebres*. Não conhecia essa obra, implicava mesmo com ela; mas, como vão ver, ela tem o dom de sugerir, de encaminhar, pelos excertos que traz, em geral bem escolhidos, à leitura dos autores que recorta.

Deixei mesmo Renan: *Dialogues philosophiques* e *Feuilles détachées*,[29] que não me causaram surpresa achá-los ali, embora não me lembrasse de tê-los visto da outra vez em que estive.

Os doentes continuavam a passar ao corredor, a entrar e a sair no salão, a tirar livros e consultá-los durante minutos, e, depois, desandavam a delirar. Um ou outro de fato lia, mas as obras mais vulgares que lá existiam.

---

29. *Dialogues et fragments philosophiques* (1876) e *Feuilles détachées* (1891), de Joseph Ernest Renan (1823-1892), escritor, historiador e filósofo francês. Ver a crônica de Lima Barreto "Meia página de Renan" (*Revista Contemporânea*, Rio de Janeiro, 3 jul. 1919). Na biblioteca do escritor constavam duas obras do filósofo: *Marc Aurèle et La Fin du monde antique* (1882) e *Souvenirs d'enfance et jeunesse* (1883).

Não tinha até então falado com nenhum. Tanto nesta como na outra seção, eu me surpreendi de topar com tanta fisionomia conhecida vagamente. Umas me pareciam de antigos colegas do colégio ou de escola superior; outras, de cafés, de festas, de vizinhança, de conduções públicas. Conquanto isso, não me atrevia a dirigir-lhes a palavra e perguntar-lhes:

— O senhor não me conhece? Eu me lembro do senhor.

Era preciso travar conhecimento com os meus tristes companheiros de isolamento e de segregação social. Deixei para depois e dispus-me a ler. Procurei no índice e encontrei este artigo: Lewes — "Abelardo e Heloísa".

O autor do artigo que precedia uma ou duas cartas de Heloísa era o muito conhecido autor inglês, autor de uma famosa vida de Goethe, e cujas relações com George Eliot ficaram famosas. Trabalho muito curioso o seu artigo sobre o famoso filósofo do Medievo, mas que, em resumo, censura em Abelardo o que se pode censurar em todo grande homem: um amor muito maior à sua obra, ou talvez aos seus projetos, do que às pessoas que o amam. Ele vai a ponto de dizer que no forte amor que ele inspirou a Heloísa entrou cálculo de aproveitar as deficiências de sua instrução com as sobras da de sua amada, fugindo ao casamento público, para obter grandes posições na clericatura.

Não me sobra conhecimento para contrariar esse julgamento; mas, conquanto achasse justo na primeira leitura, hoje partilho a opinião de Heloísa, que mais o queria glorioso do que exemplar chefe de família, porquanto a sua glória, que unicamente ele a podia realizar, precisava da sua dedicação e do sacrifício de outros muitos, para ser útil a todos.

Quando pensei nisso, compreendi melhor minha mulher. O que me assoberbavam eram dificuldades de toda ordem, especialmente de dinheiro, coisas caseiras e triviais; e eu, que nunca lhe tinha confiado meus projetos e escrevera coisas vulgares e pouco acima do médio, merecia que Efigênia nunca me atormentasse com as coisas triviais da casa. O que me roía era o silêncio, era calar, esconder o que eu tinha de mais eu mesmo na minha vida. Nunca confiei e não sei como, talvez lendo uma nota ou outra, ela veio a compreender, como só muito mais tarde vim a inferir pelas suas frases isoladas, pelos seus conselhos, pelos seus olhares.

Essa descoberta não só me trouxe um grande desgosto e arrependimento, como uma convicção íntima da fraqueza da minha inteligência.

Vieram-me essas e outras considerações menores, à leitura daqueles extraordinários fragmentos, e eu chegava a este período de uma carta de Heloísa:

"Se é verdade que os pesares comunicados a quem deveras nos ama se dividem e partem ao meio, vós, meu caro Abelardo, vos vereis por este modo (escrevendo a ela) aliviado de metade do peso que vos oprime".

Mal tinha acabado a leitura, quando uma voz forte, jovial e atraente, falou a meu lado:

— O senhor não é o Vicente Mascarenhas?[30]

— Sou.

— Conheço-o de vista e de nome. Não escreveu na *Lux*, do Ribeiro Botelho?

De fato, eu havia escrito nessa pequena revista uma coisa sem valor algum; e aquele rapaz que me falava a tinha lido, por ser amigo do editor da publicação.

Deu-se a conhecer. Era irmão do Samuel Cavalcanti, jornalista, amigo do Tibério de Belém, também poeta e homem de jornal, e chamava-se Godofredo Cavalcanti. O todo do rapaz não era do maluco comum, ele falava com desembaraço e siso, e obedecia em tudo as regras da conveniência e polidez. Achei estranho que, ali, afinal dentro de casa, ele vivesse sobraçando um maço de jornais, assim como quem está fora e vai levá-los para a sua residência.

Godofredo apresentou-me logo a diversos doentes e eles me cercaram a mesa. A um ele me apresentou como o capitão do Exército Carvalho Nascimento, a outro como o doutor Rufino Bezerra, e assim por diante. Por fim, ficamos nós ambos sós, e Godofredo começava a contar-me uma história, quando se aproximou um rapaz de menos de trinta anos, magro, de uma boniteza feminina, pele fina, com a cabeça coberta com um lenço úmido. O meu introdutor interrompeu o que dizia e, de mau humor, exclamou:

— Já vem você, Ribeiro! Não se pode conversar uma coisa que você não venha se meter! Que falta de educação!

— Já sei — fez o outro — que você, Godofredo, é o homem mais polido do Hospício.

— Sou, sim. Meu pai, que não tinha título algum, que não era bacharel em Ciências Jurídicas e Sociais, como meu irmão Samuel, foi convidado pelo doutor João Barbalho Uchoa Cavalcanti para representar o Brasil nos Estados Unidos.

30. No manuscrito: "César Flamínio".

— Isto foi o pai de você — comentou o outro.

— E eu também, que já tenho três preparatórios e sou o ai-jesus! de meu pai.

Eu não tive tempo de acabar o meu pensamento, estranho o orgulho daquele trintão de ter quatro preparatórios, veio interrompê-lo uma forte pancada de uma cadeira contra o assoalho e uns berros incompreensíveis, que, acompanhando o gesto violento, soltava o capitão Carvalho Nascimento.

Pelo correr da minha estadia no estabelecimento, fui me habituando a essa manifestação da loucura desse oficial do Exército. Ele andava de um lado para o outro, gritava coisas desconexas, repentinamente soltava um forte berro, agarrava uma cadeira com toda a força contra o solo, batia com estrondo uma porta.

E que magníficas e fortes portas eram aquelas do Hospício! De canela com fechos e guarnições destes de cobre!

Cavalcanti, sem se despedir de mim, lá se foi, e eu fiquei sentado ali, sentindo bem que aquela biblioteca podia se destinar a tudo, menos à leitura.

O chefe da enfermaria tinha estado fora e voltava, quando deu comigo. Não houve espanto em encontrar-me segunda vez e, creio mesmo, ele já tinha notícias da minha segunda entrada.

— Oh! Vicente![31] Você aqui?

— É isto, seu Carneiro. Cá estou.

— Bem.

Olhou-me a roupa, o cabelo, a barba e perguntou-me:

— Já te deram cama?

— Ainda não, senhor.

— Vou tratar disso — disse-me ele.

Foi-se agitando os braços, com a cabeça inclinada para o chão. Este Carneiro, que devia orçar pelos sessenta ou sessenta e poucos anos, há quase quarenta lidava com doidos.

Ele era empregado do Hospício desde o tempo em que a superintendência da sua administração estava a cargo da Santa Casa de Misericórdia. Fora enfermeiro-mor das colônias da Ilha do Governador e voltara ao Hospício.

Aí as suas funções eram quase de supremo comando, pois a colônia de que ele era enfermeiro-mor ficava distante da outra que era sede da diretoria,

---

31. No manuscrito: "Flamínio".

cerca de três quilômetros, e ele por si tinha que decidir toda a matéria de urgência.

Eu conheço o local dessa colônia. Fica numa ponta de terra, que faz um canal de pequena largura com uma outra ilha, a do Fundão, que lhe fica fronteira. As suas terras são de um campo arenoso e extenso, que margina o braço de mar que separa a Ilha do Governador do litoral da Penha. O campo é em grande parte coberto de dois quadriláteros inscritos de mangueiras, anosas, solenes, e silenciosas. Dizem que a casa o foi de campo do rei dom João VI e as mangueiras ele já as conheceu taludas. O lugar é propício à melancolia e o pensar vagabundo dos que sonham despertos... É de imaginar como esse pobre Carneiro sonhava a sua terra de Portugal, a vida de sua aldeia minhota, como se recordaria do odor e do sabor do vinho de lá, naquela ponta de ilha, com aquela guarda negra de mangueiras centenárias, olhando as serras solenes e graves do Rio de Janeiro... Ele nunca me falou nisso e talvez mesmo não soubesse dizer o que aquela singular paisagem de grandeza e tristeza grave lhe sugeriu ao pensamento e retirou de dentro do fundo d'alma. Só ele sabia, e só dele para ele ela lhe podia falar. Muitas das grandiosas mangueiras tinham sido feridas pelo raio e muitas outras, feridas pela Morte, secavam em pé, como se vivas fossem...

Quarenta anos de pajear doidos deve ser uma das missões mais árduas e tristes ofícios desta vida; e, então, ele, que convivia com eles, com eles a modos que comia e dormia, pois poucas vezes saía dos manicômios em que foi empregado, devia ter desta nossa existência uma ideia bastante atroz e curiosa. Havia de ter-lhe sido preciso uma resignação de santo, para aturar-lhes os insultos e muitas vezes as agressões; e, além disto, uma abdicação de fruir e gozar daquilo tudo que faz o encanto e o motivo de nossa vida. Era quase uma vida de cenóbio, pois eram verdadeiramente rápidos os instantes em que passeava e via a mulher e os filhos, assim mesmo a longos intervalos. A insânia cria complicações, dores e sofrimentos que não ficam só naqueles que são atingidos, mas vão se refletir nos outros, talvez mais profundamente, deste ou daquele modo.

Ouvir durante o dia, senão à noite, disparates e tolices, receber as reclamações mais pueris e desarrazoadas, adivinhar manhas perigosas que a insânia engendra, todo esse ambiente moral e intelectual da loucura, tão complicado como a própria vida, mas sem um acordo qualquer entre as suas partes, deve ser, durante quarenta anos, uma razão para tristeza, para renunciamento de si, para sonhar com a ventura da Morte, que é o sossego.

O mister desses humildes guardas fez-me pensar e entristecer; mas naqueles exemplos de renúncia e abnegação, tão somente movidos pela dura necessidade de ganhar o pão de cada dia, retemperei-me eu, para imitá-los, a fim de chegar são, sem o afluxo de aquisições externas aonde o destino me levasse, fosse como fosse.

Mais de uma vez estive no Hospício; e quer me tratassem como doente vulgar e sem recomendação, quer me tratassem com recomendação afora este ou aquele movimento de mau humor e impaciência, eu só posso dizer bem desses pobres homens, humildes camponeses portugueses, rudes decerto, às vezes mesmo chucros que eram eles, no seu penoso e árduo ofício.

Imaginar que homens mal saídos da gleba do Minho e alguns nacionais de condição modesta pudessem ter certa delicadeza, resignação, paciência, para suportar os loucos e as suas manias!

A maioria é de obedientes e dóceis; mas uma pequena parte é de rebeldes, de insuportáveis já pelos gestos, já pelos atos, já pelas consequências passivas de sua moléstia mental.

Alguns, quando lhes vem a mania, sem provocação, nem causa, os descompõem de galegos, de gringos, de negros etc.; outros vão até a agressão; outros se recusam a comer, rasgam a roupa, emporcalham-se de fezes e urina...

De todos guardo boas recordações. A vida, em geral, entre os doentes e guardas, é da mais estreita familiaridade. Os malucos tratam as suas sentinelas de você e estes da mesma forma aos dementados. Só abrem exceções, os guardas, para os formados nisto ou naquilo e para os que têm honras militares. Não quer dizer, porém, que um ou outro não seja chamado por "seu" fulano; mas são poucos, os mais velhos, os mais graves de atitudes e gestos. Há também apelidos, como em todas as prisões, internatos e quartéis. O Gato era até famoso.

Todos os doentes se habituavam a serem tratados assim e não demonstravam nenhum mau humor. Os empregados pedem cigarros aos doentes e os doentes a eles. Só não jogam pontos, cartas, bilhar, xadrez. Muitos auxiliam os empregados na sua tarefa de baldeação e outros serviços. Se alguns destes, pela sua profissão, podem facilmente sujeitar-se a tais tarefas, outros há que parecia nunca se poderem adaptar a tais misteres.

Os corredores, salões e quartos são encerados e, de manhã, antes e depois do café, de parceria, empregados e doentes dão cera ao assoalho e esfregam-no com escovas presas a grandes tocos de madeira pesada ou aos pés, por atilhos.

Os atritos entre guardas e doentes são raros, mas os há, porque muitos destes são deveras insuportáveis, e alguns guardas são impacientes, por fadiga ou por gênio; mas, em geral, as relações são amistosas.

Nesta minha última estadia, só impliquei com dois empregados. Um, no pavilhão, foi o inspetor de pessoal menor. Ele tinha uma fisionomia real da Casa de Bragança e um ar de quem tratava com subalternos. Feriu-me um pouco a vaidade semelhante atrevimento do sujeito, esquecido, entretanto, que o soldado de polícia mais comum também tem esse ar, quando trata com qualquer pessoa, sem que, entretanto, se esteja doido.

Essa implicância passou-me logo, não porque me viesse ele tratar de outra forma mais tarde; sempre me convenci de que não devia guardar o mínimo rancor por semelhante tolice.

O outro guarda com quem impliquei, foi na Seção Pinel. O chefe dos enfermeiros tinha determinado que eu passasse do dormitório geral em que estava, para um quarto separado, como já contei. Estava eu sentado à borda da cama, quando apareceu na porta um guarda e gritou:

— Quem é Vicente Mascarenhas,[32] aí?

— Sou eu — respondi.

— "Seu" Orestes, o enfermeiro-mor, disse para você levar a cama e tudo para o quarto de dentro.

E ficou encostado no umbral da porta, com as chaves na mão. Olhei-o um pouco. Era um rapaz encurvado, baixo, com cabelos em desordem propositada; tinha um ar de seresteiro, de cantor de modinhas. Esperei um pouco que ele me viesse a ajudar a carregar a cama, mas tal não fez. Foi preciso que um outro doente se apressasse em fazê-lo, para cumprir a ordem.

Esse guarda era brasileiro e está se vendo no seu ato essa malsã vaidade nossa de mandar, de querer fugir à verdadeira situação do seu emprego e ter de qualquer modo uma importância, por mínima que seja. Não há nenhum de nós que não tenha passado por isso, e a explicação do ato desse servente ou guarda pode ser mostrada na frase de um que, admitido hoje, se despediu amanhã "porque não queria ser criado de maluco", ou de um outro, também brasileiro, que, estando na sala de banho, não conhecendo um interno que

---

32. No manuscrito, no lugar da personagem, Lima Barreto chega a escrever o próprio nome. Depois, rasura e escreve "Flamínio de Azevedo".

estava presente, desandou uma descompostura do mais baixo calão num doente, porque este não ouvira uma "ordem" dele para lhe trazer o sabão, e, por não a ter ouvido, não a atendera.

Não se infira daí que todos os brasileiros são assim. Lá encontrei mais de uns nacionais, que tinham as boas qualidades dos estrangeiros. O que se revela aí é esse lado mau do nosso caráter nacional, de exibição de mando e autoridade, de executar a tarefa a que conscientemente nos obrigamos a executar.

Desse último guarda que assim me tratou, se não guardei rancor, nunca mais lhe falei nem o cumprimentei; e, ao que me parece, ele percebeu perfeitamente a queixa que eu tinha dele.

Um dos horrores de qualquer reclusão é nunca se poder estar só. No meio daquela multidão, há sempre um que nos vem falar isto ou aquilo. No Hospício, eu ressenti esse incômodo que só pode ser compreendido por quem já se viu recolhido a qualquer prisão; lá, porém, é pior do que em outra qualquer, sobretudo quando se está perfeitamente lúcido, como eu estava, e não pode, por piedade, tratar com mau humor os outros companheiros, que são doentes.

Logo, no primeiro dia, travei eu conhecimento com esse agudo e miúdo suplício, próprio ao meu estado. O chefe Carneiro tinha-me informado onde era a minha cama e o meu dormitório. Sentia-me fatigado de espírito, desejoso de interrogar-me a mim mesmo, de pensar nos meus problemas íntimos, de fugir um instante daquele *brouhaha*[33] hospitalar. Deitei-me na cama e quis recordar-me dos episódios da minha entrada, das tolices que fizera. Sempre fiz esse exercício de memória, que julgava conveniente para conservá-la sempre fiel e pronta para o que apelasse para ela. Não tinha bem começado, quando um menino, que até ali não tinha visto, veio para junto de mim:

— O senhor me dá um cigarro?

Dei-lhe o cigarro e esperava que, após acendê-lo, se fosse, mas assim não foi. Continuou:

— O senhor sofre de ataques?

Disse-lhe que não e olhei bem a criança. Não devia ter dezessete anos; era forte e simpático. Lembrei-me logo de meu filho e uma mágoa imensa me invadiu, pensando no destino dele. Vi-o ali, daqui a anos, talvez. Perguntei ao rapazola:

---

33. Onomatopeia para tumulto, algaravia, algazarra.

— Por quê? Você sofre?

Ele me disse que sim, que tinha uns ataques; mas não eram epiléticos, e emendou a confissão de vícios seus, que me encheram de desgosto e tristeza. Não era só por ele; era também pela minha descendência que eu sofria particularmente. Que culpa oculta haveria em mim no tenebroso destino que eu augurava para o meu pequeno? A tal hereditariedade dos sábios... E me repontaram todas as dúvidas, que eu e tanta gente tinha trocado essa antiga crendice popular, agora transformada em artigo de fé; e me lembrei também da salutar regra do mestre de não admitir como verdade senão o que, sem prevenção e precipitação, não contivesse nada demais; senão o que se apresentasse tão claramente e distintamente no meu espírito, de forma que não tivesse nunca ocasião de pôr em dúvida.

Pensei tudo isto muito rapidamente, porquanto o rapaz doente não me deixava, fazendo perguntas sobre perguntas.

Levantei-me, fui para o corredor, esperando que ele me deixasse. O menino, porém, não me abandonava. Tinha vontade de romper com ele, de falar-lhe com a energia; mas a lembrança do meu filho...

Eu o via forte e robusto, como era, mesmo brutal, toda a vida encarcerado ali pelo maldito ataque, cujo aparecimento não se pode prever...

Bateram palmas; era hora do jantar. O menino me deixou afinal, e eu segui no meio da multidão de loucos para o refeitório.

Era, como já disse, este o mesmo em que tomava as minhas refeições, quando estive na outra seção, do pavilhão moderno, amplo, claro, mas, pela tarde, à hora do jantar, o sol espadanava por ele afora, que era um regalo. Superintendia esse serviço uma velha portuguesa, ajudada por outra mais moça, além dos copeiros e guardas.

Mudaram-me de local; passei a sentar-me com outros mais bem classificados. Preferia ter ficado ao pé dos antigos companheiros, sobretudo do rapaz português, pois com ele me havia relacionado intimamente, ou melhor, reatado relações antigas.

A comida, isto é, o seu sabor ou quantidade não me faziam nenhuma mossa; apesar de estar quase oito dias no manicômio, a minha fome era escassa; mas não era pelo seu sabor que eu não ingeria, era pelo mau estado do estômago, e talvez mesmo angústia espiritual.

Contudo, eu sentia muito prazer quando soavam as horas das refeições. É que, nesses instantes, a vida ali dentro variava um pouco, eu me sentia mais livre, o olhar abarcava mais horizonte do que aquele que se via pelas janelas gradeadas da seção.

A mudança de lugar no refeitório não a recebi bem, não só pela falta do companheiro que me conhecia desde menino, e me era por isso muito simpático, mas também porque me deram uma posição de cabeceira, tendo ao lado dois doentes que eu não suportava.

É incrível que se possa simpatizar ou antipatizar com malucos e com a maluqueira deles; no correr desta narração, terei de confessar isso, que me vexa, mas é verdade.

O doente da esquerda era um engenheiro, Bernardes, que, num acesso de loucura, no Norte, matara, segundo me informaram mais tarde, a mulher e um filho. Era arrogante, lia o dia inteiro o jornal e toda manhã pedia papel e envelope ao chefe Carneiro, para escrever a sua correspondência ao presidente da República, no gabinete do médico. Vivia na biblioteca, lendo o jornal e fazendo em voz alta, de quando em quando, uma reflexão sobre a leitura. Comia ovos cozidos e frutas, e do comer comum só se servia de carne. Assim, vinham para ele diversos pratos e, desde que se servia de um deles e esvaziava o conteúdo sobre aquele em que comia, arredava o outro muito senhorialmente para o meu lado, com um gesto de pouco-caso. Certo dia, sem dizer uma palavra, quando ele isso fez, de novo eu arredei o prato para o seu lado.

O do lado direito era um teuto-brasileiro, antigo empregado de banco, alto, membrudo, era simplesmente epilético; mas, apesar de falar mal dos alemães, sentia-se a sua primeira educação no orgulho alemão.

Ambos me desgostavam por comer ali contrafeito; vim a sair dali, mas contarei como, mais tarde.

A refeição durava muito pouco, cerca de meia hora; e, após ela, vinha o tormento do pedido de cigarros. Nisso ainda, eu não era vítima dele; mas, ao depois, foi uma das minhas quizílias com o Hospício.

Aborrecido, tristonho, sem ter o meu amigo português, para trocar umas lembranças, desejoso de fugir da convivência dos meus companheiros, eu corri logo ao dormitório, deitei-me e acendi um cigarro. Para mim, eram as mais tristes horas que passei no hospital, aquelas que vão da refeição até a hora do sono. Durante as outras, há sempre uma esperança para nos animar e sustentar o espírito: são as das refeições. Marca-se a vida daquelas horas vazias de que fazer, de ócio obrigado, mas cheias de tédio, por elas, mas, depois do jantar, não há mais nenhum marco no tempo que vai correr, senão o duvidoso do instante em que se concilie o sono. Vem então uma melancolia, que a luz da tarde faz mais sombria, mais física, mais dolorosa; e o nosso pensamento, quando para em alguma coisa, é para os tristes episódios da nossa vida. Eu ali, naquele Hospício, no meio da vida, com tantas dores na vida, as que me vieram sem culpa minha, inclusive a minha organização, as que eu mesmo engendrei, cheio de vida e de bondade, não era bem a morte que eu queria, não era o aniquilamento da minha pessoa, a sua fragmentação até o infinito, nas coisas e nos seres, era outra vida, mais cheia de amor, de crença, de ilusão, sem nenhum poder de análise e isenta de toda e qualquer capacidade de exame sobre mim mesmo.

Via todos os meus tropeços, todas as tolices que tinha feito, o tempo perdido nela, as minhas hesitações, os meus pavores, que não deviam existir e que só me faziam sofrer.[34] Eu devia ser reto como uma seta e rápido como um raio; mas vinha a pensar na minha vida atribulada, na saudade da minha mulher, no arrependimento que eu tinha de não tê-la compreendido em tempo... no meu filho... na minha sogra... na minha embriaguez.

Então, quando esta surgia à tona do meu pensamento, lá vinham recordações dos meus companheiros de pândega mortos, quase todos bons, quase todos amigos mesmo meus, sobre cuja amizade durante muito tempo as minhas torturas repousaram e as deles também. E fulano? E sicrano? E este? E aquela ronda de mortos lá surgiam aos meus olhos, sem álcool, bons, quase todos inteligentes e cavalheiros. E os episódios também vinham, e os fantásticos passeios por todo o Rio eram relembrados por mim. Nessa primeira tarde, na Seção Calmeil, deitado só, apesar da bulha que os loucos faziam nos corredores e nos salões, me recordei, sem saber como, de um fato que se deu comigo e um outro companheiro.

Já morreu; e nós fomos buscá-lo ao necrotério. Todas as tardes éramos vistos juntos. Toda tarde, ao sair do serviço, o procurava, e ficávamos parados, de pé, nas ruas centrais a ver passar as moças bem-vestidas. Tinha a mania de não entrar cedo em casa, com a luz do sol, porque me aborrecia aquele dever de cumprimentar os vizinhos; porque, em casa, em face de toda a sua tristeza,

---

34. No manuscrito falta a palavra "sofrer".

logo me vinha a imagem cruel da catástrofe doméstica, da subversão da minha vida, da sua impotência, do seu não valor.

Aborrecia-me de não dar uma satisfação aos que me instruíram generosamente e procurava distrair-me na cidade...

Esse meu amigo era meu inevitável companheiro. Certo dia, bebemos muito, e todas as casas já se fechavam, quando lhe disse:

— Sousa, você me leva até o bonde.

Eu o tomava na rua xxx, e para ela nos dirigimos.

Encostei-me ao poste de parada, balouçando. Era mais de uma hora da noite. A rua, naquele trecho, não tinha nem uma casa aberta. Passava um transeunte ou outro. Automóvel não me lembro de ter visto passar um. Não falava quase. Num dado momento, caí e estendi-me no asfalto da rua. O meu companheiro, que era mais forte do que eu, e, naquele momento, o era excessivamente mais, ergueu-me do chão e encostou-me à parede. De repente, segundo me contou o amigo, veio uma rapariga preta, surgida de qualquer parte, e, referindo-se à patroa, falou ao meu camarada nestes termos:

— A patroa manda perguntar o que tem o doutor Vicente.

Meu amigo respondeu:

— O doutor Vicente[35] está um pouco incomodado, devido a ter se excedido um pouco. Não é nada, ele vai para casa.

A rapariga foi-se e logo após voltou:

— A patroa manda este remédio para o senhor fazer o doutor Vicente cheirar.

Ele fez o que lhe era recomendado e quis restituir o vidro à rapariga. Tinha eu melhorado um pouco, já via alguma coisa, mas não ouvi o que ela recomendou nestas palavras que me foram narradas dias depois pelo meu amigo:

— Não, não; o senhor deve. A patroa disse que o senhor acompanhasse o doutor até em casa e fizesse ele cheirar durante o caminho todo.

O vidro continha amônia, e eu ainda o conservo vazio entre outras coisas curiosas da minha vida. Quem foi que o mandou?

Esforcei-me por descobrir, andei a rua várias vezes, de alto a baixo, vasculhando os sobrados, a todas as horas do dia, nas horas da noite que me era dado passar por ela e, até hoje, não sei quem foi...

---

35. No manuscrito: "doutor Flamínio".

V

Desde o pavilhão que eu vinha conhecendo médicos. Na seção anterior em que eu estive, conheci dois. Logo à entrada, um moço ao qual já me referi; e, no dia seguinte, um outro mais graduado. Conhecia-o e ele a mim; mas, simplesmente, de vista. Não se dando ele a conhecer, não me competia a mim fazê-lo, no estado de humilhação em que estava. Suportei-o diante dele, com toda a dignidade, e fiquei contente comigo mesmo. Sem ter motivo algum para isso, eu não queria ficar aos seus cuidados. Eu o tinha por muito amante de novidades, de experiências, e o meu temor é que ele viesse a cismar que eu era um magnífico campo para algumas delas.

Faziam-me perguntas de confessor, e eu as respondia com toda a veracidade de catecúmeno obediente; mas, no meu íntimo, eu tinha para mim que tudo aquilo era inútil. Há uma classificação, segundo este ou aquele; há uma terminologia sábia; há descrições argutas de tais e quais casos, revelando pacientes observações; mas uma explicação da loucura, mecânica, científica, atribuída à falta ou desarranjo de tal ou qual elemento ou órgão da nossa natureza, parece que só há para raros casos, se há.

Procuram os antecedentes, para determinar a origem do paciente que está ali, como herdeiro de taras ancestrais; mas não há homem que não as tenha, e se elas determinam loucura a humanidade toda seria de loucos. Cada homem representa a herança de um número infinito de homens, resume uma população, e é de crer que nessa houvesse fatalmente, pelo menos, um degenerado, um alcoólico etc. etc.

De resto, os filhos de loucos são gerados por pais que estão loucos, mas tarde é que a sandice aparece; como é então que ele herdou? Tinha a loucura incubada, em gérmen etc.?

A explicação é acomodada, mas não é leal, antes traduz o desejo de não invalidar uma sentença. Há homens que, durante uma existência inteira, não demonstram o mínimo sinal de loucura e, ao fim da vida, perdem o juízo. As maravilhas que a ciência tem conseguido realizar, por intermédio das artes técnicas, no campo da mecânica e da indústria, têm dado aos homens uma crença de que é possível realizá-las iguais nos outros departamentos da atividade intelectual; daí, o orgulho médico, que, não contente de se exercer no âmbito da medicina propriamente, se estende a esse vago e nebuloso céu da loucura humana.

Eu tinha muito medo do meu médico da Seção Pinel; ele tinha o orgulho e a fé na sua atividade intelectual, e os pontos de dúvida que deviam tirar do seu espírito o sentimento de sua evidência, pareciam que antes reforçavam-no.

Há um grande mal em querer os nossos estudiosos de hoje desprezar as observações dos leigos; muitas vezes é preciso estar livre de construções lógicas, erguidas a priori, para se chegar à verdade, e não há como levar em linha de conta aquelas.

Ísis, como todos os Deuses e Deusas, gosta muitas vezes de abrir uma frestazinha no seu véu impenetrável aos simples e aos néscios...

A minha transferência para outra seção, onde ia ficar aos cuidados de outro médico, deu-me muita satisfação, entre outras, por isso mesmo.

O terrível nessa coisa de hospital é ter-se de receber um médico que nos é imposto e muitas vezes não é da nossa confiança. Além disso, o médico que tem em sua frente um doente, de que a polícia é tutor e a impersonalidade da lei, curador, por melhor que seja, não o tem mais na conta de gente, é um náufrago, um rebotalho da sociedade, a sua infelicidade e desgraça podem ainda ser úteis à salvação dos outros, e a sua teima em não querer prestar esse serviço aparece aos olhos do facultativo como a revolta de um detento, em nome da Constituição, aos olhos de um delegado de polícia. A Constituição é lá pra você?

Não presenciei nada disso, mas é um sentimento geral que ninguém, nem os próprios médicos de boa-fé negarão.

Eu passei, desde a minha entrada no pavilhão, nas mãos de cinco médicos. Os daquela primeira dependência, já falei; os da Seção Pinel, já aludi. Principalmente ao adjunto ou que outro nome tenha. Não falei do chefe do serviço. Era um moço de minha idade, conhecido da rua, mas, conforme meu hábito, já que ele não se deu a conhecer, eu não me dei também. Em rigor, ali, doente indigente, pária social, a mais elementar dignidade fazia eu não o fizesse e, por estar em tal estado, temia-o muito. Sentia, não sei por quê, nesse rapaz, um grande amor à novidade, uma pressa e açodamento, muito pouco científicos, em experimentar o "remédio novo". Percebia-se pelo seu ar abstrato, distraído, que era homem de leituras, de estudos; mas também, por não sei que ar de fisionomia ou de olhar, que era inquieto e sôfrego. Faltavam-lhe a capacidade de meditação demorada, da paciência de examinar durante muito tempo o pró e contra de uma questão; não havia nele a necessidade da reflexão sua, de repensar o pensamento dos outros até admitir como sua a evidência, tida por um outro como tal. Essa sua falta de método, junto a minha condição de desgraçado, davam-me o temor de que ele quisesse experimentar em mim um processo novo de curar alcoolismo em que se empregasse uma operação melindrosa e perigosa. Pela primeira vez, fundamentalmente, eu senti a desgraça e o desgraçado. Tinha perdido toda a proteção social, todo o direito sobre o meu próprio corpo, era assim como um cadáver de anfiteatro de anatomia. Felizmente, fui logo transferido, mas não sem passar dolorosos minutos à espera de ser vítima desse vício mental dos nossos métodos. Pouco lógicos, por isso demasiadamente objetivos; impacientes, por isso aceitando em globo a "autoridade", arriscam-se a de boa-fé cometer os erros mais grosseiros e funestos no exercício de sua profissão. Falta-lhes crítica, não só a mais comum, mas também a necessária do grau de certeza da experiência e dos instrumentos em que as refazem.

Transferido de seção, eu fui parar[36] nas mãos de um médico de outro feitio mental, cuja inteligência, solicitada e atraída para outros campos de atividade, dava-lhe mais dúvida, mais necessidade de reexame no que propusessem os seus colegas, de modo a não se permitir liberdades com a vida dos outros.

---

36. No manuscrito falta "parar", incluído por dedução.

Também era muito conhecido meu, desde menino, eu tive grande surpresa em ficar encantado com ele e um imenso prazer em julgá-lo de outro modo.

Tinha-o por *dandy*, por fútil, algo pedante e, mais do que os outros, que éramos francamente conhecidos e ele podia com certa razão ter motivos de queixa de mim, eu fui à sua presença com certo temor e sem nenhuma segurança da minha atitude. Recebeu-me prazenteiramente, falou-me, examinou-me com cuidado, viu bem os estragos que o álcool podia ter realizado no meu organismo e ficou admirado. Eram mínimos. Foi aí que eu vi bem o mal da "bebida". Ela não me matava, ela não me estragava de vez, não me arruinava. De quando em quando, provocava-me alucinações, eu incomodava os outros, metiam-me em casas de saúde ou no Hospício, eu renascia, voltava, e assim levava uma vida insegura, desgostosa, e desgostando os outros, sem poder realizar plenamente o meu destino, que as coisas obscuras queriam dizer não ser o de um simples bêbado. Era preciso reagir. Tive mesmo desgosto que não tivesse profundamente crença numa vida futura para pedir à minha mulher morta que me iluminasse com seu espírito, que me tirasse daquela degradação, que me desviasse com preocupações quaisquer daquele infame e imundo caminho de bebedeira.

A administração do Hospício é feita segundo seções e pavilhões, à testa dos quais tem um alienista e mais médicos. Segundo depreendi, as seções principais do Hospício propriamente são quatro: Pinel e Calmeil, para homens; e Morel e Esquirol, para mulheres. Além destas, há outras especiais, para epiléticos, para crianças retardadas, hígidas e epiléticas, para tuberculosos etc., cada qual com um nome de sumidade nacional ou estrangeira. O pavilhão, por excelência, é o de observação, que tem uma organização sui generis; depende do Hospício, da polícia e da Faculdade de Medicina, cujo lente de psiquiatria é o seu diretor, sem nenhuma dependência ou subordinação ao do Hospício, dependendo, entretanto, o resto do pessoal subalterno e fornecendo este estabelecimento tudo o mais. Para ser um anfiteatro a seu jeito em uma enfermaria da Santa Casa, só lhe falta a insolência, a multidão de estudantes a querer fazer espírito e outras criançadas com os doentes e defuntos.

Estive nele, como já disse, e, conquanto as minhas queixas sejam mínimas, é, das dependências da praia Vermelha, a que pior impressão me deixou. Todas as demais, com todos os defeitos, mesmo aparentemente mais defeituosas que aquela, não nos machucam tanto como ela. É possível que eu não tenha razão; e que lá estivesse mais maluco, por isso...

Do pavilhão, como já contei, fui para a Seção Pinel; é a de indigentes, daqueles sem eira nem beira, nem ramo de figueira. Houve nisso um grande erro e muito grave para as finanças governamentais. Sujeitos assim classificados lá existem, que recebem do governo pensões sob vários títulos. Isto tudo é sabido, consta de papéis oficiais. O Estado, recebendo-os como loucos, por mais mínima que fosse, o seu primeiro cuidado devia ser apoderar-se dessa pensão para o seu tratamento. Evitava que eles fossem tratados abaixo de sua condição, aumentava a renda do estabelecimento e dava enchanças para melhorar o tratamento dos verdadeiramente pobres.

Essa narração, porém, não tem por fim indicar medidas de administração; quero contar simplesmente as impressões da minha sociedade com os loucos, as minhas conversas com eles, e o que esse transitório comércio me provocou pensar.

Entrando na Seção Calmeil, lá em cima, como é ela conhecida no Hospício, não encontrei logo o respectivo enfermeiro-mor ou inspetor. É um tipo curioso esse de pajeador de loucos. Talvez isso faça há trinta ou mais anos. É um português baixo, todo ele curto, pernas, tronco, pescoço, testa, mas de grandes olhos sequiosos de entender alguma coisa, o único traço grande de sua fisionomia. Tem abundante barba, bigode caído e fala por estes; não há na sua voz modulações, passagens: é um tom único, peremptório, e decisivo: não tem, não há, senhor; não há; pois não, tire. Ele quer ser meigo, doce, mas não pode; há de parecer brutal; entretanto, é um homem paciente, resignado, sofrendo, e eu o vi sofrer, injúrias e até sevícias dos loucos.

Depois que mudei de roupa, para uma minha que meu sobrinho[37] me trouxe de casa, como não soubesse onde era o meu alojamento, eu fiquei no corredor à espera do inspetor Malone, que mo designasse, a fim de descansar um pouco na cama até a hora do jantar.

Nisto um doente, trajando com certo *aplomb*[38] uma roupa caseira, tendo até ao peito uma flor vulgar, uma flor do mato, como diz o povo, chegou-se a mim e me perguntou cerimoniosamente:

---

37. No manuscrito: "irmão", rasurado.
38. Justeza, correção.

— O senhor não é o senhor Vicente Mascarenhas?[39]

Respondi com a delicadeza requerida e estive a reparar aquele rapaz que catava maneiras e trazia dentro daquele casarão um livro debaixo do braço.

Reparei melhor naquele rapaz e a sua fisionomia não me pareceu estranha. Eu já a havia visto. Ele era claro, membrudo, barrigudo; tinha uns olhos salientes, muito fora das órbitas, inquietos; papagueava ao falar com os lábios moles e úmidos.

— Eu já li — continuou ele — alguma coisa do senhor... Foi na revista do Samuel... Conhece o Samuel Belo?

— Conheço.

— Pois foi na revista dele. Não se lembra?

— É verdade, escrevi lá.

Notava eu que, à proporção que ele falava, considerava-me com desconfiança, não só a mim, como aos arredores.

— Pois li. Meu irmão — Eduardo Alves — conhece?

— Conheço.

— É muito amigo do Samuel e escreveu lá também. É bacharel em ciências jurídicas e sociais, sabia?

— Sabia.

— Tenho outro irmão que é também bacharel e o mais velho é médico. O meu futuro cunhado está a se formar em odontologia, eu já tenho quatro preparatórios.

Tive uma grande vontade de rir-me, quando aquele respeitável disse-me com tanto orgulho isso. Nos meses que lá passei, não pude nunca deixar de me admirar do cândido entusiasmo que aquele rapaz tinha pelos títulos chamados acadêmicos. Quando os tinham, os amigos a que se referia, ele não cessava de pô-los à mostra; mas se os não tinham, observava insistentemente: não era formado, mas dava surra em muita gente formada.

O Hospício tem uma particular admiração pelos títulos doutorais, patentes, e um culto pelas nobiliarquias familiares.

— Eu — dizia-me esse José Alves — descendo de Frei Caneca, em quinta geração. Meu pai falava quatro línguas e foi convidado pelo Barão de Lucena, para representar o Brasil em Londres.[40]

---

39. No manuscrito: "Flamínio Torres".
40. A edição da Biblioteca Carioca de *O cemitério dos vivos* (1993) encerra o romance neste pon-

Nunca cessava de repetir estas palavras por qualquer que fosse o motivo que se lhe apresentasse. Além disto, gabava-se extraordinariamente de sua força e de sua bravura.

— Não sou carioca, gente mole. Olhe aqui minha musculatura... Sou pernambucano e descendo de Frei Caneca.

A minha conversa, logo na entrada, não pôde ir mais longe. Acercou-se de nós um outro doente. Era um rapaz fraco, delgado, fino de fisionomia, mas insignificante de olhar e modos. Trazia na cabeça um lenço umedecido, que depois me explicou os serviços que lhe prestava.

Alves tinha entrado no terreno das confidências, dos motivos que tinham feito a sua família interná-lo ali. O outro chegou-se justamente nesse ponto preciso, e o meu amável interlocutor virou-se zangado e peremptório para o companheiro:

— Você, Azevedo, parece que não tem educação. Estamos falando em particular e você...

— Eu já sei, Zé Alves, que você é o moço mais educado da seção...

— Sou sim; minha mãe me educou muito bem. Tocava *O guarani* a quatro mãos e fez um grande sucesso, num concerto no Teatro Santa Isabel.

O outro observou:

— Você já me tinha dito isto; mas não vim ouvir o que estava dizendo.

— Então, o que é que você veio fazer aqui?

— Vim conhecer o novo colega e pedir fogo.

Os dois continuaram a altercar dessa maneira, e eu não via saída alguma para harmonizá-los. Parecia-me que a coisa ia acabar em briga, em pugilato; mas tal não se deu. Repentinamente Alves se foi para um canto,[41] e aquele a quem ele tratara de Azevedo se foi para outro. Fiquei eu só no vão da janela.

---

to. Mas tanto a edição da editora Mérito (1953) como as da Brasiliense (1956) e Planeta (2004) terminam mais adiante.
41. No manuscrito falta a palavra "canto", incorporada por dedução.

APÊNDICE

O Hospício
segundo Lima Barreto

Reunimos aqui textos de Lima Barreto diretamente relacionados com a experiência das sucessivas internações, na forma de conto, crônica ou entrevista. Organizados cronologicamente, eles apresentam informações históricas e procedimentos literários fundamentais para a compreensão do processo criativo que culmina com *O cemitério dos vivos*.

Como o "homem" chegou[1]

> *Deus está morto; a sua piedade pelos homens matou-o.*
> Nietzsche

I

A polícia da República, como toda a gente sabe, é paternal e compassiva no tratamento das pessoas humildes que dela necessitam; e, sempre, quer se trate de humilde, quer de poderosos, a velha instituição cumpre religiosamente a lei. Vem-lhe daí o respeito que aos políticos os seus empregados tributam e a procura que ela merece desses homens, quase sempre interessados no cumprimento das leis que discutem e votam.

O caso que vamos narrar não chegou ao conhecimento do público, certamente devido à pouca atenção que lhe deram os repórteres; e é pena, pois, se assim não fosse, teriam nele encontrado pretexto para *clichés* bem macabramente mortuários que alegrasse as páginas de suas folhas volantes.

---

[1]. Conto publicado na primeira edição de *Triste fim de Policarpo Quaresma* (Rio de Janeiro: Revista dos Tribunais, 1915).

O delegado que funcionou na questão talvez não tivesse notado o grande alcance de sua obra; e tanto isso é de admirar quanto as consequências do fato concordam com luxuriantes sorites de um filósofo sempre capaz de sugerir, do pé para a mão, novíssimas estéticas aos necessitados de apresentá-las ao público bem informado.

Sabedores de acontecimentos de tal monta, não nos era possível deixar de narrá-lo com alguma minudência, para edificação dos delegados passados, presentes e futuros.

Naquela manhã, tinha a delegacia um movimento desusado. Passavam-se semanas, sem que houvesse uma simples prisão, uma pequena admoestação. A circunscrição era pacata e ordeira. Pobre, não havia furtos; sem comércio, não havia gatunos; sem indústria, não havia vagabundos, graças à sua extensão e aos capoeirões que lá havia; os que não tinham domicílio arranjavam-no facilmente em choças ligeiras sobre chãos de outros donos mal conhecidos.

Os regulamentos policiais não encontravam emprego; os funcionários do distrito viviam descansados e, sem desconfiança, olhavam a população do lugarejo. Compunha-se o destacamento de um cabo e três soldados; todos os quatro, gente simples, esquecida de sua condição de sustentáculos do Estado.

O comandante, um cabo gordo que falava arrastando a voz, com a cantante preguiça de um carro de boi a chiar, habitava com a família um rancho próximo e plantava ao redor melancias, colhendo-as de polpa bem rosada e doce, pelo verão inflexível da nossa terra. Um dos soldados tecia redes de pescaria, chumbava-as com cuidado para dar cerco às tainhas; e era de vê-las saltar por cima do fruto de sua indústria com a agilidade de acrobatas, agilidade surpreendente naqueles entes sem mãos e pernas diferenciadas. Um outro camarada matava o ócio pescando de caniço e quase nunca pescara crocorocas, pois diante do mar, da sua infinita grandeza, distraía-se, lembrando-se das quadrinhas que vinha compondo em louvor de uma beleza local.

Tinham também os inspetores de polícia essa concepção idílica, e não se aborreciam no morno vilarejo. Conceição, um deles, fabricava carvão e os plantões os fazia junto às caieiras, bem protegidas por cruzes toscas para que o tinhoso não entrasse nelas e fabricasse cinza em vez do combustível das engomadeiras. Um seu colega, de nome Nunes, aborrecido com o ar elísico daquela delegacia, imaginou quebrá-lo e inventou o jogo do bicho. Era uma coisa inocente: o mínimo da pule, um vintém; o máximo, duzentos réis, mas, ao chegar a riqueza do lugar, aí pelo tempo do caju, quando o sol saudoso da tarde dourava as areias e os frutos amarelos e vermelhos mais se intumesciam nos cajueiros frágeis, jogavam-se pules de dez tostões.

Vivia tudo em paz; o delegado não aparecia. Se o fazia de mês em mês, de semestre em semestre, de ano em ano, logo perguntava: houve alguma prisão? Respondiam alvissareiros: não, doutor; e a fronte do doutor se anuviava, como se sentisse naquele desuso do xadrez a morte próxima do Estado, da Civilização e do Progresso.

De onde em onde, porém, havia um caso de defloramento e este era o delito, o crime, a infração do lugarejo — um crime, uma infração, um delito muito próprio do Paraíso, que o tempo, porém, levou a ser julgado pelos polícias, quando, nas primeiras eras das nossas origens bíblicas, o fora pelo próprio Deus.

Em geral, os inspetores por eles mesmos resolviam o caso; davam paternos conselhos suasórios e a lei sagrava o que já havia sido abençoado pelas pranteadas folhas das imbaúbas, nos capoeirões cerrados.

Não quis, porém, o delegado deixar que os seus subordinados liquidassem aquele caso. A paciente era filha do Sambabaia, chefe político do partido do senador Melaço; e o agente era eleitor do partido contrário a Melaço. O programa do partido de Melaço era não fazer coisa alguma e o do contrário tinha o mesmo ideal; ambos, porém, se diziam adversários de morte e essa oposição, refletindo-se no caso, embaraçava sobremodo o subdelegado.

Interrogado, confessara-se o agente pronto a reparar o mal; e, desde há muito, a paciente dera a tal respeito a sua indispensável opinião.

A autoridade, entretanto, hesitava, por causa da incompatibilidade política do casal. As audiências se sucediam e aquela era já a quarta. Estavam os soldados atônitos com tanta demora, provinda de não saber bem o delegado se, unindo mais uma vez o par, não iria o caso desgostar Melaço e mesmo o seu adversário Jati — ambos senadores poderosos, aquele do governo e este da oposição; e desgostar qualquer deles punha em perigo o seu emprego, porque, quase sempre entre nós, a oposição passa a ser governo e o governo oposição instantaneamente. O consentimento dos rapazes não bastava ao caso; era preciso, além, uma reconciliação ou simples adesão política.

Naquela manhã, o delegado tomava mais uma vez o depoimento do agente, inquirindo-o desta forma:

— Já se resolveu?

— Pois não, doutor. Estou inteiramente ao seu dispor...

— Não é bem ao meu. Quero saber se o senhor tem tenção?

— De quê, doutor? De casar? Pois não, doutor.

— Não é de casar... Isto já sei... É...

— Mas, de que deve ser, então, doutor?

— De entrar para o partido do doutor Melaço.

— Eu sempre, doutor, fui pelo doutor Jati. Não posso...

— Que tem uma coisa com a outra? O senhor divide o seu voto: a metade dá para um e a outra metade para outro. Está aí!

— Mas como?

— Ora! O senhor saberá arranjar as coisas da melhor forma; e, se o fizer com habilidade, ficarei contente e o senhor será feliz, porquanto pode arranjar tanto com um como com outro, conforme andar a política no próximo quatriênio, um lugar de guarda dos mangues.

— Não há vaga, doutor.

— Qual! Há sempre vaga, meu caro. O Felizardo não se tem querido alistar, não nasceu aqui, é de fora, é "estrangeiro"; e, desta maneira, não pode continuar a fiscalizar os mangues. É vaga certa. O senhor adere ou antes: divide a votação?

— Divido, doutor.

— Pois então...

Por aí, um dos inspetores veio avisar de que o guarda-civil de nome Hane lhe queria falar. O doutor Cunsono estremeceu. Era coisa do chefe, do geral lá de baixo; e, de relance, viu o seu hábil trabalho de harmonizar Jati e Melaço perdido inteiramente, talvez por causa de não ter, naquele ano, efetuado sequer uma prisão. Estava na rua, suspendeu o interrogatório e veio receber o visitador com muita angústia no coração. Que seria?

— Doutor — foi logo dizendo o guarda —, temos um louco.

Diante daquele caso novo, o delegado quis refletir, mas logo o guarda emendou:

— O doutor Sili...

Era assim o nome do ajudante do geral inacessível; e dele, os delegados têm mais medo do que do chefe supremo todo-poderoso.

Hane continuou:

— O doutor Sili mandou dizer que o senhor o prendesse e o enviasse à central.

Cunsono pensou bem que esse negócio de reclusão de loucos é por demais grave e delicado e não era propriamente da sua competência fazê-lo, a menos que fossem sem eira nem beira ou ameaçassem a segurança pública. Pediu a Hane que o esperasse e foi consultar o escrivão. Este serventuário vivia ali de mau humor. O sossego da delegacia o aborrecia, não porque gostasse da agitação pela agitação, mas pelo simples fato de não perceber emolumentos ou quer que seja, tendo que viver de seus vencimentos. Aconselhou-se com ele o delegado e ficou perfeitamente informado do que disponham a lei e a praxe. Mas Sili...

Voltando à sala, o guarda reiterou as ordens do auxiliar, contando também que o louco estava em Manaus. Se o próprio Sili não o mandava buscar, elucidou o guarda, era porque competia a Cunsono deter o "homem", porquanto a sua delegacia tinha costas do oceano e de Manaus se vinha por mar.

— É muito longe — objetou o delegado.

O guarda teve o cuidado de explicar que Sili já vira a distância no mapa e era bem reduzida: obra de palmo e meio. Cunsono perguntou ainda:

— Qual a profissão do "homem"?

— É empregado da delegacia fiscal.

— Tem pai?

— Tem.

Pensou o delegado que competia ao pai o pedido de internação, mas o guarda adivinhou-lhe o pensamento e afirmou:

— Eu o conheço muito e meu primo é concunhado dele.

Estava já Cunsono irritado com as objeções do escrivão e desejava servir a Sili, tanto mais que o caso desafiava a sua competência policial. A lei era ele; e mandou fazer o expediente.

Após o que tratou Cunsono de ultimar o enlace de Melaço e Jati, por intermédio do casamento da filha do Sambabaia. Tudo ficou assentado da melhor forma; e, em pequena hora, voltava o delegado para as ruas onde não policiava, satisfeito consigo mesmo e com a sua tríplice obra, pois não convém esquecer a sua caridosa intervenção no caso do louco de Manaus.

Tomava a condução que o devia trazer à cidade, quando a lembrança do meio de transporte do dementado lhe foi presente. Ao guarda-civil, ao representante de Sili na zona, perguntou por esse instante:

— Como há de vir o "sujeito"?

O guarda, sem atender diretamente à pergunta, disse:

— É... É, doutor; ele está muito furioso.

Cunsono pensou um instante, lembrou-se dos seus estudos e acudiu:

— Talvez um couraçado... O *Minas Gerais* não serve?

Hane, que tinha prática do serviço e conhecimento dos compassivos processos policiais, refletiu:

— Doutor, não é preciso tanto. O "carro-forte" basta para trazer o "homem".

Concordou Cunsono e olhou as alturas um instante sem notar as nuvens que vogavam sem rumo certo, entre o céu e a terra.

II

Sili, o doutor Sili, bem como Cunsono, graças à prática que tinham do ofício, dispunham da liberdade dos seus pares com a maior facilidade. Tinham substituído os graves exames íntimos provocados pelos deveres de seus cargos, as perigosas responsabilidades que lhes são próprias, pelo automático ato de uma assinatura rápida. Era um contínuo trazer um ofício, logo, sem bem pensar no que faziam, sem lê-lo até, assinavam e ia com essa assinatura um sujeito para a cadeia, onde ficava aguardando que se lembrasse de retirá-lo de lá a sua mão distraída e ligeira.

Assim era; e foi sem dificuldade que atendeu ao pedido de Cunsono no que toca ao carro-forte. Prontamente deu as ordens para que fosse fornecida a seu colega a masmorra ambulante, pior do que masmorra, do que solitária, pois nessas prisões sente-se ainda a algidez da pedra, alguma coisa ainda de meiguice, meiguice de sepultura, mas ainda assim meiguice; mas no tal carro feroz, é tudo ferro, há a inexorável antipatia do ferro na cabeça, ferro nos pés, aos lados — uma igaçaba de ferro em que se vem sentado, imóvel, e para a qual se entra pelo próprio pé. É blindada e quem vai nela levado aos trancos e barrancos de seu respeitável peso e do calçamento das vias públicas, tem a impressão de que se lhe quer poupar a morte por um bombardeio de grossa artilharia para ser empalado aos olhos de um sultão. Um requinte de potentado asiático.

Essa prisão de Calístenes, blindada, chapeada, couraçada, foi posta em movimento; e saiu, abalando o calçamento, a chocalhar ferragens, a trovejar pelas ruas afora em busca de um inofensivo.

O "homem", como dizem eles, era um ente pacato, lá dos confins de Manaus, que tinha a mania da astronomia e abandonara, não de todo, mas quase totalmente, a terra pelo céu inacessível. Vivia com o pai velho nos arrabaldes da cidade e construíra na chácara de sua residência um pequeno observatório, onde montou lunetas que lhe davam pasto à inocente mania. Julgando insuficientes o olhar e as lentes, para chegar ao perfeito conhecimento da Aldebarã longínqua, atirou-se ao cálculo, à inteligência pura, à matemática e a estudar com afinco e fúria de um doido ou de um gênio.

Em uma terra inteiramente entregue à chatinagem e à veniaga, Fernando foi tomando a fama de louco, e não era ela sem algum motivo. Certos gestos, certas despreocupações e mesmo outras manifestações mais palpáveis, pareciam justificar o julgamento comum; entretanto, ele vivia bem com o pai e cumpria os seus deveres razoavelmente. Porém, parentes oficiosos e outros longínquos aderentes entenderam curá-lo, como se curassem assomos d'alma e anseios de pensamento.

Não lhes vinha tal propósito de perversidade inata, mas de estultice congênita juntamente com a comiseração explicável em parentes. Julgavam que o ser descompassado envergonhava a família e esse julgamento era reforçado pelos cochichos que ouviam de alguns homens esforçados por parecerem inteligentes.

O mais célebre deles era o doutor Barrado, um catita do lugar, cheiroso e apurado no corte das calças. Possuía esse doutor a obsessão das coisas extraordinárias, transcendentes, sem par, originais; e, como sabia Fernando simples e desdenhoso pelos mandões, supôs que ele, com esse procedimento, censurava Barrado por demais mesureiro com os magnatas. Começou, então, Barrado a dizer que Fernando não sabia astronomia; ora, este último não afirmava semelhante coisa. Lia, estudava e contava o que lia, mais ou menos o que aquele fazia nas salas, com os ditos e opiniões dos outros.

Houve quem o desmentisse; teimava, no entanto, Barrado no propósito. Entendeu também de estudar uma astronomia e bem oposta à de Fernando: a astronomia do centro da Terra. O seu compêndio favorito era *A morgadinha de Valflor*[2] e os livros auxiliares: *A dama de Monsoreau*[3] e *O rei dos grilhetas*,[4] numa biblioteca de Herschell.

Com isto, e cantando, e espalhando que Fernando vivia nas tascas com vagabundos, auxiliado pelo poeta Machino, o jornalista Cosmético e o antropologista Tucolas, que fazia sábias mensurações nos crânios das formigas, conseguiu mover os simplórios parentes de Fernando, e foi bastante que, de parente para conhecido, de conhecido para Hane, de Hane para Sili e Cunsono, as coisas se encadeassem e fosse obtida a ordem de partida daquela fortaleza couraçada, roncando pelas ruas, chocalhando ferragens, abalando calçadas, para ponto tão longínquo.

Quando, porém, o carro chegou à praça mais próxima, foi que o cocheiro lembrou-se de que não lhe tinham ensinado onde ficava Manaus. Voltou e Sili, com a energia de sua origem britânica, determinou que fretassem uma falua e fossem a reboque do primeiro paquete.

Sabedor do caso e como tivesse conhecimento de que Fernando era desafeto do poderoso chefe político Sofonias, Barrado, que desde muito lhe queria ser agradável, calou o seu despeito, apresentou-se pronto para auxiliar a diligência. Esse chefe político dispunha de um prestígio imenso e nada entendia de astronomia; mas, naquele tempo, era a ciência da moda e tinham em grande consideração os membros da Sociedade Astronômica, da qual Barrado queria fazer parte.

Sofonias influía nas eleições da Sociedade, como em todas as outras, e podia determinar que Barrado fosse escolhido. Andava, portanto, o doutor captando a boa vontade da potente influência eleitoral, esperando obter, depois de eleito, o lugar de diretor-geral das Estrelas de Segunda Grandeza.

Não é de estranhar, pois, que aceitasse tão árdua incumbência, e, com Hane e carrião, veio até a praia; mas não havia canoa, caíque, bote, jangada, catraia, chalana, falua, lancha, calunga, poveiro, peru, macacuano, pontão, alvarenga, saveiro, que os quisesse levar a tais alturas.

---

2. Drama escrito pelo historiador e escritor português Manuel Joaquim Pinheiro Chagas (1842-95), 1869.
3. Romance histórico publicado por Alexandre Dumas (1802-70). *La Dame de Monsoreau* (1846) é o segundo volume da trilogia composta por *La Reine Margot* (1845) e *Les Quarante-cinq* (1847).
4. Ernest Capendu (1826-68), *Le Roi des gabiers* (1862).

Hane desesperava, mas o companheiro, lembrando-se dos seus conhecimentos de astronomia, indicou um alvitre:

— O carro pode ir boiando.

— Como, doutor? É de ferro... muito pesado, doutor!

— Qual o quê! O *Minas*, o *Aragón*, o *São Paulo* não boiam? Ele vai, sim!

— E os burros?

— Irão a nadar, rebocando o carro.

Curvou-se o guarda diante do saber do doutor e deixou-lhe a missão confiada, conforme as ordens terminantes que recebera.

A calistênica entrou pela água adentro, consoante as ordens promanadas do saber de Barrado, e, logo que achou água suficiente, foi ao fundo com grande desprezo pela hidrostática do doutor. Os burros, que tinham sempre protestado contra a física do jovem sábio, partiram os arreios e salvaram-se; e graças a uma poderosa cábrea, pôde a almanjarra ser salva também.

Havia poucos paquetes para Manaus e o tempo urgia. Barrado tinha ordem franca de fazer o que quisesse. Não hesitou e, energicamente, fez reparar as avarias e tratou de embarcar num paquete todo o trem, fosse como fosse.

Ao embarcá-lo, porém, surgiu uma dúvida entre ele e o pessoal de bordo. Teimava Barrado que o carro merecia ir para um camarote de primeira classe, teimavam os marítimos que isso não era próprio, tanto mais que ele não indicava o lugar dos burros.

Era difícil essa questão da colocação dos burros. Os homens de bordo queriam que fossem para o interior do navio; mas, objetava o doutor:

— Morrem asfixiados, tanto mais que são burros e mesmo por isso.

De comum acordo, resolveram telegrafar a Sili para resolver a curiosa contenda. Não tardou viesse a resposta, que foi clara e precisa: "Burros sempre em cima. Sili".

Opinião como esta, tão sábia e tão verdadeira, tão cheia de filosofia e sagacidade da vida, aliviou os corações e abraços fraternais foram trocados entre conhecidos e inimigos, entre amigos e desconhecidos.

A sentença era de Salomão e houve mesmo quem quisesse aproveitar o apotegma para construir uma nova ordem social.

Restava a dificuldade de fazer entrar o carro para o camarote do doutor Barrado. O convés foi aberto convenientemente, teve a sala de jantar mesas arrancadas e o bendegó ficou no centro dela, em exposição, feio e brutal, estúpido e inútil, como um monstro de museu.

O paquete moveu-se lentamente em demanda da barra. Antes fez uma doce curva, longa, muito suave, lentamente, como se, ao despedir-se, cumprimentasse reverente a beleza da Guanabara. As gaivotas voavam tranquilas, cansavam-se, pousavam n'água — não precisavam de terra...

A cidade sumia-se vagarosamente e o carro foi atraindo a atenção de bordo.

— O que vem a ser isso?

Diante da almanjarra, muitos viajantes murmuravam protestos contra a presença daquele estafermo ali; outras pessoas diziam que se destinava a encarcerar um bandoleiro da Paraíba; outras que era um salva-vidas; mas, quando alguém disse que aquilo ia acompanhando um recomendado de Sofonias, a admiração foi geral e imprecisa.

Um oficial disse:

— Que construção engenhosa!

Um médico afirmou:

— Que linhas elegantes!

Um advogado refletiu:

— Que soberba criação mental!

Um literato sustentou:

— Parece um mármore de Fídias!

Um sicofanta berrou:

— É obra mesmo de Sofonias! Que republicano!

Uma moça adiantou:

— Deve ter sons magníficos!

Houve mesmo escala para dar ração aos burros, pois os mais graduados se disputavam a honraria. Um criado, porém, por ter passado junto ao monstro e o olhado com desdém, quase foi duramente castigado pelos passageiros. O ergástulo ambulante vingou-se do serviçal: durante o trajeto perturbou-lhe o serviço.

Apesar de ir correndo a viagem sem mais incidentes, quis ao meio dela Barrado desembarcar e continuá-la por terra. Consultou nestes termos Sili: "Melhor carro ir terra faltam três dedos mar alonga caminho"; e a resposta veio depois de alguns dias: "Não convém desembarque embora mais curto carro chega sujo. Siga".

Obedeceu e o meteorito,[5] durante duas semanas, foi objeto da adoração do paquete. Nos últimos dias, quando um qualquer dos passageiros dele se acercava, passava-lhe pelo dorso negro a mão espalmada com a contrição religiosa de um maometano ao tocar na pedra negra da Caaba.

Sofonias, que nada tinha com o caso, não teve nunca notícia dessa tocante adoração.

III

Muito rica é Manaus, mas, como em todo o Amazonas, nela é vulgar a moeda de cobre. É um singular traço de riqueza que muito impressiona o viajante, tanto mais que não se quer outra e as rendas do Estado são avultadas. O Eldorado não conhece o ouro, nem o estima.

Outro traço de sua riqueza é o jogo. Lá, não é divertimento nem vício: é para quase todos profissão. O valor dos noivos, segundo dizem, é avaliado pela média das paradas felizes que fazem, e o das noivas pelo mesmo processo no tocante aos pais.

Chegou o navio a tão curiosa cidade quinze dias após fazendo uma plácida viagem, com o fetiche a bordo. Desembarcá-lo foi motivo de absorvente cogitação para o doutor Barrado. Temia que fosse de novo ao fundo, não porque o quisesse encaminhá-lo por sobre as águas do rio Negro; mas, pelo simples motivo de que, sendo o cais flutuante, o peso do carrião talvez trouxesse desastrosas consequências para ambos, cais e carro.

O capataz não encontrava perigo algum, pois desembarcavam e embarcavam pelos flutuantes volumes pesadíssimos, toneladas até.

Barrado, porém, que era observador, lembrava-se da aventura do rio e objetou:

— Mas não são de ferro.

— Que tem isso? — fez o capataz.

---

5. É provável que "meteorito" ocorra aqui por associação com o qualificativo "bendegó", usado acima em referência ao burro. Bendegó é o nome pelo qual ficou conhecido um meteorito que caiu no sertão da Bahia nas proximidades do rio homônimo e que passou a designar popularmente uma "coisa descomunal".

Barrado, que era observador e inteligente, afinal compreendeu que um quilo de ferro pesa tanto quando um de algodão; e só se convenceu inteiramente disso, como observador que era, quando viu o ergástulo em salvamento, rolando pelas ruas da cidade.

Continuou a ser ídolo e o doutor agastou-se deveras porque o governador visitou a caranguejola, antes que a ele o fizesse.

Como não as tivesse completas para detenção de Fernando, pediu instruções a Sili. A resposta veio num longo telegrama minucioso e elucidativo. Devia requisitar força ao governador, arregimentar capangas e não desprezar as balas de alteia. Assim fez o comissário. Pediu uma companhia de soldados, foi às alfurjas da cidade catar bravos e adquirir uma confeitaria de alteia. Partiu em demanda do "homem" com esse trem de guerra; e, pondo-se cautelosamente em observação, lobrigou os óculos do observatório, donde concluiu que a sua força era insuficiente. Normas para o seu procedimento requereu a Sili. Vieram secas e peremptórias: "Empregue também artilharia".

De novo pôs-se em marcha com um parque do Krupp. Desgraçadamente não encontrou o homem perigoso. Recolheu a expedição a quartéis; e, certo dia, quando de passeio, por acaso, foi parar a um café do centro comercial. Todas as mesas estavam ocupadas; e só em uma delas havia um único consumidor. A esta, ele sentou-se. Travou por qualquer motivo conversa com o mazombo; e, durante alguns minutos, aprendeu com o solitário alguma coisa.

Ao despedirem-se foi que ligou o nome à pessoa, e ficou atarantado sem saber como proceder no momento. A ação, porém, lhe veio prontamente; e, sem dificuldade, falando em nome da lei e da autoridade, deteve o pacífico ferrabrás em um dos dois bailéus do cárcere ambulante.

Não havia paquete naquele dia e Sili havia recomendado que o trouxessem imediatamente. Venha por terra, disse ele; e Barrado, lembrado do conselho, tratou de segui-lo. Procurou quem o guiasse até o Rio, embora lhe parecesse curta e fácil a viagem. Examinou bem o mapa e, vendo que a distância era de palmo e meio, considerou que dentro dela não lhe cabia o carro. Por este e aquele, soube que os fabricantes de mapas não têm critério seguro: era fazer uns muito grandes, ou muito pequenos, conforme são para enfeitar livros ou adornar paredes. Sendo assim, a tal distância de doze polegadas bem podia esconder viagem de um dia e mais.

Aconselhado pelo cocheiro, tomou um guia e encontrou-o no seu antigo conhecido Tucolas, sabedor como ninguém do interior do Brasil, pois o palmilhara à cata de formigas para bem firmar documentos às suas investigações antropológicas.

Aceitou a incumbência o curioso antropologista de himenópteros, aconselhando, entretanto, a modificação do itinerário.

— Não me parece, senhor Barrado, que devamos atravessar o Amazonas. Melhor seria, senhor Barrado, irmos até a Venezuela, alcançar as Guianas e descermos, senhor Barrado.

— Não teremos rios a atravessar, Tucolas?

— Homem! Meu caro senhor, eu não sei bem; mas, senhor Barrado, me parece que não, e sabe por quê?

— Por quê?

— Por quê? Porque este Amazonas, senhor Barrado, não pode ir até lá, ao norte, pois só corre de oeste para leste...

Discutiram assim sabiamente o caminho; e, à proporção que manifestava o seu profundo trato com a geografia da América do Sul, mais Tucolas passava a mão pela cabeleira de inspirado.

Achou que os conselhos do doutor eram justos, mas temia as surpresas do carrião. Ora ia ao fundo, por ser pesado; ora, sendo pesado, não fazia ir ao fundo frágeis flutuantes. Não fosse ele estranhar o chão estrangeiro e pregar-lhe alguma peça? O cocheiro não queria também ir pela Venezuela, temia pisar em terra de gringos e encarregou-se da travessia do Amazonas — o que foi feito em paz e salvamento, com a máxima simplicidade.

Logo que foi ultimada, Tucolas tratou de guiar a caravana. Prometeu que o faria com muito acerto e contentamento geral, pois aproveitá-la-ia, dilatando as suas pesquisas antropológicas aos moluscos dos nossos rios. Era sábio naturalista, e antropologista, e etnografista da novíssima escola do conde de Gobineau, novidade de uns sessenta anos atrás; e, desde muito, desejava fazer uma viagem daquelas para completar os seus estudos antropológicos nas formigas e nas ostras dos nossos rios.

A viagem correu maravilhosamente durante as primeiras horas. Sob um sol de fogo, o carro solavancava pelos maus caminhos; e o doente, à míngua de não ter onde se agarrar, ia ao encontro de uma e outra parede de sua prisão couraçada. Os burros, impelidos pelas violentas oscilações dos varais, encontravam-se e repeliam-se, ainda mais aumentando os ásperos solavancos da traquitana; e o cocheiro, na boleia, oscilava de lá para cá, de cá para lá, marcando o compasso da música chocalhante daquela marcha vagarosa.

Na primeira venda que passaram, uma dessas vendas perdidas, quase isoladas, dos caminhos desertos, onde o viajante se abastece e os vagabundos descansam de sua errância pelos descampados e montanhas, o encarcerado foi saudado com uma vaia: ó maluco! ó maluco!

Andava Tucolas distraído a fossar e cavoucar, catando formigas; e mal encontrava uma mais assim, logo examinava bem o crânio do inseto, procurava-lhe os ossos componentes, enquanto não fazia uma mensuração cuidadosa do ângulo de Camper ou mesmo de Cloquet. Barrado, cuja preocupação era ser êmulo do padre Vieira, aproveitara o tempo para firmar bem as regras de colocação de pronomes, sobretudo a que manda que o "que" atraia o pronome complemento.

E assim andando foi o carro, após dias de viagem, encontrar uma aldeia pobre, à margem de um rio, onde chalanas e naviecos a vapor tocavam de quando em quando.

Cuidaram imediatamente de obter hospedagem e alimentação no lugarejo. O cocheiro lembrou o "homem" que traziam. Barrado, a respeito, não tinha com segurança uma norma de proceder. Não sabia mesmo se essa espécie de doentes comia e consultou Sili, por telegrama. Respondeu-lhe a autoridade, com a energia britânica que tinha no sangue, que não era do regulamento retirar aquela espécie de enfermos do carro, o "ar" sempre lhes fazia mal. De resto, era curta a viagem e tão sábia recomendação foi cegamente obedecida.

Em pequena hora, Barrado e o guia sentavam-se à mesa do professor público, que lhes oferecera de jantar. O ágape ia fraternal e alegre, quando houve a visita da Discórdia, a visita da Gramática.

O ingênuo professor não tinha conhecimento do pichoso saber gramatical do doutor Barrado e expunha candidamente os usos e costumes do lugar com a sua linguagem roceira:

— Há aqui entre nós pouco-caso pelo estudo, doutor. Meus filhos mesmo e todos quase não querem saber de livros. Tirante este defeito, doutor, a gente quer mesmo o progresso.

Barrado implicou com o "tirante" e o "a gente", e tentou ironizar. Sorriu e observou:

— Fala-se mal, estou vendo.

O matuto percebeu que o doutor se referia a ele. Indagou mansamente:

— Por que o doutor diz isso?

— Por nada, professor. Por nada!

— Creio — aduziu o sertanejo — que, tirante eu, o doutor aqui não falou com mais ninguém.

Barrado notou ainda o "tirante" e olhou com inteligência para Tucolas que se distraía com um naco de tartaruga.

Observou o caipira momentaneamente o afã de comer do antropologista e disse meigamente:

— Aqui, a gente come muito isso. Tirante a caça e a pesca, nós raramente temos carne fresca.

A insistência do professor sertanejo irritava sobremaneira o doutor inigualável. Sempre aquele "tirante", sempre o tal "a gente, a gente" — um falar de preto-mina! O professor, porém, continuou a informar calmamente:

— A gente aqui planta pouco, mesmo não vale a pena. Felizardo do Catolé plantou uns leirões de horta, há anos, e quando veio o calor e a enchente...

— É demais! É demais! — exclamou Barrado.

Docemente, o pedagogo indagou:

— Por quê? Por quê, doutor?

Estava o doutor sinistramente raivoso e explicou-se a custo:

— Então, não sabe? Não sabe?

— Não, doutor. Eu não sei — fez o professor com segurança e mansuetude.

Tucolas tinha parado de saborear a tartaruga, a fim de atinar com a origem da disputa.

— Não sabe, então — rematou Barrado —, não sabe que até agora o senhor não tem feito outra coisa senão errar em português?

— Como, doutor?

— É "tirante", é "a gente, a gente, a gente"; e, por cima de tudo, um solecismo!

— Onde, doutor?

— Veio o calor e a chuva — é português?

— É, doutor, é, doutor! Veja o doutor João Ribeiro! Tudo isso está lá. Quer ver?

O professor levantou-se, apanhou sobre a mesa próxima uma velha gramática ensebada e mostrou a respeitável autoridade ao sábio doutor Barrado.

Sem saber como sair-se, escondendo o despeito com uma fúria e um desdém simulados, ordenou:

— Tucolas, vamo-nos embora.

— E a tartaruga? — diz o outro.

O hóspede ofereceu-a, o original antropólogo embrulhou-a e saiu com o companheiro. Cá fora, tudo era silêncio e o céu estava negro. As estrelas pequeninas piscavam sem cessar o seu olhar eterno para a terra muito grande. O doutor foi ao encontro da curiosidade recalcada de Tucolas:

— Vê, Tucolas, como anda o nosso ensino? Os professores não sabem os elementos de gramática, e falam como negros de senzala.

— Senhor Barrado, julgo que o senhor deve a esse respeito chamar a atenção do ministro competente, pois me parece que o país, atualmente, possui um dos mais autorizados na matéria.

— Vou tratar, Tucolas, tanto mais que o Semicas é amigo do Sofonias.

— Senhor Barrado, uma coisa...

— Que é?

— Já falou, senhor Barrado, a meu respeito com o senhor Sofonias?

— Desde muito, meu caro Tucolas. Está à espera da reforma do museu e tu vais para lá direitinho. É o teu lugar.

— Obrigado, senhor Barrado. Obrigado.

A viagem continuou monotonamente. Transmontaram serras, vadearam rios e, num deles, houve um ataque de jacarés, dos quais se salvou Barrado graças à sua pele muito dura. Entretanto, um dos animais de tiro perdeu uma das patas dianteiras e mesmo assim conseguiu pôr-se a salvo na margem oposta.

Sarou-lhe a ferida não se sabe como e o animal não deixou de acompanhar a caravana; às vezes, aproximava-se; e sempre a pobre alimária olhava longamente, demoradamente, aquele forno ambulante, manquejando sempre, impotente para a carreira, e como se se lastimasse de não poder auxiliar eficazmente o lento reboque daquela almanjarra pesadona.

Em dado momento, o cocheiro avisa Barrado de que o "homem" parecia estar morto; havia até um mau cheiro indicador. O regulamento não permitira a abertura da prisão e o doutor não quis verificar o que havia de verdade no caso. Comia aqui, dormia ali, Tucolas também e os burros também — que mais era preciso para ser agradável a Sofonias? Nada, ou antes: trazer o "homem" até o Rio de Janeiro. As doze polegadas da sua cartografia desdobravam-se em um infinito número de quilômetros. Tucolas, que conhecia o caminho, dizia sempre: estamos a chegar, senhor Barrado! Estamos a chegar! Assim levaram meses andando, com o burro aleijado a manquejar atrás do ergástulo ambulante, olhando-o docemente, cheio de piedade impotente.

Os urubus crocitavam por sobre a caravana, estreitavam o voo, desciam mais, mais, mais, até quase debicar no carro-forte. Barrado punha-se furioso a enxotá-los a pedradas; Tucolas imaginava aparelhos para examinar a caixa craniana das ostras de que andava à caça; o cocheiro obedecia.

Mais ou menos assim, levaram dois anos e foram chegar à aldeia dos Serradores, margem do Tocantins.

Quando aportaram, havia na praça principal uma grande disputa, tendo por motivo o preenchimento de uma vaga na Academia dos Lambrequins.

Logo que Barrado soube do que se tratava, meteu-se na disputa e foi gritando lá a seu jeito e sacudindo as perninhas:

— Eu também sou candidato! Eu também sou candidato!

Um dos circunstantes perguntou-lhe a tempo, com toda a paciência:

— Moço: o senhor sabe fazer lambrequins?

— Não sei, não sei, mas aprendo na Academia e é para isso que quero entrar.

A eleição teve lugar e a escolha recaiu sobre um outro mais hábil no uso da serra que o doutor recém-chegado.

Precipitou-se por isso a partida e o carro continuou a sua odisseia, com o acompanhamento do burro, sempre a olhá-lo longamente, infinitamente, demoradamente, cheio de piedade imponente. Aos poucos os urubus se despediram; e, no fim de quatro anos, o carrião entrou pelo Rio adentro, a roncar pelas calçadas, chocalhando duramente as ferragens, com o seu manso e compassivo burro a manquejar-lhe à sirga.

Logo que foi chegado, um hábil serralheiro veio abri-lo, pois a fechadura desarranjara-se devido aos trancos e às intempéries da viagem, e desobedecia à chave competente. Sili determinou que os médicos examinassem o doente, exame que, mergulhados numa atmosfera de desinfetantes, foi feito no necrotério público.

Foi este o destino do enfermo pelo qual o delegado Cunsono se interessou com tanta solicitude.

Rio de Janeiro, 18 outubro de 1914

As teorias do doutor Caruru

O sábio doutor Caruru da Fonseca despertou naquele dia com o humor igual com que despertava em todos os outros.

Mme. Caruru ainda ficou na cama, muito certa de que a Inácia daria o café ao seu ilustre marido. Era este uma sumidade em matéria de psiquiatria, criminologia, medicina legal e outras coisas divertidas.

Tinha, na nossa democracia, por ser sumidade e doutor, direito a exercer quatro empregos.

Era lente da Escola de Medicina, era chefe do Gabinete Médico da Polícia, era subdiretor do Manicômio Nacional e também inspetor da Higiene Pública.

Caruru tinha mesmo publicado várias obras, entre as quais se destacava — *Os caracteres somáticos da degenerescência* — livro que fora muito gabado pelo estilo saborosamente clássico. Um crítico disse:

> O milagre que, no seu livro, conseguiu o doutor Caruru obter, foi exprimir ideias e concepções modernas com a sã e enérgica linguagem dos quinhentistas e mesmo dos seus antecessores. Seguiu, portanto, André Chénier que desejava fazer poesias modernas com versos antigos. Cito de memória. Não há como louvar etc.

Caruru, como esperava a sua dorminhoca mulher, foi logo servido do café pela dedicada Inácia e não tardou que lhe viessem os jornais.

Leu o primeiro que lhe caiu sob os olhos e quase teve um ataque quando deu com um "controlava".

— Que gente! — disse de si para si. — Estão a esbodegar esta maravilhosa língua.

Apanhou outro, desprezou a parte política e correu ao noticiário policial. Deparou-se-lhe a seguinte notícia:

Ontem, ao atravessar a avenida Central, foi acometido de um ataque o pintor Francisco Murga, morrendo repentinamente. Murga, que era ainda moço, pois contava pouco mais de trinta anos, estreou-se com grande brilho há uns dez anos passados, tendo obtido o prêmio de viagem e tudo fazia crer que ele continuaria a dar-nos obras-primas, ou quase isso, como foi o seu primeiro quadro, *O banzo*. Entretanto, tendo se entregado à mais desordenada boêmia, tal não fez, embora não deixasse sempre de produzir. Etc. etc.

O doutor Caruru exultou. Que caso! Devia ser um exemplar típico de dipsomaníaco, de degenerado superior e ele, o doutor, como chefe do Gabinete da Polícia, ia ter o seu cadáver às ordens, para bem verificar as suas teorias mais ou menos à Lavater ou Gall. A diferença entre ele e estes dois últimos é que Caruru encontrava seguros indícios do caráter, da inteligência etc., dos indivíduos em todas as partes do corpo.

O doutor pediu mais uma xícara de café e não se pôde conter:

— Gertrudes! — gritou para a mulher. — Tenho hoje um caso excelente.

A mulher apareceu em trajes matinais e ele narrou toda a sua alegria.

Caruru vestiu-se e correu à faculdade. Aos primeiros estudantes que lá apareceram, Caruru os convidou para irem ao necrotério verificar a certeza das asserções que fazia no seu célebre livro, escrito no estilo de Rui de Pina e, por pouco, que não o era no da *Notícia de partiçam*.

Foram estudantes de medicina, de farmácia, de dentista e até uma dama que estudava para parteira.

Chegado que foi ao necrotério, o doutor Caruru armou-se de uma bateria de compassos graduados, de uma porção de réguas, de todo um arsenal de instrumentos de antropométrica e começou a preleção diante do cadáver:

— Meus senhores. Estamos certamente diante de um caso típico de degenerado...

A sua linguagem falada era diferente da escrita. Ele escrevia clássico ou pré-clássico, mas falava como qualquer um de nós.

— O indivíduo que está aqui, bêbado incorrigível, vagabundo, incapaz de afeições, de dedicações, vai demonstrar com as injeções que lhe vou fazer a verdade das minhas teorias. Vejamos os pés...

Caruru armou-se de uma das tais réguas, enquanto um servente chorava. Aplicou-a aos pés do defunto e, pouco depois, exclamou triunfante:

— Vejam só! O pé direito mede quase mais um centímetro que o esquerdo. Não é o que eu dizia? É um degenerado! Essa assimetria dos pés...

O servente, que chorava, interrompeu-o:

— Vossa Excelência só por causa dos pés do senhor Murga não pode dizer isto. Ele não nasceu assim.

— Como foi então?

— Fui seu amigo e devo-lhe muitos favores. Eu conto a Vossa Excelência... "Seu" Murga teve um tumor no pé direito e foi obrigado a andar com chinelo num pé, durante cerca de dois meses, enquanto o esquerdo estava calçado. Naturalmente aquele aumentou enquanto o outro ficava parado. Foi por isso.

Careta, 30 de outubro de 1915

Da minha cela

Não é bem um convento, onde estou há quase um mês; mas tem alguma coisa de monástico, com o seu longo corredor silencioso, para onde dão as portas dos quartos dos enfermos.

É um pavilhão de hospital, o Central do Exército;[6] mas a minha enfermaria[7] não tem o clássico e esperado ar das enfermarias: um vasto salão com filas paralelas de leitos.

Ela é, como já fiz supor, dividida em quartos e ocupo um deles, claro, com uma janela sem um lindo horizonte como é tão comum no Rio de Janeiro.

O que ela me dá é pobre e feio; e, além deste contratempo, suporto desde o clarear do dia até a boca da noite o chilreio desses infames pardais. No mais, tudo é bom e excelente nesta ala de convento que não é todo leigo, como poderia parecer a muitos, pois na extremidade do corredor há quadros de santos que eu, pouco versado na iconografia católica, não sei quais sejam.

Além desses registros devotos, no pavimento térreo, onde está o refeitório, há uma imagem de Nossa Senhora que preside as nossas refeições; e, afi-

---

6. O Hospital Central do Exército foi construído entre 1892 e 1902, inspirado nos hospitais pavilhonares do final do século XIX que, para evitar o contágio, ocupavam um único edifício, de no máximo dois andares.
7. Na 14ª enfermaria.

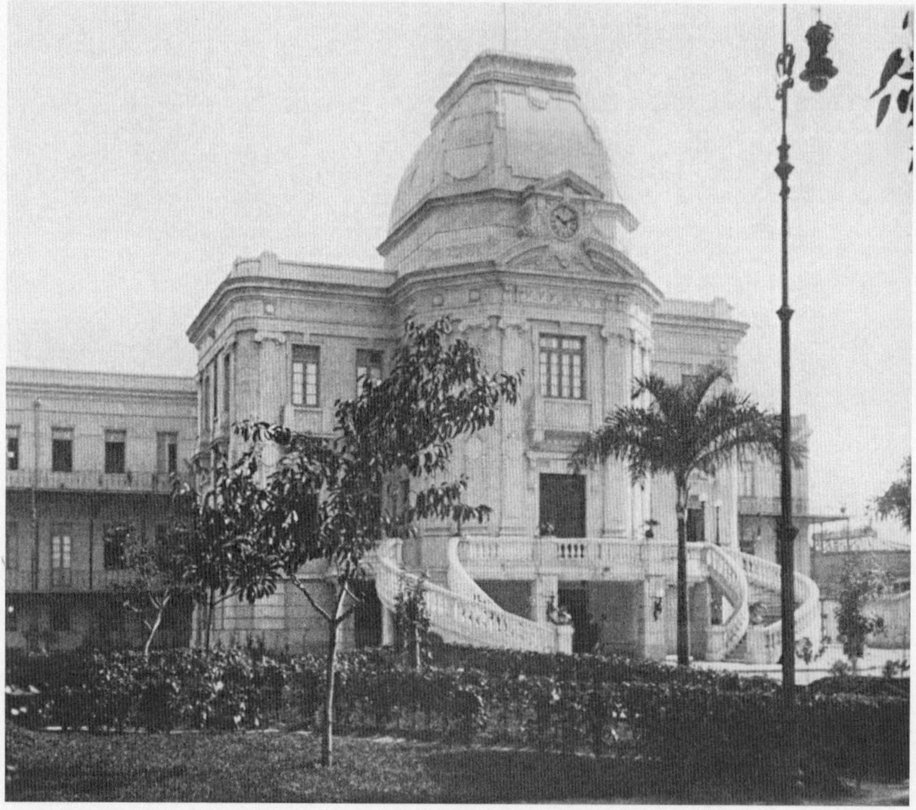

nal, para de todo quebrar-lhe a feição leiga, há a presença das irmãs de São Vicente de Paula. Admiro muito a translucidez da pele das irmãs moças; é um branco pouco humano.

A minha educação cética, voltairiana, nunca me permitiu um contato mais contínuo com religiosos de qualquer espécie. Em menino, logo após a morte da minha mãe, houve uma senhora idosa, dona Clemência, que assessorava a mim e a meus irmãos, e ensinou-me um pouco de catecismo, o "Padre-Nosso", a "Ave-Maria" e a "Salve-Rainha", mas bem depressa nos deixou e eu não sabia mais nada dessas obrigações piedosas, ao fim de alguns meses.

Tenho sido padrinho de batismo umas poucas vezes e, quando o sacerdote, na celebração do ato, quer que eu reze, ele tem que me ditar a oração.

A presença das irmãs aqui, se ainda não me fez católico praticante e fervoroso, até levar-me a provedor de irmandade como o senhor Miguel de Carvalho, convenceu-me, entretanto, de que são úteis, senão indispensáveis aos hospitais.

Nunca recebi (até hoje), como muitos dos meus companheiros de enfermaria, convite para as suas cerimônias religiosas. Elas, certamente, mas sem que eu desse motivo para tal, me supõem um tanto herege, por ter por aí rabiscado uns desvaliosos livros.

Por certo, no seu pouco conhecimento da vida, julgam que todo escritor é acatólico. São, irmãs, até encontrarem um casamento rico que os faz carolas e torquemadescos. Eu ainda espero o meu...

Testemunha do fervor e da dedicação das irmãs no hospital em que estou, desejaria que fossem todas elas assim; e deixassem de ser, por bem ou por mal, pedagogas das ricas moças da sinistra burguesia, cuja cupidez sem freio faz da nossa vida atual um martírio, e nela estiola a verdadeira caridade.

Não sei como vim lembrar-me das coisas nefandas daí de fora, pois vou passando sem cuidado, excelentemente, neste *coenobium* semileigo em que me meti. Os meus médicos são moços dedicados e interessados, como se amigos velhos fossem, pela minha saúde e restabelecimento.

O doutor Alencastro Guimarães, o médico da minha enfermaria, colocou-me no braço quebrado o aparelho a que, parece, chamam de Hennequim!

Sempre a literatura e os literatos...

Antes, eu me submeti à operação diabólica do exame radioscópico. A sala tinha uma pintura negra, de um negro quase absoluto, lustroso, e uma profusão de vidros e outros aparelhos desconhecidos ou mal conhecidos por mim, de modo que, naquele conjunto, eu vi alguma coisa de Satanás, a remoçar-me para dar-me Margarida, em troca da minha alma.

Deitaram-me em uma mesa, puseram-me uma chapa debaixo do braço fraturado e o demônio de um carrinho com complicações de ampolas e não sei que mais correu-me, guiado por um operador, dos pés até a ponta do nariz. Com uma bulha especial, fui sentindo cair sobre o ombro e o braço uma tênue chuva extraordinariamente fluídica que, com exagero e muita tolice, classifico de imponderável.

Além do doutor Alencastro, nos primeiros dias, a minha exaltação nervosa levou-me à enfermaria do doutor Murilo de Campos. Esta tinha o aspecto antipático de uma vasta casa-forte. Valentemente, as suas janelas eram gradeadas de varões de ferro e a porta pesada, inteiramente de vergalhões de ferro, com uma fechadura complicada, resistia muito, para girar nos gonzos, e parecia não querer ser aberta nunca. "*Lasciate ogne speranza*"...[8]

Tinha duas partes: a dos malucos e a dos criminosos. *O crime e a loucura* de Maudsley, que eu lera há tantos anos, veio-me à lembrança; e também a *Recordação da casa dos mortos*, do inesquecível Dostoiévski. Pensei amargamente (não sei se foi só isso) que, se tivesse seguido os conselhos do primeiro e não tivesse lido o segundo, talvez não chegasse até ali; e, por aquela hora, estaria a indagar, na rua do Ouvidor, quem seria o novo ministro da Guerra, a fim de ser promovido na primeira vaga. Ganharia seiscentos mil-réis — o que queria eu mais? Mas... Deus escreve direito por linhas tortas; e estava eu ali muito indiferente à admiração da República, preocupado só em obter cigarros.

Os loucos ou semiloucos que lá vi pareceram-me pertencer à última classe dos malucos. Tenho, desde os nove anos, vivido no meio dos loucos. Já mesmo passei três meses mergulhado no meio deles; mas nunca vi tão vulgares como aqueles. Eram completamente destituídos de interesse, átonos, e bem podiam, pela sua falta de relevo próprio, voltar à sociedade, ir formar ministérios, câmaras, senados e mesmo um deles ocupar a suprema magistratura. Deixemos a política... A irmã dessa enfermaria maudsliana é francesa; mas a daquela em que fiquei definitivamente é brasileira, tendo até na fisionomia um não sei quê de andradino. Ambas muito boas.

---

8. Trata-se da famosa inscrição presente no umbral do inferno, na *Divina comédia*, de Dante Alighieri: "Deixai toda a esperança, vós que entrais".

O médico da enfermaria, como já disse, o doutor Murilo de Campos, que parece gostar de sondar essas duas manifestações misteriosas da nossa natureza e da atividade das sociedades humanas. Como todo médico que se compraz com tais estudos, o doutor Murilo tem muito interesse pela literatura e pelos literatos. Julgo que os médicos dados a tais pesquisas têm esse interesse no intuito de obter nos literatos e na literatura subsídios aos estudos que estão acumulando, a fim de que um dia se chegue a decifrar, explicar, evitar e exterminar esses dois inimigos da nossa felicidade, contra os quais, até hoje, a bem dizer, só se achou a arma horripilante da prisão, do sequestro e da detenção.

Creio que lhe pareci um bom caso, reunindo muitos elementos que quase sempre andam esparsos em vários indivíduos; e o doutor Murilo me interrogou, de modo a fazer que me introspeccionasse um tanto. Lembrei-me, então, de Gaston Rougeot que, na *Revue des Deux Mondes*,[9] há tantos anos, tratando desse interrogatório feito aos doentes pelos médicos, muito usado e preconizado pelo famoso psicólogo Janet, concluía daí que a psicologia moderna, tendo aparecido com aparelhos registradores e outros instrumentos de precisão, que lhe davam as fumaças de experimental, acabava na psicologia clássica da introspecção, do exame e análise das faculdades psíquicas do indivíduo por ele próprio com suas próprias faculdades, pois a tanto correspondia o inquérito do clínico a seu cliente.

Não entendo dessas coisas, mas posso garantir que dei ao doutor Murilo, sobre os meus antecedentes as informações que sabia; sobre as minhas perturbações mentais, informei-lhe do que me lembrava, sem falseamento nem relutância, esperando que meu depoimento possa concorrer algum dia para que, com mais outros sinceros e leais, venha ele servir à ciência e ela tire conclusões seguras, de modo a aliviar de alguns males a nossa triste e pobre humanidade. Sofri também mensurações antropométricas e tive com o resultado delas um pequeno desgosto. Sou braquicéfalo;[10] e, agora quando qualquer articulista da *A Época* quiser defender uma ilegalidade de um ilustre ministro, contra a qual eu me haja insurgido, entre os meus inúmeros defeitos e incapacidades, há de apontar mais este: é um sujeito braquicéfalo; é um tipo inferior!

---

9. Citado também no *Diário íntimo*, em 1910: "*Revue des Deux Mondes*, 1-8-08. Gaston Rougeot. Sobre os resultados da psicofisiologia".
10. Indivíduo com o crânio pouco alongado e de forma ovoide.

Fico à espera da objurgatória com toda a paciência, para lhe dar a resposta merecida pelo seu saber antropológico e pela sua veneração aos caciques republicanos quando estão armados com o tacape do poder.

Pois, meus senhores, como estão vendo, nestes vinte e poucos dias, durante os quais tenho passado nesse remansoso retiro, semirreligioso, semimilitar — espécie de quartel-convento de uma ordem guerreira dos velhos tempos de antanho, têm-me sido uns doces dias de uma confortadora delícia de sossego, só perturbado por esses ignóbeis pardais que eu detesto pela sua avidez de homem de negócios e pela sua crueldade com os outros passarinhos.

Passo-os a ler, entre as refeições, sem descanso, a não ser aquele originado pela passagem da leitura de um livro para um jornal ou da deste para uma revista. A leitura assim feita, sem pensar em outro quefazer, sem poder sair, quase prisioneiro, é saboreada e gozada. Ri-me muito gostosamente do pavor que levaram a todo o Olimpo governamental os acontecimentos de 18.

Não sei como não chamaram para socorrê-lo os marinheiros do "Pittsburg"... Não era bem do programa; mas não sairia da sua orientação.

O que os jornais disseram, uns de boa-fé e outros cavilosamente inspirados, sobre o maximalismo e anarquismo, fez-me lembrar como os romanos resumiam, nos primeiros séculos de nossa era, o cristianismo nascente. Os cristãos, afirmavam eles categoricamente, devoram crianças e adoram um jumento. Mais ou menos isto julgaram os senhores do mundo uma religião que tinha de dominar todo aquele mundo por eles conhecido e mais uma parte muito maior cuja existência nem suspeitavam...

O ofício que o senhor Aurelino dirigiu ao senhor Amaro Cavalcanti, pedindo a dissolução da União Geral dos Trabalhadores, é deveras interessante e guardei-o para a minha coleção de coisas raras.

Gostava muito do senhor Aurelino Leal, pois me pareceu sempre que tinha horror às violências e arbitrariedades da tradição de nosso Santo Ofício policial.

Quando a *Gazeta de Notícias* andou dizendo que sua senhoria cultivava amoricos pelas bandas da Tijuca, ainda mais gostei do doutor Aurelino.

Lembrei-me até de uma fantasia de Daudet que vem nas *Lettres de mon Moulin*. Recordo-a.

Um subprefeito francês, em carruagem oficial, todo agaloado, ia, num dia de forte calor, inaugurar um comício agrícola. Até ali não tinha conseguido compor o discurso e não havia meio de fazê-lo. Ao ver, na margem da estrada, um bosque de pinheiros, imaginou que à sombra deles a inspiração lhe viesse mais prontamente e para lá foi. As aves e as flores, logo que ele começou — "minhas senhoras, meus senhores" — acharam a coisa hedionda, protestaram e, quando os seus serviçais vieram a encontrá-lo, deram com o sublime subprefeito, sem casaca agaloada, sem chapéu aramado, deitado na relva, a fazer versos. Deviam ser bons...

Mas o senhor Aurelino, que ia fazer versos ou coisa parecida no Lago das Fadas, no Excelsior, na gruta Paulo e Virgínia, lá na maravilhosa floresta da Tijuca, deu agora para Fouché caviloso, para Pina Manique ultramontano do Estado, para Trepoff, para inquisidor do candomblé republicano, não hesitando em cercear a liberdade de pensamento e o direito de reunião etc. Tudo isto me fez cair a alma aos pés e fiquei triste com essa transformação do atual chefe de polícia, tanto mais que seu ofício não está com a verdade, ao afirmar que o maximalismo não tem "uma organização de governo".

Não é exato. O que é Lênine? O que são os *soviets*? Quem é Trotski? Não é este alguma coisa ministro como aqui foi Rio Branco, com menos poder do que o barão, que fazia o que queria?

Esse ódio ao maximalismo russo que a covardia burguesa tem, na sombra, propagado pelo mundo; essa burguesia cruel e sem coragem, que se embosca atrás das leis, feitas sob sua inspiração e como capitulação diante do poder do seu dinheiro; essa burguesia vulpina que apela para a violência pelos seus órgãos mais conspícuos, detestando o maximalismo moscovita, deseja implantar o "trepoffismo", também moscovita, como razão de Estado; esse ódio — dizia — não se deve aninhar no coração dos que têm meditado sobre a marcha das sociedades humanas. A teimosia dos burgueses só fará adiar a convulsão que será então pior; e eles se lembrem, quando mandam cavilosamente atribuir propósitos iníquos aos seus inimigos, pelos jornais irresponsáveis; lembrem-se que, se dominam até hoje a sociedade, é à custa de muito sangue da nobreza que escorreu pela guilhotina, em 93, na praça da Grève, em Paris. Atirem a primeira pedra...

Lembro-lhes ainda que, se o maximalismo é russo, se o "trepoffismo" é russo — Vera Zassulitch também é russa...

Agora, vou ler um outro jornal... É *O País*, de 22, que vai me dar grande prazer com o seu substancioso *leading-article*, bem recheado de uma saborosa sociologia de "revistas".

Não há nada como a leitura de *revues* ou de *reviews*. Vou mostrar por quê. Lê-se, por exemplo, o n. 23 da *Revue Philosophique*, é-se logo pragmatista; mas dentro de poucos dias, pega-se no fascículo 14 da *Fortnightly Review*, muda-se num instante para o spencerismo.

De modo que uma tal leitura, quer se trate de sociologia, de filosofia, de política, de finanças, dá uma sabedoria muito própria a quem quer sincera e sabiamente ter todas as opiniões oportunas.

O artigo de fundo de *O País*, que citei, fez-me demorar a atenção sobre vários pontos seus que me sugeriram algumas observações.

O articulista diz que a plebe russa estava deteriorada pela *vodka* (aguardente) e as altas classes debilitadas por uma cultura intelectual refinada, por isso o maximalismo obteve vantagens no ex-império dos czares. Nós, porém, brasileiros, continua o jornalista, somos mais sadios, mais equilibrados e as nossas (isto ele não disse) altas classes não têm nenhum refinamento intelectual.

O sábio plumitivo, ao afirmar essas coisas de *vodka*, de "sadio", de "equilibrado", a nosso respeito, esqueceu-se que a nossa gente humilde, e mesmo a que não o é totalmente, usa e abusa da "cachaça", aguardente de cana (explico isto porque talvez ele não saiba), a que é arrastada, já por vício, já pelo desespero da miséria em que vive graças à ganância, à falta de cavalheirismo e sentimento de solidariedade humana do nosso fazendeiro, do usineiro e, sobretudo, do poder oculto desse esotérico Centro Industrial e da demostênica Associação Comercial, tigres acocorados nos juncais, à espera das vítimas para sangrá-las e beber-lhes o sangue quente. Esqueceu-se ainda mais das epidemias de loucura, ou melhor, das manifestações de loucura coletiva (Canudos, na Bahia; Mukers, no Rio Grande do Sul etc.); esqueceu-se também do senhor doutor Miguel Pereira ("O Brasil é um vasto hospital").

Esquecendo-se dessas coisas comezinhas que são do conhecimento de todos, não é de espantar que afirme ser o anarquismo os últimos vestígios da filosofia (não ponho a chapa que lá está) do *Contrato social* de Rousseau.

Pobre Jean-Jacques! Anarquista! Mais esta, hein, meu velho?

Mais adiante, topei com esta frase que fulmina o maximalismo, o anarquismo, o socialismo, como um raio de Zeus Olímpico: "Na placidez estéril do 'nirvana' da preguiça universal".

Creio que foi Taine quem, num estudo sobre o budismo, disse ser difícil à nossa inteligência ocidental aprender o que seja "nirvana". Está-se vendo que o incomparável crítico francês tinha bastante razão...

O profundo articulista acoima de velharias as teorias maximalistas e anarquistas, às quais opõe, como novidade, a surgir do término da guerra, um nietzschismo, para uso dos açambarcadores de tecido, de açúcar, de carne-seca, de feijão etc. Não trepida, animado pelo seu recente super-humanismo, de chamar de efeminadas as doutrinas dos seus adversários, que vêm para a rua jogar a vida e, se presos, sofrer sabe Deus o quê. Os cautelosos sujeitos que, nestes quatro anos de guerra, graças a manobras indecorosas e inumanas, ganhavam mais do que esperavam em vinte, estes é que devem ser viris como os tigres, como as hienas e como os chacais. Eu me lembrei de escrever-lhes as vidas, de compará-las, de fazer com tudo isso uma espécie de Plutarco, já que não posso organizar um jardim zoológico especial com tais feras, bem encarceradas em jaulas bem fortes.

Vou acabar, porque pretendo iniciar o meu Plutarco; mas, ao despedir-me, não posso deixar de ainda lamentar a falta de memória do articulista do *O País* quando se refere à idade de suas teorias. Devia estar lembrado que Nietzsche deixou de escrever em 1881 ou 82; portanto, há quase quarenta anos, enlouqueceu totalmente, tristemente, em 1889; e veio a morrer, se não me falha a memória, em 1897[11] — por aí assim.

As suas obras, as últimas, têm pelo menos quarenta anos ou foram pensadas há quarenta anos. Não são, para que digamos, lá muito *vient de paraître*. Serão muito pouco mais moças do que as que inspiram os revolucionários russos... Demais, o que prova a idade de uma obra quanto à verdade ou à mentira que ela pode encerrar? Nada.

Compete-me dizer afinal ao festejado articulista que o Zaratustra, do Nietzsche, dizia que o homem é uma corda estendida entre o animal e o super-humano — uma corda sobre o abismo. Perigoso era atravessá-la; perigoso, ficar no caminho; perigoso, olhar para trás. Cito de cor, mas creio que sem falsear o pensamento.

Tome, pois, o senhor jornalista cuidado com o seu nietzschismo de última hora, a serviço desses nossos grotescos super-homens da política, da finança e da indústria; e não lhe vá acontecer o que se passou com aquele sujeito que logo aprendeu a correr em bicicleta, mas não sabia saltar. E — note bem

---

11. Em 10 de janeiro de 1889, Nietzsche é internado na Clínica Psiquiátrica da Basileia. Uma semana depois é transferido para a Clínica de Iena, onde permanece até 24 de março de 1890. Morre em Weimar, em 25 de agosto de 1900.

— ele não corria ou pedalava em cima de uma corda estendida sobre um abismo...

É o que ouso lembrar-lhe desta minha cela ou quarto de hospital, onde passaria toda minha vida, se não fossem os horrorosos pardais e se o horizonte que eu diviso fosse mais garrido ou imponente.

A.B.C., 30 de novembro de 1918

Uma entrevista

Lima Barreto, o romancista admirável de *Isaías Caminha*, está no Hospício. Boêmio incorrigível, os desregramentos de vida abateram-lhe o ânimo de tal forma, que se viu obrigado a ir passar uns dias na praia da Saudade, diante do mar, respirando o ar puro desse recanto ameno da cidade. Lá está seguramente há um mês. É verdade que não está maluco, como a princípio se poderá cuidar; apenas um pouco excitado e combalido. O seu espírito está perfeitamente lúcido, e a prova disso é que Lima Barreto, apesar do ambiente ser mui pouco propício, tem escrito muito. Ainda há dias, numa rápida visita que lhe fizemos, tivemos ocasião de verificar a sua boa disposição e de ouvi-lo sobre os planos de trabalho que está construindo mentalmente, para realizar depois que se libertar das grades do manicômio. Lima Barreto apareceu-nos vestindo a roupa de zuarte, usada no estabelecimento, os cabelos desgrenhados e os dedos sujos de tinta, sinal evidente de que escrevia no momento em que fora chamado.

— *Então, Lima, que é isso?*

— É verdade. Meteram-me aqui para descansar um pouco. E eu aqui estou satisfeito, pronto a voltar ao mundo.

— *Boa, então, esta vidinha?*

— Boa, propriamente, não direi; mas, afinal, a maior, senão a única ventura, consiste na liberdade; o Hospício é uma prisão como outra qualquer, com grades e guardas severos que mal nos permitem chegar à janela. Para mim, porém, tem sido útil a estadia nos domínios do senhor Juliano Moreira. Tenho coligido observações interessantíssimas para escrever um livro sobre a vida interna dos hospitais de loucos. Leia *O cemitério dos vivos*. Nessas páginas contarei, com fartura de pormenores, as cenas mais jocosas e as mais dolorosas que se passam dentro destas paredes inexpugnáveis. Tenho visto coisas interessantíssimas.

— *Mas, afinal, como vieste para aqui?*

— Muito simplesmente. Estando um pouco excitado, é natural, por certos abusos, resolveu meu irmão que eu necessitava descanso. E, um belo dia, meteu-me num carro e abalou comigo para cá. Quando verifiquei onde estava, fiquei indignado. Essa indignação, pareceu, então aos homens daqui acesso furioso de loucura e o seu amigo foi, sem mais formalidades, trancafiado num quarto-forte. Aí é que presenciei as cenas mais engraçadas entre todas as que já me têm sido dado ver. Éramos quatro dentro de um espaço que mal chegava para um homem se mover com certa liberdade. Um preto epilético, que tinha ataques horríveis, um mulato de fisionomia má, que tinha mania de ser mudo, um português, coitado, que resolveu ser cavalo de tílburi e eu. Logo que entrei, compreendi o perigo da minha situação e procurei me colocar num canto, bem cosido à parede, para evitar os pontapés, que, à guisa de coices, dava o suposto cavalo de tílburi. O preto epilético, porém, veio em meu auxílio.

— Você não é aprendiz de marinheiro? — perguntou-me acolhedor.

E eu, para o não contrariar, respondi logo que sim.

— Eu me lembro de você — acrescentou ele. — Somos colegas.

Se não fosse esse "colega", agora não sei onde estaria, o "cavalo" era fraco, menor e tinha uma predileção especial pelas minhas parcas carnes. De vez em quando, juntava os pés e — bumba! — arrumava um par de coices violentos. O preto é que intervinha, e, gritando como se fosse cocheiro, obrigava-o a escoicear as paredes e não a mim. Assim foram as minhas primeiras horas passadas neste caso. Depois é que compreenderam que eu não era um maluco e me libertaram.

— *Mas não te reconheceu ninguém?*

— Até então, não. Nem eu fiz por isso. Queria, ao contrário, passar despercebido, para observar melhor e mesmo para verificar, por experiência própria, a maneira como eram tratados os loucos desprotegidos e sem dinheiro — que no Hospício também predomina o "pistolão", é preciso que se note. Logo que me soltaram, entretanto, deram-me uma vassoura e mandaram-me varrer o Pavilhão de Observação e, depois, o parque.

E, passivamente me submeti e dei conta do serviço. Foi quando terminava de varrer o parque, que um pensionista me reconheceu e denunciou. No dia seguinte me visitava o meu amigo Humberto Gotuzzo e me fazia transferir para a seção em que eu até agora estou.

— *E a companhia, que tal?*

— Boa. Onde estou só há inofensivos, malucos mansos ou menos suspeitos, como eu. Não fazem mal a ninguém, nem se preocupam uns com a vida dos outros. Há uns "cacetes", conversadores ou pedinchões. Querem penas, papel, cigarros — enfim, os "filantes" que existem lá fora, existem também aqui dentro. Mas são mansos e não fazem mal a ninguém. Pode-se viver perfeitamente no meio deles.

— *Cita aí alguns tipos interessantes dos que observaste. A título de curiosidade...*

— Isso não. Se eu os citar, o livro perderá todo o interesse. Essas coisas valem, sobretudo, pela novidade. O que posso assegurar, no entanto, é que há uns esplêndidos, melhores ainda do que o tal "cavalo de tílburi".

— *E quando pensas lançar O cemitério dos vivos?*

— Não sei. Agora só falta escrever, meter em forma as observações reunidas. Esse trabalho pretendo encetar logo que saia daqui, porque aqui não tenho as comodidades que são de desejar para a feitura de uma obra dessa natureza.

E Lima Barreto, sorrindo, arrancou do bolso um pedaço de papel:

— Estás vendo? São uns tipos que acabo de jogar.

A Folha, 31 de janeiro de 1920

Os percalços do budismo

Há tempos, por uma bela tarde de verão, resolvi dar um passeio pela chamada avenida Beira-Mar que, como todas as coisas nossas, é a mais bela do mundo, assim como o Corcovado é o mais alto monte da Terra.

Queria ver o mar mais livre, sem aquelas peias de cais que lhe causam, de quando em quando, revoltas demolidoras de que todos se lembram; mas não tinha dinheiro para ir a Angra dos Reis. Bem.

Pouco acima do Passeio Público, encontrei-me com o meu antigo colega Epimênides da Rocha, a quem de há muito não via.

— Onde tens andado?

— No Hospício.

— Como? Não tens ar de louco absolutamente — como foi então?

— A polícia. Não sabes que a nossa polícia é paternal e ortodoxa em matéria de religião?

— Que tem uma coisa com a outra?

— Eu te conto. Logo depois de me aposentar, eu me retirei com os meus livros e papéis para um subúrbio longínquo. Aluguei uma casa, em cujo quintal tinha uma horta e galinheiro, tratados por mim e pelo meu fiel Manuel Joaquim, um velho português que não ficou rico. Nos lazeres das minhas leituras, trabalhava nos canteiros e curava a bouba dos meus pintos. Fui ficando afeiçoado na redondeza e conversava com todos que se chegavam a mim. Aos poucos, fui pregando, da forma que lhes fosse, mais acessível, aos meus vizinhos as minhas teorias mais ou menos niilistas e budistas.

O mundo não existe, é uma grande ilusão. Para matar em nós a dor, é preciso varrer da nossa vontade todo e qualquer desejo e ambição que são fontes de sofrimento. É necessário eliminar em nós, sobretudo, o amor, donde decorre toda a nossa angústia. Citava em português aquelas palavras de Bossuet, e as explicava terra a terra: "*Posez l'amour, vous faites naître toutes les passions, ôtez l'amour, vous les supprimez toutes*".[12]

Aos poucos, as minhas ideias, pregadas com os exemplos e comparações mais corriqueiras, se espalharam e eu me vi obrigado a fazer conferências. Um padre que andava por lá, a catar níqueis, para construir a milionésima igreja do Rio de Janeiro, acusou-me de feitiçaria, candomblâncias, macumbas e outras coisas feias. Fui convidado a comparecer à delegacia e o delegado, com grandes berros e gestos furiosos, intimou-me a acabar com as minhas prédicas. Disse-lhe que não lhe podia obedecer, pois, segundo as leis, eu tinha a mais ampla liberdade de pensamento literário, político, artístico, religioso etc. Mais furioso ficou e eu mais indignado fiquei. Mas vim para casa e continuei.

Um belo dia, veio um soldado buscar-me e levou-me para a chefatura de polícia, onde me levaram a um doutor.

Percebi que me acusavam (?) de maluco.

Disse-lhe que não era louco e, mesmo que o fosse, segundo a legislação em vigor, não sendo eu indigente, competia a meus pais, pois os tinha, internar-me em hospital adequado. Não quis saber de leis e outras malandragens e remeteu-me para a praia da Saudade, como sofrendo de mania religiosa. O que me aconteceu aí, onde, em geral, me dei bem, contarei num próximo livro. Contudo, não posso deixar de te referir agora o risinho de mofa que um doutor fez, quando lhe disse que tinha alguns livros publicados e cursara uma escola superior. No Brasil, meu caro, doutor ou nada.

Ia-me acostumando, tanto mais que o meu médico era o doutor Gotuzzo, excelente pessoa, quando, certo dia, ele me chamou:

---

12. Na quinta parte do *Diário do Hospício* figura a mesma citação de Jacques-Bénigne Bossuet (1627-1704), retirada de seu tratado *De la Connaissance de Dieu et de soi-même* (1741): "*Ôtez l'amour, il n'y a plus de passion, posez l'amour et vous les faites naître toutes*" [Retire o amor, não haverá mais paixão, coloque o amor, e todas brotarão].

— Epimênides!
— Que é, doutor?
— Você vai ter alta.
— Como?
— Não quer?
— A bem dizer, não. Gosto dos homens, das suas lutas, das suas disputas, mas não gosto de lhes entender o pensamento. Os gestos, os ademanes, tudo que lhes é exterior aprecio; mas, a alma não. Não entendo a que móveis os meus companheiros de manicômio obedecem, quando fazem gatimonhas e deliram; vivia, portanto, aqui num paraíso, tanto mais que não fazia nada, porque a finalidade da minha doutrina religiosa é realizar na vida o *maximum* de preguiça. Não direi todos, mas um dos males da nossa época é essa pregação do trabalho intenso, que tira o ócio do espírito e nos afasta a todo o momento da nossa alma imortal e não nos deixa ouvi-la a todo o momento.

A isto, disse-me o doutor:

— Não posso, apesar do que você diz, conservar você aqui. Você tem que se ir mesmo; mas estou bem certo de que a humanidade lá de fora, em grande parte, não deixa de ter algum parentesco com a fração dela que está aqui dentro.

— Tem, meu caro doutor; mas é uma fração da fração a que o senhor alude.

— Qual é?

— São os idiotas.

— No dia seguinte — continuou ele — estava na rua e, graças aos cuidados do Manuel Joaquim, encontrei meus livros intatos.

Então eu perguntei ao camarada Epimênides:

— Que vais fazer agora?

— Escrever uma obra vultosa e volumosa.

— Como se intitula?

— *Todos devem obedecer à Lei, menos o Governo.*

Desde esse dia, não mais o encontrei; mas soube, por alguém, que ele estava tratando de arranjar um mandato de manutenção, para erigir um convento budista da mais pura doutrina, a qual seria ensinada por um bonzo siamês que viera como taifeiro de veleiro de Rangum e ele conhecera morrendo de fome no cais do porto.

Careta, 31 de janeiro de 1920

A lógica do maluco

Estes malucos têm cada ideia, santo Deus! Num dia destes, no Hospital Nacional de Alienados, aconteceu uma que é mesmo de se tirar o chapéu. Contou-me o caso o meu amigo doutor Gotuzzo, que me consentiu em trazê-lo a público, sem o nome do doente — o que farei sem nenhuma discrepância.

Havia na seção que esse ilustre médico dirige, um doente que não era comum. Não o era, não pela estranheza de sua moléstia, uma simples mania, sem aspectos notáveis; mas, pela sua educação e relativa instrução. Com bons princípios, era um rapaz lido e assaz culto. Fazia parte até da Academia de Letras de Vitória, estado do Espírito do Santo, onde residia — como membro extraordinário, em vista ou à vista de vaga, isto é, membro externo, ou de fora, que espera a primeira vaga para entrar. É uma espécie de acadêmico muito original que aquela academia criou e que, embora se preste à troça, lembre coisas de bebês, de cueiros, do Manequinho da Avenida, e outras muito pouco elegantes, oferece, entretanto, efeitos práticos notáveis. Atenua a cabala nas eleições e evita as sem-vergonhices e baixezas de certos candidatos. Lá, ao menos, quando há vaga, já se sabe quem vai preenchê-la. Não é preciso mandar organizar um livro, às pressas...

A denominação, na verdade, não é lá muito parlamentar; a academia capixaba, porém, a perfilhou, depois de proposta pela boca de um dos mais insignes beletristas goianos que nela tem assento.

O doente do doutor Gotuzzo, como já disse, era membro de fora da academia capixaba; mas, subitamente, com a leitura dos *Comentários à Constituição*, do doutor Carlos Maximiliano, enlouqueceu e foi para o hospital da praia da Saudade.

Entregue aos cuidados do doutor Gotuzzo, melhorou um pouco; mas, tiveram a imprudência de lhe dar, de novo, os tais *Comentários* e a mania voltou-lhe. Como ele gostasse do assunto, o doutor Gotuzzo mandou retirar do poder dele a profunda obra do doutor Maximiliano e deu-lhe a do senhor João Barbalho. Melhorou a olhos vistos. Há dias, porém, teve um pequeno acesso; mas, brando e passageiro. Tinha pedido ser levado à presença do alienista, pois queria falar-lhe certa coisa particular. O chefe da enfermaria permitiu e ele lá foi ter, na hora própria.

O doutor Gotuzzo acolheu-o com toda a gentileza e bondade, como lhe é trivial:

— Então, o que há, doutor?

O doente era como todo o brasileiro, bacharel em direito ou em ciências veterinárias; mas pouca importância dava à carta. Gostava de ser tratado de capitão — coisa que não era nem da defunta Guarda Nacional, sepultada, como tantas outras coisas, apesar da Constituição. Apareceu calmo e sentou-se ao lado do alienista, a um aceno deste. Interrogado, respondeu:

— Preciso que o doutor consinta que eu vá falar ao diretor.

— Para quê? Para que você quer falar ao doutor Juliano?

— É muito simples: quero arranjar um emprego. Dou-me muito com o doutor Marcílio de Lacerda, senador, que foi até quem me fez membro de fora da Academia de Vitória; e ele, naturalmente, há de se interessar por mim.

— Escreva ao doutor Marcílio que ele virá até aqui.

— Não me serve. Quero ir até lá; é muito melhor. Para isso, preciso licença do doutor Juliano.

— Mas, meu caro, não adianta nada o passo que você vai dar.

— Como?

— Você é doente, sua família já obteve a interdição de você — como é que você pode exercer um cargo público?

— Posso, pois não. Está na Constituição: "Os cargos públicos civis, ou militares, são acessíveis a todos os brasileiros". Eu não sou brasileiro? Logo...

— Mas você...

— Eu sei; mas as mulheres não estão sendo nomeadas? Olhe, doutor: mulher, menor, louco ou interdito, em direito têm grandes semelhanças.

Tanto insistiu que obteve o consentimento, para ir falar ao eminente psiquiatra. O doutor Juliano Moreira recebeu-o com a sua inesgotável bondade que, mais do que o seu real talento, é a dominante na sua individualidade. Ouviu o doente com calma, interrogou-o com doçura e respondeu ao pedido dele:

— Por ora, não consinto, porquanto devo antes pedir, a esse respeito, as luzes de um qualquer notável consultor jurídico.

Careta, 8 de outubro de 1921

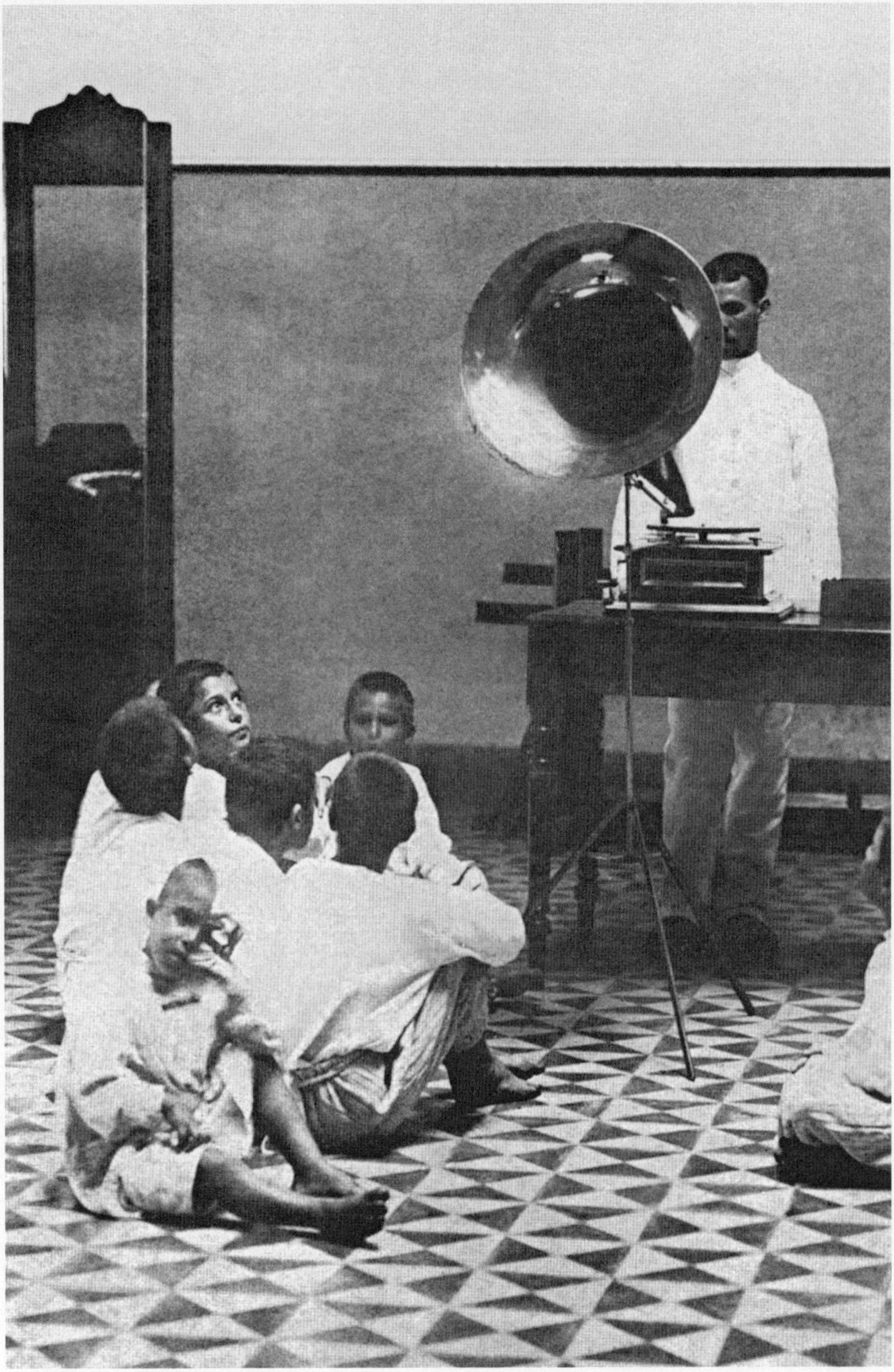

O Hospício
segundo outros cronistas

O esforço de reunir o maior conjunto possível de crônicas e reportagens sobre o Hospício Nacional de Alienados foi o de revelar como tal instituição mobilizou os mais variados escritores: Machado de Assis, Raul Pompéia e Olavo Bilac. Isso sem mencionar como as crônicas de Machado de Assis lançam luz sobre *O alienista*.

A reinauguração do Hospício, no período republicano, catalisou uma série de debates. O drama aparentemente individual relatado no *Diário do Hospício* e ficcionalizado em *O cemitério dos vivos*, pode ser redimensionado a partir das crônicas que revelam como o início do período republicano despertou nos intelectuais um sentimento de transformação social. Neste novo quadro, tanto o olhar cético de Machado de Assis como a visada crítica de Lima Barreto contrastam com a crônica-reportagem de Olavo Bilac publicada na revista *Kosmos*.

Há que se mencionar outros escritores, muito embora ausentes nesta antologia, que também abordaram o assunto. É o caso de João do Rio que assina a reportagem "No hospício", estampada na *Gazeta de Notícias* (Rio de Janeiro, 31 jul. 1904), e a crônica "Mulheres detentas", incluída em *A alma encantadora das ruas* (1908). E do jovem Orestes Barbosa que, nas ásperas crônicas de *Bambambã!* (1923), escritas na Casa de Detenção, alude sempre à Casa dos Doidos.

Machado de Assis

A SEMANA
29 DE SETEMBRO DE 1895

Quando a vida cá fora estiver tão agitada e aborrecida que se não possa viver tranquilo e satisfeito, há um asilo para a minha alma — e para o meu corpo, naturalmente.

Não é o céu, como podeis supor. O céu é bom, mas eu imagino que a paz lá em cima não estará totalmente consolidada. Já lá houve uma rebelião; pode haver outras. As pessoas que vão deste mundo, anistiadas ou perdoadas por Deus, podem ter saudades da terra e pegar em armas. Por pior que a achem, a terra há de dar saudades, quando ficar tão longe que mal pareça um miserável pontinho preto no fundo do abismo. Oh! pontinho preto, que foste o meu infinito (exclamarão os bem-aventurados), quem me dera poder trocar esta chuva de maná pela fome do deserto. O deserto não era inteiramente mau; morria-se nele, é verdade, mas vivia-se também; e uma ou outra vez, como nos povoados, os homens quebravam a cabeça uns aos outros — sem saber por quê, como nos povoados.

Não, devota amiga da minha alma, o asilo que buscarei, quando a vida for tão agitada como a desta semana, não é o céu, é o Hospício dos Alienados.

Não nego que o dever comum é padecer comumente, e atacarem-se uns aos outros, para dar razão ao bom Renan, que pôs esta sentença na boca de um latino: "O mundo não anda senão pelo ódio de dois irmãos inimigos". Mas, se o mesmo Renan afirma, pela boca do mesmo latino, que "este mundo é feito para desconcertar o cérebro humano", irei para onde se recolhem os desconcertados, antes que me desconcertem a mim.

Que verei no Hospício? O que vistes quarta-feira numa exposição de trabalhos feitos pelos pobres doidos, com tal perfeição que é quase uma fortuna terem perdido o juízo. Rendas, flores, obras de lã, carimbos de borracha, facas de pau, uma infinidade de coisas mínimas, geralmente simples, para as quais não se lhes pede mais que atenção e paciência. Não fazendo obras mentais e complicadas, tratados de jurisprudência ou constituições políticas, nem filosofias nem matemáticas, podem achar no trabalho um paliativo à loucura, e um pouco de descanso à agitação interior. Bendito seja o que primeiro cuidou de encher-lhes o tempo com serviço, e recompor-lhes em parte os fios arrebentados da razão.

Mas não verei só isso. Verei um começo de Epimênides, uma mulher que entrou dormindo, em 14 de setembro do ano passado, e ainda não acordou. Já lá vai um ano. Não se sabe quando acordará; creio que pode morrer de velha, como outros que dormem apenas sete ou oito horas por dia, e ir-se-á para a cova, sem ter visto mais nada. Para isso, não valerá a pena ter dormido tanto. Mas suponhamos que acorde no fim deste século ou no começo do outro; não terá visto uma parte da história, mas ouvirá contá-la, e melhor é ouvi-la que vivê-la. Com poucas horas de leitura ou de oitiva, receberá notícia do que se passou em oito ou dez anos, sem ter sido nem atriz, nem comparsa, nem público. É o que nos acontece com os séculos passados. Também ela nos contará alguma coisa. Dizem que, desde que entrou para o Hospício, deu apenas um gemido, e põe algumas vezes a língua de fora. O que não li é se, além de tal letargia, goza do benefício da loucura. Pode ser; a natureza tem desses obséquios complicados.

Aí fica dito o que farei e verei para fugir ao tumulto da vida. Mas há ainda outro recurso, se não puder alcançar aquele a tempo: um livro que nos interesse, dez, quinze, vinte livros. Disse-vos no fim da outra semana que ia acabar de ler o *Livro de uma sogra*. Acabei-o muito antes dos acontecimentos que abalaram o espírito público. As letras também precisam de anistia. A diferença é que, para obtê-la, dispensam votação. É ato próprio; um homem pega em si, mete-se no cantinho do gabinete, entre os seus livros, e elimina o resto. Não é egoísmo, nem indiferença; muitos sabem em segredo o que lhes dói do mal político; mas, enfim, não é seu ofício curá-lo. De todas as coisas humanas, dizia alguém com outro sentido por diverso objeto, a única que tem o seu fim em si mesma é a arte.

Sirva isto para dizer que a fortuna do livro do sr. Aluísio Azevedo é que, escrito para curar um mal, ou suposto mal, perde desde logo a intenção primeira, para se converter em obra de arte simples. Dona Olímpia é um tipo novo de sogra, uma sogra *avant la lettre*. Antes de saber com quem há de casar a filha, já pergunta a si mesma de que maneira "poderá dispor do genro e governá-lo em sua íntima vida conjugal". Quando lhe aparece o futuro genro, consente em dar-lhe a filha, mas pede-lhe obediência, pede-lhe a palavra, e, para que esta se cumpra, exige um papel em que Leandro avise à polícia que não acuse ninguém da sua morte, pois que ele mesmo pôs termo a seus dias; papel que será renovado de três em três meses. D. Olímpia declara-lhe, com franqueza, que é para salvar a sua impunidade, caso haja de o mandar matar. Leandro aceita a condição; talvez tenha a mesma impressão do leitor, isto é, que a alma de d. Olímpia não é tal que chegue ao crime.

Cumpre-se, entretanto, o plano estranho e minucioso, que consiste em regular as funções conjugais de Leandro e Palmira, como a famosa sineta dos jesuítas do Paraguai. O marido vai para Botafogo, a mulher para as Laranjeiras. Balzac estudou a questão do leito único, dos leitos unidos, e dos quartos separados; d. Olímpia inventa um novo sistema, o de duas casas, longe uma da outra. Palmira concebe, d. Olímpia faz com que o genro embarque imediatamente para a Europa, apesar das lágrimas dele e da filha. Quando a moça concebe a segunda vez, é o próprio genro que se retira para os Estados Unidos. Enfim, d. Olímpia morre e deixa o manuscrito que forma este livro, para que o genro e a filha obedeçam aos seus preceitos.

Todo esse plano conjugal de d. Olímpia responde ao desejo de evitar que a vida comum traga a extinção do amor no coração dos cônjuges. O casamento, a seu ver, é imoral. A mancebia também é imoral. A rigor, parece-lhe que, nascido o primeiro filho, devia dissolver-se o matrimônio, porque a mulher e o marido podem acender em outra pessoa o desejo de conceber novo filho, para o qual já o primeiro cônjuge está gasto; extinta a ilusão, é mister outra. D. Olímpia quer conservar essa ilusão entre a filha e o genro. Posto que raciocine o seu plano, e procure dar-lhe um tom especulativo, de mistura com particularidades fisiológicas, é certo que não possui noção exata das coisas, nem dos homens.

Napoleão disse um dia, ante os redatores do código civil, que o casamento (entenda-se monogamia) não derivava da natureza, e citou o contraste do Ocidente com o Oriente. Balzac confessa que foram essas palavras que lhe deram a ideia da fisiologia. Mas o primeiro faria um código, e o segundo enchia um volume de observações soltas e estudos analíticos. Diversa coisa é buscar constituir uma família sobre uma combinação de atos irreconciliáveis, como remédio universal, e algo perigosos. D. Olímpia, querendo evitar que a filha perdesse o marido pelo costume do matrimônio, arrisca-se a fazer-lho perder pela intervenção de um amor novo e transatlântico.

Tal me parece o livro do sr. Aluísio Azevedo. Como ficou dito, é antes um tipo novo de sogra que solução de problema. Tem as qualidades habituais do autor, sem os processos anteriores, que, aliás, a obra não comportaria. A narração, posto que intercalada de longas reflexões e críticas, é cheia de interesse e movimento. O estilo é animado e colorido. Há páginas de muito mérito, como o passeio à Tijuca, os namorados adiante, o dr. César e d. Olímpia atrás. A linguagem em que esta fala da beleza da floresta e das saudades do seu tempo é das mais sentidas e apuradas do livro.

A SEMANA
31 DE SETEMBRO DE 1896

A fuga dos doidos do hospício é mais grave do que pode parecer à primeira vista. Não me envergonho de confessar que aprendi algo com ela, assim como que perdi uma das escoras da minha alma. Este resto de frase é obscuro, mas eu não estou agora para emendar frases nem palavras. O que for saindo saiu, e tanto melhor se entrar na cabeça do leitor.

Ou confiança nas leis, ou confiança nos homens, era convicção minha de que se podia viver tranquilo fora do Hospício dos Alienados. No bonde, na sala, na rua, onde quer que se me deparasse pessoa disposta a dizer histórias extravagantes e opiniões extraordinárias, era meu costume ouvi-la quieto. Uma ou outra vez sucedia-me arregalar os olhos, involuntariamente, e o interlocutor, supondo que era admiração, arregalava também os seus, e aumentava o desconcerto do discurso. Nunca me passou pela cabeça que fosse um demente. Todas as histórias são possíveis, todas as opiniões respeitáveis. Quando o interlocutor, para melhor incutir uma ideia ou um fato, me apertava muito o braço ou me puxava com força pela gola, longe de atribuir o gesto a simples loucura transitória, acreditava que era um modo particular de orar ou expor. O mais que fazia, era persuadir-me depressa dos fatos e das opiniões, não só por ter os braços mui sensíveis, como porque não é com dois vinténs que um homem se veste neste tempo.

Assim vivia, e não vivia mal. A prova de que andava certo, é que não me sucedia o menor desastre, salvo a perda da paciência; mas a paciência elabora-se com facilidade; — perde-se de manhã, já de noite se pode sair com dose nova. O mais corria naturalmente. Agora, porém, que fugiram doidos do Hospício e que outros tentaram fazê-lo (e sabe Deus se a esta hora já o terão conseguido), perdi aquela antiga confiança que me fazia ouvir tranquilamente discursos e notícias. É o que acima chamei uma das escoras da minha alma. Caiu por terra o forte apoio. Uma vez que se foge do Hospício dos Alienados (e não acuso por isso a administração) onde acharei método para distinguir um louco de um homem de juízo? De ora avante, quando alguém vier dizer-me as coisas mais simples do mundo, ainda que me não arranque os botões, fico incerto se é pessoa que se governa, ou se apenas está num daqueles intervalos lúcidos, que permitem ligar as pontas da demência às da razão. Não posso deixar de desconfiar de todos.

A própria pessoa, ou para dar mais claro exemplo, o próprio leitor deve desconfiar de si. Certo que o tenho em boa conta, sei que é ilustrado, benévolo e paciente, mas depois dos sucessos desta semana, quem lhe afirma que não saiu ontem do Hospício? A consciência de lá não haver entrado não prova nada; menos ainda a de ter vivido desde muitos anos, com sua mulher e seus filhos, como diz Lulu Sênior. É sabido que a demência dá ao enfermo a visão de um estado estranho e contrário à realidade. Quem saiu esta madrugada de um baile? Mas os outros convidados, os próprios noivos que saberão de si? Podem ser seus companheiros da praia Vermelha. Este é o meu terror. O juízo passou a ser uma probabilidade, uma eventualidade, uma hipótese.

Isto, quanto à segunda parte da minha confissão. Quanto à primeira, o que aprendi com a fuga dos infelizes do Hospício, é ainda mais grave que a outra. O cálculo, o raciocínio, a arte com que procederam os conspiradores da fuga, foram de tal ordem, que diminuiu em grande parte a vantagem de ter juízo. O ajuste foi perfeito. A manha de dar pontapés nas portas para abafar o rumor que fazia Serrão arrombando a janela do seu cubículo, é uma obra-prima; não apresenta só a combinação de ações para o fim comum, revela a consciência de que, estando ali por doidos, os guardas os deixariam bater à vontade, e a obra da fuga iria ao cabo, sem a menor suspeita. Francamente, tenho lido, ouvido e suportado coisas muito menos lúcidas.

Outro episódio interessante foi a insistência de Serrão[13] em ser submetido ao tribunal do júri, provando assim tal amor da absolvição e consequente liberdade, que faz entrar em dúvida se se trata de um doido ou de um simples réu. Não repito o mais, que está no domínio público e terá produzido sensações iguais às minhas. Deixo vacilante a alma do leitor. Homens tais não parecem artífices de primeira qualidade, espíritos capazes de levar a cabo as questões mais complicadas deste mundo?

Não quero tocar no caso de Paradeda Júnior, que lá vai mar em fora, por achá-lo tardio. Meio século antes, era um bom assunto de poema romântico. Quando, alto-mar, o infeliz revelasse, por impulsão repentina, o seu verdadeiro estado mental, a cena seria terrível, e a inspiração germânica, mais que qualquer outra, acharia aí uma bela página. O poema devia chamar-se "Der narrische Schiff". Descrição do mar, do navio e do céu; a bordo, alegria e confiança. Uma noite, estando a lua em todo o esplendor, um dos passageiros contava a batalha de Leipzig ou recitava uns versos de Uhland. De repente, um salto, um grito, tumulto, sangue: o resto seria o que Deus inspirasse ao poeta. Mas, repito, o assunto é tardio.

De resto, toda esta semana foi de sangue — ou por política, ou por desastre, ou por desforço pessoal. O acaso luta com o homem para fazer sangrar a gente pacata e temente a Deus. No caso de Santa Teresa, o cocheiro evadiu-se e começou o inquérito. Como os feridos não pedem indenização à compa-

---

13. A fuga de Custódio Alves Serrão do Hospício Nacional de Alienados ocorreu na noite de 26 de maio de 1896 e foi amplamente divulgada pela imprensa, colocando em xeque a administração do alienista e professor de clínica psiquiátrica dr. João Carlos Teixeira Brandão. Em *Crime e loucura: O aparecimento do manicômio judiciário na passagem do século* (Rio de Janeiro: Editora da UFRJ; Edusp, 1998), Sérgio Carrara discute em detalhes todas as questões que envolvem a controvertida categoria social do "louco-criminoso", tomando como exemplo justamente este caso.

nhia, tudo irá pelo melhor no melhor dos mundos possíveis. No caso de Copacabana, deu-se a mesma fuga, com a diferença que o autor do crime não é cocheiro; mas a fuga não é privilégio de ofício, e, demais, o criminoso já está preso. Em Manhuaçu continua a chover sangue, tanto que marchou para lá um batalhão daqui. O comendador Ferreira Barbosa (a esta hora assassinado), em carta que escreveu ao diretor da *Gazeta* e foi ontem publicada, conta minuciosamente o estado daquelas paragens. Os combates têm sido medonhos. Chegou a haver barricadas. Um anônimo declarou pelo *Jornal do Commercio* que, se a comarca de S. Francisco tornar à antiga província de Pernambuco, segundo propôs o sr. Senador João Barbalho, não irá sem sangue. Sangue não tarda a escorrer do jovem Estado (peruano) do Loreto...

Enxuguemos a alma. Ouçamos, em vez de gemidos, notas de música. Um grupo de homens de boa vontade vai dar-nos música velha e nova, em concertos populares, a preço cômodo. Venham eles, venham continuar a obra do Clube Beethoven, que foi por tanto tempo o centro das harmonias clássicas e modernas. Tinha de acabar, acabou. Os *Concertos populares* também acabarão um dia, mas será tarde, muito tarde, se considerarmos a resolução dos fundadores, e mais a necessidade que há de arrancar a alma ao tumulto vulgar para a região serena e divina... Um abraço ao dr. Luís de Castro.

Pela minha parte, proponho que, nos dias de concerto, a Companhia do Jardim Botânico, excepcionalmente, meta dez pessoas por banco nos bondes elétricos, em vez das cinco atuais. Creio que não haverá representação à Prefeitura, pois todos nós amamos a música; mas dado que haja, o mais que pode suceder, é que a Prefeitura mande reduzir a lotação às quatro pessoas do contrato; em tal hipótese, a Companhia pedirá como agora, segundo acabo de ler, que a Prefeitura reconsidere o despacho — e as dez pessoas continuarão, como estão continuando as cinco. Há sempre erro em cumprir e requerer depois; o mais seguro é não cumprir e requerer. Quanto ao método, é muito melhor que tudo se passe assim, no silêncio do gabinete, que tumultuosamente na rua: *Não pode! Não pode!*

Raul Pompeia

DIÁRIO DE MINAS
JUIZ DE FORA, 19 DE MAIO DE 1889

No domingo abriram-se à visitação do público as portas do Hospício de Pedro II. A afluência foi considerável como em todas as visitas de hospitais, espetáculos do sofrimento a que o povo transporta a sua curiosidade, com uma pontinha de ânimo perverso, que vem do circo romano, no caráter latino.

A propósito, um incidente ocorrido no Hospício que se atribui ao conselheiro Ferreira Viana. Ia passando, quando um dos recolhidos do estabelecimento acercou-se e interpelou:

— Poder-me-á dizer, o senhor, quantas pessoas de juízo conta a capital?

— É difícil computar assim de improviso a proporção...

— Cento e sessenta e nove — disse o recolhido. — São as que moram nesta casa...

— Cento e sessenta e nove... — repetiu o conselheiro, disfarçando a surpresa. — Mas as mulheres?... Exclui?...

— As mulheres são doidas aqui e lá fora!

Os dias políticos foram de agitação, mas insignificantes.

O caso do deputado republicano por Minas, que se recusou dignamente a prestar juramento contra a consciência, apesar das tempestades parlamentares a que deu lugar, fazendo eco no Senado, nada mais foi do que o ensejo para uma reforma regimental que a elegibilidade dos acatólicos devia, cedo ou tarde, determinar.

O sr. Gomes de Castro, o mais desempenhado dos oposicionistas, quis em vão fazer da hipótese um desastre para o governo. O que se viu foi que as medidas liberais têm um desenvolvimento paralelo de coerências forçadas cujo estudo deve formar a habilidade prática dos fabricantes de futuro.

A Câmara resolveu que, de agora em diante, julgará quem bem quiser. Desta proclamação do respeito à consciência do cidadão, multiplicam-se ainda deduções que compreendem, do registro civil até a secularização dos cemitérios, e que hão de irromper daí fatalmente como a reforma do juramento da candidatura possível dos acatólicos.

A surpresa, que se revela com a tomada de posse do deputado Monteiro Manso, vem de uma revolução já velha em que se não reparou bem.

Notícias artísticas anotei duas para transcrever: o concerto em benefício de Pereira da Costa, no teatro Pedro II, e as últimas noites dramáticas de Coquelin na América do Sul.

Não cabem, na estreiteza destas linhas, os aplausos que eu quisera incluir aos notáveis artistas e aos generosos *dilettanti*, que contribuíram para o festival de filantropia.

Olavo Bilac

GAZETA DE NOTÍCIAS
9 DE ABRIL DE 1899

Tem a palavra Fantasio:

"Meu caro cronista. Aqui estou eu, mais uma vez, a pedir-lhe que me empreste essa cômoda coluna da *Gazeta*, onde, aos domingos, você, César Cantu de arribação, faz a história da semana. A semana foi chocha: livro-o de um grande apuro, e dou vazão ao que tenho na alma.
 Imagine que, ontem, estava eu quieto, entre folhagens amigas, docemente pensando em cousas doces, quando recebi uma visita inesperada e surpreendente.
 Era manhã. O patife de um pombo, arrepiando as asas, faceirando-se, alongando e esticando o pescoço, andava perto de mim, à roda da companheira, dizendo-lhe segredos. Os cravos e as rosas pompeavam ao sol, voavam borboletas, desmanchavam-se os jasmineiros em aromas. Uma gloriosa manhã de outono, deste maravilhoso outono carioca, que tem o esplendor da mais bela primavera. Um cenário de idílio. E eu, com um volume do sutil Anatole France ao lado, *L'Anneau d'amethiste*, pensando já não sei em que frase desse com-

plicado artista, que tem a faculdade de fazer desabrochar de cada uma das suas reticências todo um mundo de sensações e de ideias.

Disseram-me que uma pessoa desconhecida queria conversar comigo sobre assunto grave, de excepcional gravidade.

Entrou essa pessoa e sentou-se.

Era um homem corpulento, velho, dono de uma face cheia de bondade, com pés de galinha à roda das pálpebras gordas, e com meio sorriso meigo, desabotoado na polpa carnuda dos lábios. Trajava à moderna, com decência e apuro. Mas notei que parecia estar mal dentro da roupa. Não estava à vontade. Depois, havia na sua fisionomia um não sei quê perturbador e estranho, qualquer cousa muito velha, muito passada, que falava de séculos mortos e de gerações sumidas.

Por um desses pressentimentos que se não explicam, compreendi que alguma cousa terrível se ia passar. Bateu-me o coração pressago dentro do peito. Mas o homem, tendo pousado sobre o banco de pedra a sua cartola reluzente, perguntou-me:

— O sr. Fantasio leu hoje a *Gazeta de Notícias*?

Vexado, declarei que não. E balbuciei que, por causas várias, por preguiça, por egoísmo, por amor da paz, havia muito tempo que não lia jornal nenhum.

Ele sorriu, desabotoou a sobrecasaca, tirou da algibeira um exemplar da *Gazeta*, desdobrou-o, apontou um artigo, e disse:

— Leia!

Li. Era um artigo de Z. Intitulava-se "Apanhados", e tratava de loucos, de Assistência a Alienados, de cousas todas relacionadas com a loucura. Li, e fiquei sabendo que o governo do estado do Rio, não tendo onde aboletar os loucos fluminenses, fez com o governo da União um contrato, segundo o qual ficam os alienados, mediante um certo pagamento diário, alojados na Casa Triste da Praia da Saudade. Fiquei sabendo que cada louco fluminense pagava até agora 1$157 por dia, e que o governo da União declara não poder mais alimentar e abrigar malucos por tão baixo preço, e passara a exigir diária de 1$217.

Acabei de ler, dobrei a *Gazeta*, restituí-a ao cavalheiro, e fiquei à espera.

— Meu caro amigo — disse ele —, eu acho que isso é uma tristeza e um horror. Mil duzentos e dezessete réis por dia! Como há de um louco, internado no Hospício, viver com tão pouco dinheiro? Os loucos não têm apenas necessidade de cama, roupa e comida. Os loucos têm fantasias, caprichos, luxos, exigências de toda a espécie. Se lhes não derem conforto, boa vida e toda a sorte de comodidades, como hão de eles prestar à Pátria os serviços que ela forçosamente tem de reclamar um dia da sua loucura?

Aqui, houve uma pausa. Eu, espantado, arregalava os olhos, sem compreender. Mas o estranho homem prosseguiu:

— Meu caro amigo! Em 1506, quando me formei em teologia na universidade de Bolonha...

— Como?! — perguntei eu, aterrado.

— Quando, em 1506, me formei em teologia na universidade de Bolonha... — repetiu ele, com calma.

Escancarei os olhos, trêmulo de medo:

— Mas, então, o senhor em 1506 já era vivo?!

E ele sorrindo:

— Já. Eu nasci em 1467, em Rotterdam. Eu sou Erasmo!

— Hein?

— Eu sou o Erasmo, o autor do *Elogio da loucura.* Não se espante, não suponha que está sonhando, não se assuste, não grite por socorro! Bem vê que não lhe faço mal...

Ouça-me. Quando me formei em teologia, mesmo antes de escrever o *Elogio da loucura*, já a sorte dos loucos me interessava singularmente. Depois, viajei muito, corri muito mundo, fui padre, fui professor, servi Jacques IV, Carlos V, Fernando da Hungria, Segismundo da Polônia, Francisco I, Henrique VIII, o papa Clemente, vi muita cousa, estudei muito, vivi muito, e, quanto mais vivia, mais me interessava pela sorte dos loucos...

Enquanto o homem assim falava, meu caro cronista, eu estava, como bem deve compreender, achatado de assombro...

Em torno de nós, o sol flamejava no céu e nas árvores, as flores se abriam em perfume, os pombos arrulhavam, mas eu só tinha sentidos para aquilo que via e ouvia. Como? pois era possível? Erasmo? o grande Erasmo? um homem morto há quatro séculos?!

O grande Erasmo continuou:

— Senhor Fantasio! Eu sempre acreditei que os loucos viriam, em certo e determinado tempo, a prestar grandes serviços à Humanidade. E eis aqui que chegou esse tempo. O mundo inteiro está perdido. Guerras, injustiças, motins, fome e desordens. Ora, enquanto, cá por fora, os homens sãos se desmandam e arrepelam, que fazem os loucos? Os loucos, dentro dos manicômios, preparam a salvação do mundo, à espera da hora em que lhes seja confiado o governo das nações. Não ria, senhor Fantasio! Não ria! Lombroso já provou que todos os grandes homens são mais ou menos malucos. Dante era louco, e escreveu A *divina comédia*; Napoleão era louco, e avassalou o mundo! Diga-me uma cousa: o senhor é patriota?

— Oh! Como não?! — exclamei eu, espalmando a mão sobre o peito, como para ardentemente afirmar o meu patriotismo.

— Pois, então, tenha paciência! Vá para as folhas amparar a causa dos hóspedes do Hospício, porque naquela congregação de cérebros avariados é que está a salvação da sua pátria!

Descansou um pouco, e prosseguiu:

— O próprio Pangloss, se vivesse hoje, seria incapaz de achar que tudo vai bem no Brasil. Há uma porção de anos que tudo isto vai à matroca. Ninguém sabe o que quer, como ninguém sabe o que não quer. Ora, toda esta atrapalhação é obra de quem? É obra dos homens de juízo! Em breve, o Brasil, cansado de experimentar o governo dos homens sãos, terá de recorrer ao governo dos loucos. E, nesse dia, que direito terá o Brasil de exigir talento e atividade da parte de homens alimentados à razão de dez tostões por cabeça diariamente? Não pode ser, sr. Fantasio. Isso não pode continuar assim! É preciso que o Estado arranje dinheiro, e alimente com fartura e luxo aquele viveiro de políticos, aquela *pépinière* de estadistas e salvadores da Pátria!

E aqui, o grande Erasmo levantou-se, entusiasmado, estendeu o braço, e clamou:

— Vá para as folhas, sr. Fantasio, vá para as folhas! — E saiu, gravemente *abotoado na sua* sobrecasaca...

Aí está, meu caro cronista, sumariamente contado, o que me sucedeu ontem. Vou iniciar uma propaganda forte, no sentido de obter que cada maluco (seja daqui, seja de qualquer dos estados da União) possa contar com uma diária de cem mil-réis pelo menos, para a sua alimentação e para os seus caprichos.

Este é o primeiro artigo da propaganda.

E é bem possível que seja o último, meu caro cronista... Porque, francamente, estou sentindo que a visita do grande Erasmo não me fez bem. Tenho as ideias tão embaralhadas, que — palavra de honra! — até parece que estou mesmo a calhar para ser nomeado... delegado de polícia. Ou mesmo chefe, com todos os diabos! — Fantasio."

* * *

Conforme a cópia, salvo erro ou omissão.

s.a.

KOSMOS
15 DE FEVEREIRO DE 1905

NO HOSPÍCIO NACIONAL
(UMA VISITA À SEÇÃO DAS CRIANÇAS)

Lembro-me bem da vez primeira em que me aproximei do Hospício Nacional de Alienados...
Há uns vinte e um anos — éramos pouco mais do que cinco crianças —, estávamos cinco rapazes, em torno de uma mesa de restaurante, conversando, depois de uma ceia romântica. Romântica, pela idade dos convivas, e pelo tema da conversa desvairada e ultra mil oitocentos e trinta, em que nos empenháramos. Cada um de nós, naquele tempo, tinha dentro de si a alma agitada de um Jacques Rolla. Todos nós sonhávamos e pedíamos aos deuses aventuras longas e terríveis; e, aos dezoito anos, já sentíamos a necessidade de andar dizendo em prosa e verso que a vida era um fardo pesado demais para os nossos ombros de velhos, e andávamos por peregrinações à Child Harold, através de todos os continentes do globo, e através de todas as dores da humanidade... Ao terminar a ceia, quando saíamos, um de nós, o mais exaltado, lembrou: "Como seria belo, agora, um passeio à praia da Saudade! Oh! Ver o Hospício, sob este luar". O romantismo de todos aceitou e aplaudiu logo a ideia. E abalamos para lá, a pé, pela cidade deserta e pela noite clara, atravessando o luar divino, que atirava sobre as calçadas uma toalha de neve luminosa...

Na praia da Saudade, em frente ao Hospício, paramos. E um de nós — excesso de romantismo! — soltou um grito violento, um grito de louco, que se foi perder, depois de reboar pelas serras vizinhas, no seio da noite esplêndida.

Lembro-me ainda, como se tudo isto se tivesse passado ontem, do terror que então começou a apertar-me o coração. O Hospício, branco e sinistro, levantava-se, cercado da indizível melancolia e do indefinível mistério que o luar costuma emprestar às coisas e aos lugares... Cada árvore da vizinhança bracejava à luz fantástica, como um fantasma. Por trás de nós, o mar vozeava, rouco e lamentoso, numa melopeia cinante, de fera, entrecortado, gargalhado, horripilante... E, logo, outros gritos iguais começaram a retalhar o ar... Adormecida embora, àquela hora mansa da noite, a Casa do Sofrimento vivia, povoada de sonhos alucinados...

E fugimos dali, correndo, com os cabelos eriçados, e com a alma cheia de horror...

Depois dessa noite de maluquice romântica voltei várias vezes à triste Casa, e visitei-a toda em diferentes épocas. E nunca, até agora, tive uma outra impressão, que não a daquele mesmo horror e a daquela mesma dolorosa angústia. Ainda ultimamente, quando a atenção pública se fixou sobre o Hospício, despertada por artigos alarmantes da imprensa — artigos que tiveram como resultado a radical transformação, a reabilitação material e moral do velho estabelecimento —, fui de novo percorrer a Casa da Loucura, em que tudo respirava miséria e abandono; e voltei, mais uma vez, dessa visita, como voltaria de uma visita ao Inferno: ao sair, vinham-me à memória os versos desafogados luminosos, em que se descreve na *Divina comédia* o termo da peregrinação de Dante e Virgílio pelos círculos malditos:

Salimmo sú, el primo e io secondo,
Tanto ch'i vidi de
le cose belle
Che porta 'l
ciel, per un pertugio tondo.
E quindi uscimmo a riveder le stelle...[14]

14. Canto XXXIV.

A casa era suja e sombria; as enfermarias acanhadas e escuras; os loucos dormiam, ao acaso, atirados pelo chão; as roupas eram velhas e esfarrapadas; a comida era péssima; e tratamento médico, se não já era o mesmo que o grande Pinel, em 1792, foi encontrar praticado nos hospícios franceses, era ainda uma bárbara e retrógrada mistura de inépcia e brutalidade: quarto, forte, duchas, e camisa de força...

Hoje, o Hospício Nacional é um Palácio. O Ministério do Interior acaba de gastar ali dentro somas consideráveis, e nunca o dinheiro público foi tão bem empregado. O que era uma geena infecta e maldita, só geradora de asco e terror, um lugar de desterro e suplício, povoado daqueles mesmos gritos alucinados e terríveis, que há vinte e um anos me haviam apavorado e martirizado, é hoje um asilo calmo e piedoso, em que a brandura substituiu a violência, e em que os órfãos da razão, tutelados pelo Estado, são tratados como homens, apenas mais infelizes do que os outros homens, mas tão dignos de carinho e de respeito como todos eles. Hoje, no Hospício, os enfermos, sem exceção, tanto os abastados, como os pobres, bem alimentados, bem alojados, bem-vestidos, estão entregues aos cuidados de médicos moços, ambiciosos de um justo renome de glória, estudando sempre, procurando sempre aumentar o seu capital de saber e experiência, e dispostos a provar à luz da evidência que não é com a brutalidade da camisa de força, da pancada e do quarto-forte que se pode restituir o raciocínio ao cérebro perturbado de um louco. Hoje, no Hospício Nacional, quando os visitantes perguntam: "Onde estão os loucos furiosos?", os médicos respondem, com um sorriso de triunfo: "Não há!...".

Não foi, porém, o desejo de verificar em conjunto todos os melhoramentos recentemente introduzidos no Hospício o que me levou há poucos dias a visitar de novo esse grande estabelecimento. Impelia-me uma curiosidade especial, a de ver a seção das crianças, serviço novo, inaugurado há pouco, e confiado a um médico a quem me ligam vinte anos de amizade, e que teria um dos nomes mais populares do Brasil, se o estudo o não tivesse mantido longos anos na solidão de um lugarejo afastado, e se o trabalho e a pouca vontade de aparecer o não mantivessem atualmente naquele posto humilde e sagrado de médico e educador de crianças infelizes.

Não há talvez problema tão capaz como este de apaixonar um homem de ciência e de coração: tomar um cérebro de criança, já empolgado pela loucura, e procurar acender na sua treva a luz do raciocínio, despertando as suas células do torpor em que jazem, cultivando-as, excitando-as, insuflando-lhes vida, revolvendo e adubando esse terreno maninho, e acompanhando depois o difícil desabrochar e o lento crescer das ideias que nele nascem, germinam, nele se desenvolvem e expandem, como uma misteriosa e caprichosa vegetação moral...

Antigamente, as crianças idiotas asiladas no Hospício viviam numa sala apenas cimentada, de rojo no chão, gritando e gargalhando, sem ensino, como animais malfazejos ou repulsivos. Eram asiladas e alimentadas — e cifrava-se nisso toda a assistência que lhes dava o Estado. Aquilo era para elas o Limbo sem esperança. Uma vez entradas ali, como criaturas incuráveis, ali ficavam crescendo ao acaso, condenadas ao idiotismo perpétuo, ou votadas em futuro próximo ou remoto à loucura furiosa, à demência, à paralisia geral, e à morte. Inúteis a si mesmas e inúteis à sociedade, os pequeninos idiotas assim ficavam, como o rebotalho maldito da Vida, flores gangrenadas logo ao nascer, sem promessa de melhor sorte...

Hoje, ninguém lhes assegura a salvação completa, a completa e milagrosa cura, porque a ciência, ai de nós!, ainda é para isso impotente e falaz. Mas já não há ali um bando de animais inúteis ou nocivos: daquela animalidade inconsciente e grosseira, a ciência e o carinho procuram tirar uma humanidade, incompleta e rudimentar, mas, em todo o caso, humanidade, com algum sentimento e algum pensamento. E, quem sabe?... Nunca se deve desesperar do resultado do trabalho inteligente e piedoso: dali sairão, talvez, homens perfeitos e equilibrados, criados artificialmente naquela oficina de reabilitação humana.

O processo, adotado no Hospício para o tratamento e a educação das crianças alienadas, é o processo de Seguiu, modificado e aperfeiçoado por Bourneville; e chama-se Bourneville o pavilhão em que o dr. Fernandes Figueira dedica todo o seu tempo e toda a sua bondade a essa tarefa sagrada de remediar os erros da Natureza, despertando a inteligência adormecida dos seus pe-

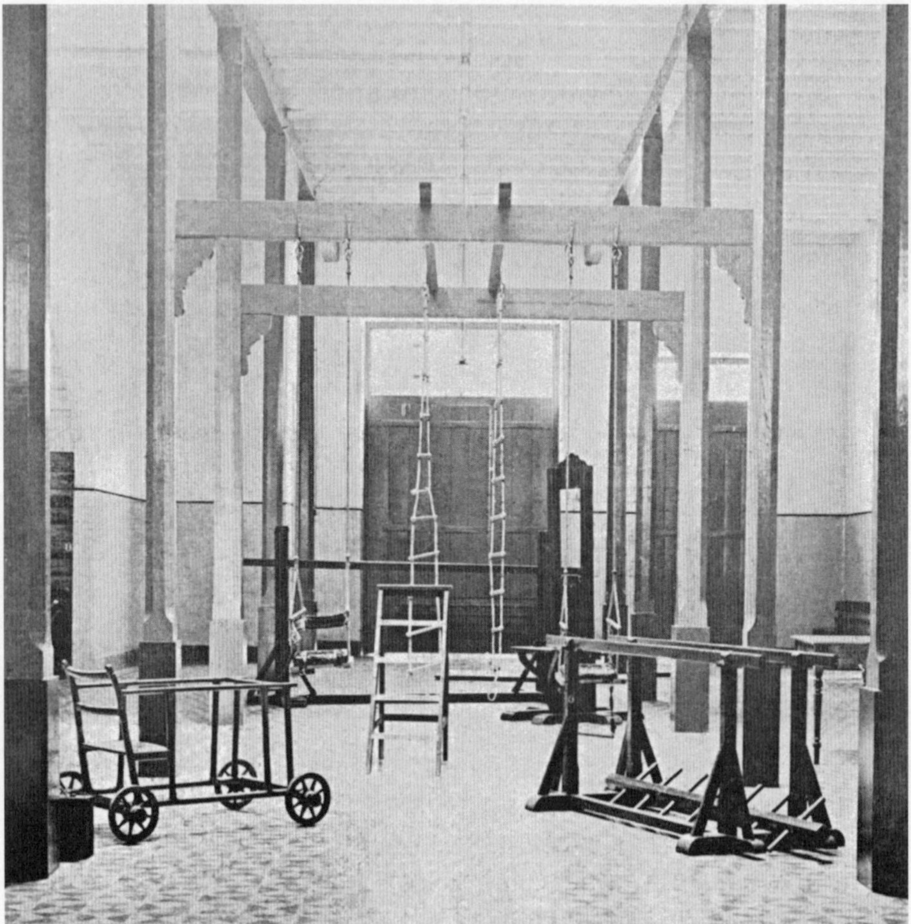

quenos pensionistas, e, à maneira de um escultor de almas, amassando, modelando, afeiçoando cérebros inertes, até animá-los de vida pensante.

Há no Pavilhão Bourneville duas grandes salas, uma para os meninos e outra para as meninas, uma outra sala em que está instalada a escola, e um jardim.

O processo é de uma simplicidade clara e radiante. O que caracteriza o idiota, é, principalmente, a falta de atenção, que impossibilita coordenação das sensações e das ideias. Naqueles cérebros toda a percepção é vaga, incoerente, hesitante. Ali, a inteligência é como uma ave tonta, que abre as asas, paira no espaço, procura em vão onde pousar, vai e vem, voa e revoa sem rumo certo, e cai afinal exausta, sem ter aproveitado o esforço, e de algum modo fatigada de nada haver feito. A primeira conquista, que se deve tentar na educação de um idiota, é a da revelação dos sentidos. É preciso obrigar suavemente a criança doente a saber que possui sentidos, para depois educá-los. Algumas, as mais atrasadas, nem sabem ouvir; outras não sabem ver; estas não possuem tato, aquelas não possuem olfato; algumas ingerem indiferentemente quássia ou açúcar, sal amargo ou mel, sem distinguir um gosto de outro. Para corrigir essa inconsciência quase absoluta, é preciso tentar a ressurreição lenta dos sentidos anulados pelo idiotismo: e somente um maravilhoso trabalho de paciência, de pertinácia e de doçura pode realizar esse milagre.

Para desenvolver o corpo do doentinho, e ensinar-lhe a locomoção, há uma série de aparelhos de combinação engenhosa. Primeiro, o enfermo aprende a andar, a coordenar os movimentos das pernas, em carrinhos, com pontos de apoio para a axila, perfeitamente iguais aos que se usam para amparar os primeiros passos das crianças de um armo; depois, é preciso tirar-lhe o medo do movimento, e prevenir-lhe as vertigens, e essa educação é gradual, indo do emprego das escadas simples e das barras paralelas, até o do ascensor mecânico, dos balanços e de outros aparelhos de ginástica.

Em seguida, o médico (antes professor do que médico) passa à instrução do tato, por meio da sensação da água fria e quente, e do maneio de superfícies ásperas ou polidas, lixa, seda, veludo, objetos chatos; esféricos, cúbicos, cilíndricos. E vêm depois a educação do ouvido e a da vista, por meio de tímpanos de vários timbres e de pedaços de tecidos de várias cores.

Ao completar esse curso elementar, já o pequeno enfermo não é uma criatura miserável, apenas animada de vida vegetativa: já galgou um degrau na

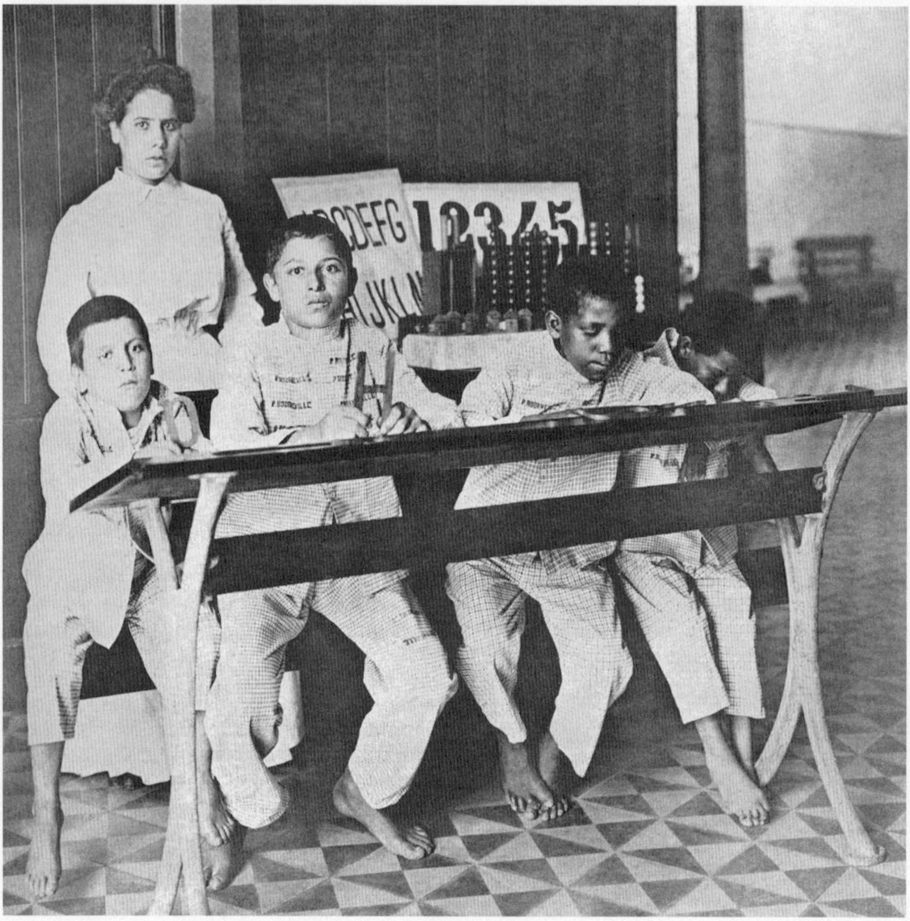
12345

escala intelectual, já tem mais ou menos a consciência da vida, a percepção do mundo exterior.

Agora, já ele pôde aprender a ser útil a si mesmo: aprende a comer, a segurar a colher, a levar à boca e aprende a vestir-se. Este ponto especial de educação é interessantíssimo; não se pode imaginar o que é necessário empregar de longo e paciente esforço, para obter que a criança doente execute esta operação, para nós tão simples, de abotoar qualquer peça do vestuário. A mão inexperiente tateia longo tempo, aprende a forma do botão e a forma da abertura da casa, adianta-se, recua, desiste da empresa, volta ao trabalho, porfia, até que, depois de inumeráveis lições e de incontáveis tentativas, consegue levar a cabo o feito que parecia impossível.

Todo esse ensino é dado na ampla sala, banhada de luz viva, varrida de ar puro, ou no jardim. No jardim, todos os canteiros, esmaltados de flores, têm uma forma geométrica: há tabuleiros em forma de círculo, de triângulo, de retângulo, de losango; de modo que, ainda correndo e brincando, as crianças estão educando a vista e a inteligência.

E é somente depois desse longo curso preparatório, que o enfermo vai aprender a ler, com o auxílio de grossas letras de madeira e de grandes mapas murais.

Na seção das meninas, há ainda a aula de costura. Algumas já cosem bem. Outras, ainda no alvorecer da inteligência, apenas sabem pegar na agulha; outras, mais doentes, nada sabem fazer, e passam todo o dia a dormir, ou a cantarolar, ou a chorar; uma delas, em êxtase, fica horas inteiras a mirar uma boneca que o médico lhe deu, e já tem uma expressão de feminina ternura na triste face de criança inválida... E todas elas ali vivem, sob o olhar vigilante e meigo de "tia Anna", uma velha cabocla, que é a verdadeira mãe de todas.

A história dessa boa mulher é simples e comovedora: "tia Anna" entrou ali, enferma, há muitos anos, mas nunca a enfermidade lhe alterou a sobre-humana bondade; e, em breve, quando lhe confiaram as crianças, ela começou a amá-las, a tratá-las como filhas, dando-lhes todos os cuidados, e pondo nesses cuidados toda a inteligência de que é capaz o seu pobre cérebro doente. As meninas têm hoje onze enfermeiras solícitas e instruídas, verdadeiras precep-

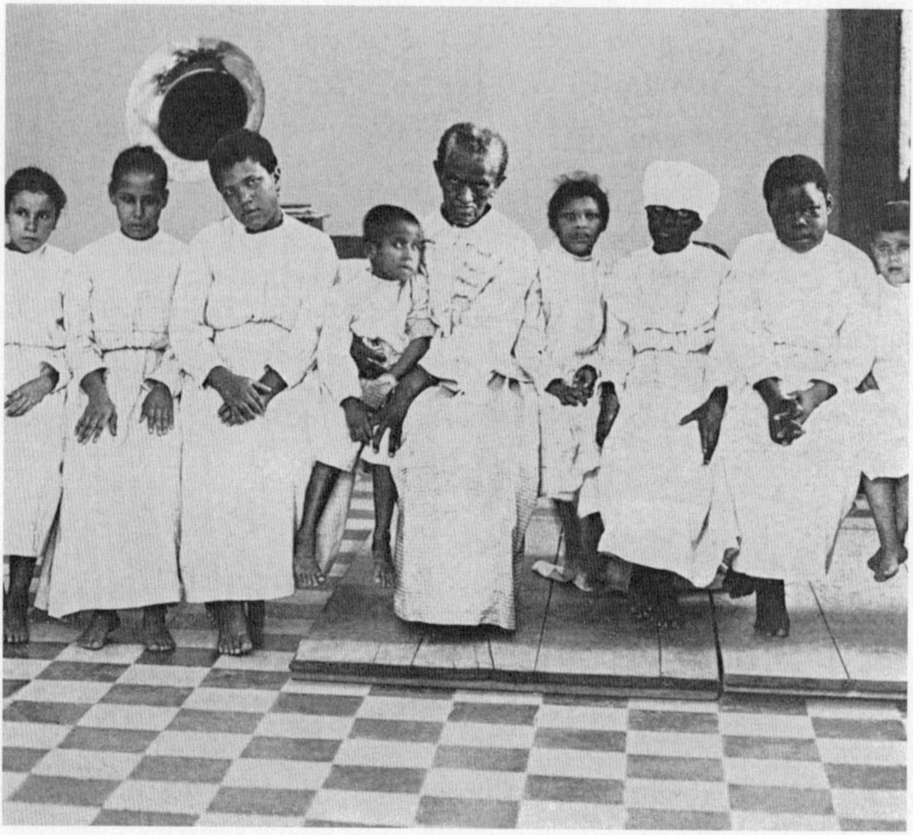

toras, que as zelam e educam: mas a sua enfermeira predileta, a sua querida e preferida preceptora, ficou sendo a boa velha cabocla, a meiga mulher, que não sabe ler nem escrever, que é doente como elas, que as entende bem, e cujo coração possui uma ciência especial, toda feita de bondade e de ternura... Ultimamente, o diretor comunicou a "tia Anna" que lhe ia mandar abonar uma pequena gratificação mensal, para recompensar o seu trabalho... Mas "tia Anna" nem quis ouvir o resto da frase; teve uma revolta instintiva, ofendeu-se, protestou, e, na sua meia-língua confusa, perguntou: "Desde quando as mães recebem paga pelo carinho com que tratam as filhas?!".

Imagina-se naturalmente que uma hora passada entre essas crianças infelizes deve ser uma hora de tortura moral, de acerbo sofrimento. É um engano. O método curativo, que ali se aplica, e cujas bases essenciais são a paciência e a bondade, tem um largo alcance, e dá tão maravilhosos e benéficos resultados, que o visitante chega a perder, por vezes, a consciência do lugar em que está.

A impressão geral não é de tristeza: é antes de repousado consolo. Ali, a paciência e a bondade têm uma ação sedativa, que se procura dilatar e auxiliar por todos os meios.

Uma vez por dia, os serventes trazem à sala principal do Pavilhão Bourneville um grande fonógrafo. A chegada do aparelho é saudada por uma explosão de alegria. Quando soam as primeiras notas da música, toda a criançada, como obedecendo a um impulso irresistível, dança e pula, numa sarabanda jovial. Depois, todos os pequenos sossegam, formam um círculo em torno do fonógrafo, e assim ficam horas inteiras, imóveis, embevecidos, transportados, alheados de tudo, embalados pela melodia... É um êxtase, que só termina quando a voz do aparelho definha e morre, numa última nota arrastada. E nem só nesse amor do fonógrafo se manifesta a influência que a música exerce sobre os nervos daquelas criaturas inocentes. Quase todos os asilados cantam e dançam frequentemente: e alguns deles preferem a todos os brinquedos essas pequenas gaitas de sopro, que custam um níquel, e valem aos seus olhos um verdadeiro tesouro. A música, arte primitiva, é o encanto daquelas almas também primitivas...

As crianças que já falam bem, as que já ganharam com a educação entendimento e raciocínio, dão ao médico o nome do pai. Quando ele chega, há um rebuliço... E aquilo não parece, realmente, uma sala de hospital, mas uma sala de escola, onde o professor é ao mesmo tempo mestre e pai...

Em algumas, até se nota um como orgulho de raciocinar e pensar, e a satisfação de compreender o que se lhes diz e o que se lhes ensina. Quando se lhes pede que mostrem um "A", ou um "D", ou um "Y", é de ver o ar de triunfo com que vão buscar e levantam sorrindo a letra pedida. E, entre esses pequenos, alguns há que, há pouco tempo, não possuíam tato, nem coordenação de movimentos, e não distinguiam a cor vermelha da cor azul; nem o gosto amargo do gosto açucarado. Poucas lições e muita brandura bastaram para despertar essas inteligências que dormiam.

São os milagres da ternura...

E não é de espantar que ela opere esses milagres no tratamento das crianças, quando também os opera no dos adultos, no dos loucos incuráveis. Quando saiu da seção das crianças, o dr. Afrânio Peixoto, diretor interino do Hospício, levou-me a uma das enfermarias dos "furiosos". Dois vigilantes, passeando ao longo da sala, bastam para conter esses "furiosos" para os quais só se conhecia antigamente, como remédio eficaz, a camisa de força. Deitados calmamente, com todo o corpo em completa liberdade, eles nem se agitam: uns dormem, outros jazem com os olhos abertos, mas todos repousam tranquilos.

— Então, são estes os "furiosos"? — perguntei.

— São estes. Assim que um doente começa a dar mostras de agitação mais forte, os enfermeiros deitam-no. E alguns minutos de repouso bastam para conjurar a crise.

— Mas, então, o emprego da camisa de força era um crime!

— Não era um crime; era uma tradição perniciosa, uma herança dos séculos passados... A camisa de força só servia para irritar e exacerbar o enfermo e mantê-lo na agitação.

Desta vez, ao transpor o portão do Hospício, já me não vieram à lembrança os versos de Dante... Não era de um lugar de suplícios que eu saía, mas de um sanatório, de um laboratório de regeneração intelectual e moral.

E, olhando o mar, e as serras, e o céu, e a imensa fachada branca do edifício, estendida ao longo da praia, cotejei a impressão que me dominava agora com a que me dominou há mais de vinte anos, naquele mesmo sítio, numa noite de exaltado romantismo, e com a que sempre me dominara ao sair das minhas anteriores visitas à casa dos loucos...

Agora, a Maremma está saneada, e há ali dentro homens que curam e salvam outros homens, em vez de haver, como outrora, homens guardando e martirizando feras...

GAZETA DE NOTÍCIAS
RIO DE JANEIRO, 9 DE ABRIL DE 1905

Os homens riem habitualmente de muitas coisas que só lhes deveriam inspirar piedade e respeito: riem da fraqueza, da humildade, da pobreza. Aquela definição "o homem é um animal que ri", encerra, sob a sua aparência de gracejo ou paradoxo, uma profunda verdade.

Há, porém, uma desgraça de que homem nenhum é capaz de rir: é a loucura. Somente é capaz de rir de um louco um outro louco. Essa miséria física e moral de um homem que fica alheio a si mesmo, inconsciente, tateando na treva cerrada, sem pensamento e sem vontade, sempre inspirou e sempre há de inspirar um respeito infinito. Para os antigos, a loucura era um mal sagrado, um castigo divino, o mais duro dos castigos que a divindade podia infligir a um mortal.

A literatura, que com tanta ironia e maldade tem sempre zombado da miséria humana, nunca tratou da alienação mental sem um acatamento supersticioso. Os livros, que, tratando da loucura e dos loucos, mais irreverentes parecem, são justamente os que mais comiseração revelam a quem os sabe ler mais com a alma do que com os olhos. *D. Quixote* é um livro de soberana bondade; o *Navio dos loucos* de Sebastião Brandt, e o *Elogio da loucura*, de Erasmo, são a crítica fria, a condenação implacável dos "falsos loucos", dos que, sob a capa de uma loucura fingida, encobrem e disfarçam o egoísmo calculado e a perversidade consciente, que não podem medrar fora do domínio da razão.

Mas, se através dos séculos, os loucos escaparam sempre à afronta do remoque e do motejo, não se livraram sempre da brutalidade e da dureza. Antigamente — até há bem pouco tempo — havia no respeito misturado de terror que eles inspiravam um incentivo para o mau tratamento. O louco era um maldito de Deus, e uma fera perigosa: urgia isolá-lo e encadeá-lo. Não só respeitado, mas evitado e temido, o mísero era escorraçado, ou amarrado e esbordoado. Não riam dele, mas não o amavam. Era um leproso moral.

Antes de Pinel e Esquirol, a sorte dos alienados era ainda mais triste do que a dos animais malfazejos, cuja ferocidade o homem receia. Só não o matavam, porque a superstição impedia que a mão humana colaborasse com a mão divina na imposição do castigo. Os loucos inspiravam respeito, mas não inspiravam piedade.

Ora, há poucos dias, houve, no Rio de Janeiro, uma inauguração, que merece comentário demorado e comovido. Foi a inauguração do Hospício dos Alienados.

Escrevo bem — inauguração do Hospício — e não — inauguração das reformas e dos melhoramentos do Hospício — como se tem escrito em todos os jornais.

Tudo quanto o chefe do Estado, e as pessoas que o acompanhavam, ali viram na quinta-feira passada, é, sob um certo ponto de vista, novo, absolutamente novo. Antigamente, não havia, naquele formoso recanto da baía de Guanabara, um Hospício; havia uma Casa de Torturas, uma Penitenciária de Loucos. O que ali se inaugurou não foi apenas uma série de melhoramentos materiais; foi também, e principalmente, uma instituição moral, que não existia.

Guiados por Juliano Moreira e Afrânio Peixoto — dois moços que fizeram da sua profissão um sacerdócio —, os visitantes atravessaram as várias salas do prédio imenso, e admiraram o conforto, a decência, o luxo com que ali estão agora instalados os serviços de eletricidade, de balneoterapia, os gabinetes de operações e as oficinas. Há cerca de um mês, também eu andei por ali, curiosamente examinando as reformas por que passava o Hospício, e pasmei diante da atividade, da inteligência, da coragem com que se estava saneando aquela casa, destinada pelos seus fundadores a ser um templo de caridade, e rebaixada depois pela incúria e pela inépcia do Estado até a categoria de Cloaca Máxima, onde os infelizes apodreciam na imundície.

Quem viu o Hospício, e quem o vê, não o reconhece. O que era uma vergonha, é uma glória. Aquilo já não é o que era: uma casa que se não varria habitada por gente que se não lavava...

Mas o que há de mais notável na reforma do Hospício é o novo regime de tratamento. É o que não havia até agora — e o que me leva a dizer que não houve ali a inauguração de alguns melhoramentos, mas a inauguração de um hospital inteiramente novo.

O Hospício estava mais de um século atrasado. Tomando conta dele, o diretor atual teve quase de fazer o que fez o grande Pinel, ao tomar conta de Bicêtre: um trabalho de libertador, de despedaçador de algemas. O que ali havia, como tratamento psiquiátrico, era apenas isto: duchas, camisola de força, e quarto-forte. Um belo e excelente regime, sem dúvida, para agravar a loucura dos loucos, ou para transformar em loucos os sãos!...

Não sei se é verdade o que me contam: que, em certo dia, o novo diretor mandou queimar todas as camisolas de força que encontrou naquela casa atrasada... Se é verdade, tenho pena de não haver assistido a esse admirável auto de fé... Era a rotina que assim se incendiava e reduzia a cinzas; era o Passado que crepitava e morria, devorado pelo fogo purificador...

Agora, ninguém mais encontrará no Hospício loucos furiosos. O que causava a fúria desses desgraçados era a estupidez de quem os maltratava. Vi duas ou três salas cheias de loucos — dos que antigamente eram chamados "os furiosos". Deitados, com os olhos fixos acompanhando coisas que só eles viam, movendo os lábios na articulação de palavras sem nexo, com a face cheia da resignada e comovedora expressão de alheamento que a loucura dá a todas as suas vítimas, aqueles "furiosos" não gritavam, não se estorciam, não deliravam. O carinho, a brandura, o regime do *open door*, tinham modificado a sua doença, acalmado o seu sofrimento, sossegado a sua excitação.

Quem hoje atravessa aquelas salas, já não tem a impressão de estar atravessando as divisões de um inferno, povoadas de gritos estridentes ou lúgubres — mansão de agonia e terror.

Agora, sim!, aquilo é uma casa de caridade e de ciência.

* * *

 O chefe do Estado, nestes três anos de governo, tem assistido a muita inauguração, a muita festa agradável ou aborrecida. Não creio que nenhuma dessas festas e inaugurações lhe tenha dado a impressão de consolo e de satisfação que deu esta.

 O ministro do Interior, a quem o Brasil deve tantos serviços de administração inteligente, também deve preferir a todos os seus títulos de glória e de orgulho, a consciência de haver planeado e executado esta obra de benemerência, esta regeneração material e moral do asilo dos alienados. Governar é sempre sofrer: quem governa, não pode nunca satisfazer todos os interesses, nem contentar todas as opiniões: e não há interesses feridos nem opiniões contrariadas que deixem de se vingar. Mas, se alguma coisa pode consolar um político de todos os dissabores e de todas as torpezas da política, é a felicidade — bem rara! — de poder um dia idear e realizar um trabalho de alcance social, uma dessas empresas humanitárias, que atestam a civilização de um povo, e atendem a um só tempo ao interesse da ciência e da caridade. Tal felicidade, teve-a o ministro do Interior: e creio que, sejam quais forem os triunfos políticos que ainda o futuro lhe reserve, nenhum deles valerá, para o seu consolo, à glória de ter operado a reabilitação do Hospício Nacional.

Raymundo Magalhães

LEITURA PARA TODOS
RIO DE JANEIRO, N°s 11 E 12, JUNHO E JULHO DE 1920

Na casa dos doidos
[o hospício por dentro]

    O antigo Hospício de Pedro II, que o governo republicano, ao desligá-lo da Misericórdia, crismou com o nome, um tanto estirado e enfático, de Hospital Nacional de Alienados, é um estabelecimento que, até hoje, se tem conservado a salvo da curiosidade da reportagem, a não ser no que diz respeito, exclusivamente, aos negócios administrativos. Penetrar ali dentro, sob qualquer pretexto, é empresa dificílima, a que ninguém jamais se arriscou. Raras, raríssimas são, de fato, as pessoas de bom senso, alheias à casa, que têm conseguido transpor-lhe os umbrais para ver e observar os loucos em liberdade. Considerando que o hospital é única e exclusivamente destinado aos infelizes que perderam a razão, o diretor não permite o ingresso senão aos dementes.
    Os visitantes e curiosos não passam da portaria e da sala de visitas e os que, por desgraça, dão entrada na "seção Pinel", a dos indigentes, ou na "Cal-

mell", a dos pensionistas, nada podem ver do que se passa em torno de si, atormentados, que andam, pelo próprio delírio.

Fomos nós, talvez, o primeiro e único que conseguimos, mais por acaso do que por sutileza, transpor a sinistra porta do velho manicômio e palestrar livremente com alguns dos numerosos pensionistas do dr. Juliano Moreira.

Quando entramos na "seção Calmell", instalada no pavimento superior, dava consultas o respectivo médico, dr. Humberto Gotuzzo, nosso ilustre confrade do *Jornal do Commercio*, da tarde. Era um enfermeiro quem nos ia conduzindo por aquele dédalo de corredores infindáveis, por entre uma multidão de homens de todas as idades, vestidos de mil modos diferentes, a ir e vir, gesticulando uns, gritando outros, estes sorrindo imbecilmente, aqueles com um ar taciturno e sombrio. Vários estavam parados ao pé das janelas que dão para a enseada e alguns percorriam com a vista velhos jornais da manhã, atrasados de três e quatro dias. O nosso guia respondia às interrogações que lhe íamos fazendo, dando-nos ligeiras informações a respeito dos que nos pareceram mais interessantes:

— Este é o dr. Raul. Foi um grande médico na Paraíba. Aquele, que ali está sentado, também foi médico, no Rio Grande do Sul. Escreveu uma excelente tese sobre doenças nervosas e enlouqueceu logo depois de formado. Este era empregado de fazenda e este outro é um advogado que está na casa há vinte e cinco anos. A sua mania é lavar roupa, não só a sua, mas as dos companheiros.

Cruzou conosco, nessa ocasião, um velhinho calvo, de fronte espaçosa, nariz adunco, vestido de uma maneira bizarra, com um antiquíssimo terno de brim claro, em que as passagens de linha cobriam todo o tecido, dando a impressão de que o seu fato era feito dessa fazenda felpuda, geralmente usada para os roupões de banho e toalhas de rosto. Trazia o *pince-nez*, não sobre o nariz, mas acavalado na orelha direita. Prosseguiu sem olhar-nos, monologando e fazendo largos gestos de ameaça.

— É um milionário de Alagoas — disse-nos o enfermeiro. — Chama-se "seu" Torres. Ao enlouquecer, há vinte e tantos anos, assassinou um advogado em Maceió e veio para cá. A família paga-lhe a pensão, mas nunca mandou sequer visitá-lo. Passa os dias quase inteiros no seu quarto, a coser e recoser as suas roupas. É também um excelente jardineiro e grande amigo dos pardais. Cultiva juntamente, no mesmo canteiro, couves e rosas, alfaces e camélias. E não sai do refeitório sem trazer uma porção de arroz e migalhas de pão para atirar aos pássaros, que já o conhecem e não têm receio da sua figura exótica.

O contrabandista

Um dos tipos mais curiosos, com quem travamos logo conhecimento e chegamos mesmo a fazer relações de amizade, foi um comerciante de Aracaju, moço ainda, de trinta e poucos anos, que ali estava internado há meses, vindo já de uma casa de saúde, onde não conseguira melhorar. Estava atacado de paralisia geral, em estado muito grave. Consideravam-no irremediavelmente perdido. Ele, entretanto, julgava-se no gozo da mais perfeita saúde e contava com a alta, todas as manhãs, para o dia seguinte. Saindo iria imediatamente, de automóvel, à casa do seu correspondente, na rua da Quitanda, a fim de receber a quantia de mil e quinhentos contos de réis. De posse desse dinheiro, seguiria para São Paulo, a fazer uma grande compra de calçados. Voltaria, horas depois, e no mesmo dia, à tardinha, devia estar na sua casa, em Aracaju...

— Mas é espantoso!... Só daqui a São Paulo e de São Paulo a Sergipe, em um dia, é o cúmulo da rapidez!

— Vou de aeroplano. Tenho um, admirável, do sistema mais aperfeiçoado, que mandei vir expressamente da América do Norte. Custou-me apenas duzentos contos. Vou agora comprar um outro do Ministério da Marinha e, dentro de pouco tempo, espero ter uma frota de seis pelo menos.

— Para quê?

— Para os meus negócios comerciais. O aeroplano tem várias vantagens para os importadores como eu: é rápido e silencioso. Antigamente eu me utilizava, para o transporte de mercadorias, de navios e automóveis. Mas, uns e outros oferecem os maiores inconvenientes e não escapam à fiscalização das alfândegas. Os guardas fiscais estão sempre vigilantes, de sorte que não se pode fugir ao pagamento dos direitos. Com o aeroplano dá-se o contrário. Este pode chegar, alta noite, carregado de mercadorias e aterrar no quintal. Ninguém vê, ninguém sabe de nada. Passa-se o contrabando com a maior facilidade e só no que "*se economiza*" com o não pagamento dos direitos aduaneiros vai um lucro espantoso.

— Contrabandista! — dissemos-lhe nós, em ar de troça.

Ele nos piscou o olho com finura, bateu na testa e exclamou:

— Para o comércio é preciso tino. Tino e esperteza. Sem isto não se faz nada.

Por vezes, esse pobre louco caía em abstrações sombrias, sobretudo quando pensava na família, que parecia adorar. Falava-nos sempre da mulher e dos filhos. Lia-nos cartas comovedoras e mostrava-nos os retratos das crianças, a mais velha das quais tinha apenas seis anos. Era por causa dos filhos que se aborrecia de estar preso e sofria torturas horríveis. Tornava-se mudo, triste, e não se aproximava de ninguém. Falassem-lhe, porém, numa viagem de aeroplano e a sua imaginação voava. Era outro homem. Todas as suas apreensões se dissipavam como por encanto e ele se transformava, de súbito, numa criatura alegre, cheia de fantasias arrojadas, com quem dava gosto conversar.

O engenheiro... proprietário

Havia na seção Calmell nada menos de três oficiais subalternos do Exército. Entre todos, era um primeiro tenente de Infantaria o que andava em maior agitação. Falava incessantemente consigo mesmo, em altos brados, numa linguagem violenta e crua, que fazia corar um frade de pedra. Fazia passeios a grandes pernadas, batendo com as botas no soalho, e não descansava, não parava, não conseguia estar sentado mais de cinco minutos. Quem o via, a berrar, com um vozeirão de comando, tinha-lhe medo a princípio. Era, porém, um doido inofensivo, incapaz de agredir a quem quer que fosse. Mesmo quando lhe diziam desaforos não ligava a menor importância. Sabia que vivia entre loucos e que eles tinham o direito de dizer impunemente tudo quanto lhes aprouvesse.

Uma manhã, depois do almoço, conversávamos na sala do refeitório. Estávamos numa roda de quatro malucos, ao pé de uma pequena mesa, fumando uns cigarros ordinaríssimos, a ouvir um velho doido que predicava sobre o espiritismo, em que era mestre. Este comunicava-se diretamente com Deus e Maria Santíssima. Nem o próprio Cristo lhe chegava!

Súbito, a palestra tomou um outro rumo de ideias e caiu sobre assuntos militares. O Louzada, que nos seus períodos de lucidez faz grandes passeios pela cidade e conhece meio mundo, começou a relembrar episódios da revolução de 14 de novembro de 1904.

O tenente declarou logo que o Travassos só perdera a batalha porque ele não estava a seu lado. Dessem-lhe uma boa peça, um sargento artilheiro, seis praças e vinte parelhas de muares que ele teria derrotado as forças do governo e arrancado o Rodrigues Alves do Catete. Mandaria amarrá-lo na carreta, arrastá-lo pelas vinte parelhas e o *velho* não teria remédio senão sair.

Gabou-se de ser um perfeito soldado de Infantaria, habilíssimo no manejo das armas brancas. Ninguém como ele sabia esgrima, quer de espada, florete ou baioneta.

Veio-nos a ideia de perguntar-lhe se era, por acaso, engenheiro militar.

— Não, senhor. Sou engenheiro proprietário.

— Engenheiro... proprietário! É boa.

— Perfeitamente. Que há de extraordinário nisso? Possuo um engenho. O engenho é meu. Logo, sou engenheiro. E como o engenho é de minha propriedade, sou, portanto, engenheiro proprietário.

Rimo-nos, tapando o rosto com a mão, para não o irritar. O tenente não fez caso. Mudou de conversa e passou a dizer uma série de disparates, na sua linguagem violenta, nua e crua, capaz de fazer corar um frade de pedra...

"*Seu*" *Ferraz*

Com 26 anos de Hospício e 54 de idade, com o cabelo quase inteiramente branco, mas de uma vivacidade espantosa, alegre e forte como um rapaz, inquieto, barulhento, conversador infatigável, "seu" Ferraz — como lhe chamam atenciosamente os outros malucos — tem algumas qualidades apreciáveis. Mostra grande interesse pelos companheiros recém-chegados, quer saber o que sofrem, ensina-lhes remédios, dá-lhes conselhos e, solícito como o mais dedicado enfermeiro, não se cansa de oferecer-lhes copos de leite, chá ou café, porque "seu" Ferraz soube habilmente impor-se à estima do copeiro...

O seu traje habitual é calça e colete de brim. Não usa gravata nem casaco e faz questão de não vestir as roupas da casa. É extremamente asseado.

Quando entrou para ali, no estado da mais completa perturbação mental, era empregado do comércio, caixeiro de balcão ou ajudante de escritório. Meteu-se-lhe, entretanto, na cachola que é engenheiro civil, formado pela Escola Politécnica e, graças a isso, tem-se em conta de doutor. É uma mania como outra qualquer.

"Seu" Ferraz não manifesta o menor desejo de sair do Hospício. Habituou-se àquela vida, entre loucos, com os quais já passou 25 anos. Solteirão, tendo apenas alguns parentes afastados, que o não procuram, de quem ele, por seu lado, não faz caso, considera-se só no mundo. Está bem onde se acha e de lá não pretende sair a não ser para São João Batista ou para o Caju.

São raríssimos os seus períodos de lucidez, conquanto já não tenha crises de furor. Diz raramente algumas coisas sensatas, mas em geral as suas ideias são as mais absurdas.

Uma das coisas que mais o acabrunham e chocam é a miséria que existe por esse mundo afora, sem que o governo procure remediar tamanho mal. Veem-se por toda a parte homens validos a cair de fome e outros esfarrapados, seminus, abandonados na via pública como cães vadios.

— Se eu fosse presidente, se eu governasse, acabaria facilmente com semelhante miséria. Não haveria famintos nem esfarrapados.

— De que maneira resolveria o senhor esse grave problema?

— Mandava criar uma pagadoria na Polícia, especialmente destinada a socorrer a pobreza. O pobre que precisasse de comer ou de vestir entrava no restaurante ou na alfaiataria, pedia o que bem lhe parecesse e retirava-se tranquilamente. Quem pagava era a Polícia. Só uma coisa seria proibido servir — paraty. Aquele que tivesse vontade de beber, que pedisse vinho do Porto, conhaque, cerveja. Tudo, menos paraty.

O homem odiava furiosamente a popularíssima cachaça. Soubemos depois que fora ela quem começara a dar-lhe voltas ao miolo e que ele entrara no Hospício com uma bebedeira fantástica…

Voltando ao assunto, objetamos-lhe:

— Mas, para manter a tal *pagadoria* tornava-se preciso gastar somas incalculáveis. De onde viria tanto dinheiro?

— Ora essa! Do Tesouro, dos impostos. Ou pensa você que os dinheiros públicos são exclusivamente destinados a encher o bandulho dos políticos?

— Não pensamos nada. Parece-nos, contudo, que vestir e alimentar de graça a multidão de pobres que aqui há, seria criar uma perigosa escola de vadios. Com a sua tal *pagadoria* ninguém mais trataria de trabalhar.

— Trabalharia quem quisesse. Quem não quisesse, fosse passear, distrair-se, divertir-se. Não há tanta gente que vive perfeitamente bem, sem se ocupar em coisa alguma? No tempo da monarquia, os fidalgos não trabalhavam, o imperador não tinha ofício nem benefício, os ministros não erguiam uma palha e eram só eles que passavam bem e tinham dinheiro com abundância. Agora, eu não sei bem como é, mas ouço dizer que os deputados e senadores procedem da mesma forma: ganham cem mil-réis por dia, para não fazer coisa alguma. Não lhe parece uma injustiça obrigar o pobre a trabalhar, quando o rico vive a dormir?

— Parece-nos, mas, desgraçadamente, o mundo é assim. Trabalha o feio para o bonito comer.

— Isso acontece porque eu não sou presidente da República. Se o fosse, endireitava de uma vez esta *gaita* e punha na rua, a pontapés, toda esta súcia de malandros.

— Pois há de sê-lo, no próximo quatriênio. Vamos daqui para os jornais lançar a sua candidatura. Faremos *meetings*, como os partidários do Ruy, escreveremos artigos de fundo e "seu" Ferraz lá irá para o Catete. — Ele nos encarou fixamente, fez um pequeno silêncio, e, depois, com um breve sorriso:

— Não vou, não quero. Seria preciso deixar isto aqui. Já estou tão acostumado...

E afastou-se, fumando uma ponta de cigarro.

As vítimas do espiritismo

Apesar de não nos termos dado ao trabalho de ouvir os competentes no assunto e de consultar as estatísticas do Hospício, não nos parece absurdo afirmar que cinquenta por cento dos loucos ali existentes são hereditários, quarenta por cento fornecidos pelo espiritismo, ficando dez por cento para o alcoolismo, moléstias cérebro-espinhais etc. etc.

Foram inúmeros os dementes que encontramos com o cérebro povoado de fantasmas e coisas do *Outro Mundo*. Julgam-se uns atormentados por pessoas de suas famílias, já mortas, que os não abandonam, noite e dia, metendo-lhes medo com os horrores de além-túmulo. Uns têm a alucinação auditiva, apenas. Outros são ouvintes e videntes. Conversam naturalmente com os mortos, descrevem a maneira como estão vestidos, experimentam até o contato de suas mãos, tão perfeitamente como se vivos fossem. Mostram-se uns assombrados, outros irritados com semelhantes manifestações. Há, porém, vários que se julgam grandes iluminados, espíritos superiores, de uma *força astral* a que ninguém pode resistir.

O afilhado da Conceição

Pertencia ao número destes últimos um antigo professor primário e secundário, que passou a sua mocidade a ensinar crianças, em vários colégios particulares, como o Abílio, o Paula Freitas e outros. É um homem instruído, dispondo de regular cultura geral e, notadamente, de alguns conhecimentos de medicina, que é o seu fraco. Está desde muitos anos, hemiplégico, arrastando-se dificilmente, agarrado a uma cadeira, de uns lugares para outros. Nas horas mais quentes do dia fica no terraço sentado, a tomar os seus banhos solares, que reputa um grande medicamento.

Esse pobre homem não admite que ninguém lhe chame de louco. Foi para o Hospício porque muito quis, no desempenho de uma missão que lhe foi cometida pela Imaculada Conceição, sua madrinha. Sairá, quando lhe for ordenado. E nesse dia não precisará fazer um gesto, levantar um dedo. As portas abrir-se-ão, como por encanto, diante de si e ele recomeçará a andar, como no tempo em que gozava uma saúde vigorosa.

Como mestre, que se julga, na medicina, especialmente no que entende com as perturbações mentais, despreza o dr. Juliano Moreira, ri do médico de sua seção dr. Humberto Gotuzzo, definindo-os em palavras ríspidas e cortantes: Umas bestas, uns idiotas!...

Contou-nos ele, um dia, a maneira como foi parar no Hospício:

— Eu trabalhava, por esse tempo, no colégio Paula Freitas. Havia sofrido um insulto apoplético e estava, há dias, de cama, hemiplégico, sozinho em casa. Eram duas horas da tarde, de um dia claro e quente, como este. Eu estava perfeitamente desperto e despreocupado, quando vi abrir-se a porta, sem que ninguém lhe tocasse, e entrar uma mulher formosíssima, vestida de preto, com uma touca branca na cabeça. Sentou-se à minha frente, junto à minha mesa de trabalho e dirigiu-me a palavra:

— Sabes quem sou?

Olhei-a fixamente, curiosamente, mas não a reconheci.

— Sou a Conceição — disse-me ela —, sou a tua madrinha.

Era, de fato, a Imaculada Conceição. Estranhei que, em vez do resplendor, trouxesse uma simples touca branca; mas não havia dúvida — era ela mesma.

— Deves ir para o Hospício de Alienados — continuou ela. — Vai para o Hospício, hoje mesmo ou amanhã.

— Mas, se não posso andar, se não tenho meios…

— Não te importes com isso. Vai. Pede dinheiro ao Paula Freitas. Arranja-te e vai. Preciso de ti no Hospício.

Obedeci-lhe e vim. O senhor não imagina as coisas extraordinárias que tenho aqui feito. O meu poder é assombroso. Com um simples olhar acalmo e faço dormir os loucos mais furiosos. Curo com água fria as doenças mais rebeldes. Faço verdadeiros prodígios. Sou eu quem dirige tudo isto. Aqui não se move uma palha a não ser por vontade minha. Eu, quando me concentro atuo poderosamente sobre todos, desde o diretor até aos últimos loucos, e eles, inconscientemente, fazem tudo quanto quero.

No meu dormitório, à noite, antes de deitar-me, percorro com o olhar todos os leitos. Basta isto para que os doentes aos últimos loucos, e eles, inconsciente uns aos outros [sic].

É quando estou metido na cama que comunico diretamente com Deus Padre. Sinto como que um capacete de ferro apertar-me a cabeça. É o espírito superior que desce sobre o meu e o domina e empolga. Tenho, nesses momentos, uma força incomparável, a que nada, neste mundo, pode resistir.

A primeira vez que Deus, meu Pai, baixou sobre mim, estava eu deitado, mas perfeitamente desperto. Senti tocar-me, num dos lados, uma coisa macia, como uma pena de pombo. Passei a mão por toda a cama e não encontrei nada. Ouvi, então, a sua voz:

— Sou teu pai, sou Deus, e tu és o meu filho bendito. Venho confortar-te, dar-te ânimo e força.

Desde esse momento, nunca mais me abandonou, chamando-me sempre o seu filho bendito.

Sou, pois, como vê, dotado de um poder formidável. Tenho mais força do que o próprio Cristo.

— Lá vem um dos doentes de que estou tratando — disse-nos o professor, indicando um indivíduo que se aproximava, tristemente, com o rosto e a cabeça cobertos de úlceras. — Este estava em petição de miséria com as águas chocas que aqui lhe davam. Tomei conta dele e o tenho posto quase bom. Dentro de alguns dias mandarei o Juliano dar-lhe alta.

Virou-se para o doente e perguntou-lhe:

— Não é verdade que você tem melhorado muito com o meu tratamento?

— Qual melhorar, qual nada. O que eu estou é muito pior. Vá você para o diabo, com o seu tratamento.

O professor fez um trejeito de desprezo por aquele *espírito inferior* e não se dignou de replicar-lhe.

Interrompemos o curso da palestra, para perguntar-lhe abruptamente:

— Que é a loucura, professor? Que pensa o senhor da loucura?

— Não existe loucura e não existem loucos. O que há são espíritos fortes, que atuam sobre os fracos e os empolgam. Nada mais. Eu, por exemplo, que sou um espírito forte, fortíssimo, posso fazer dos outros quanto quiser, comunicar-lhes as minhas ideias, obrigá-los a executar o que eu ordenar. Qualquer dia destes pego no Juliano e no Gotuzzo, atuo sobre estes dois pedantes, que não sabem nada, e faço-lhes compreender o que é a loucura. Ainda não fiz isso porque tenho piedade deles. São ambos, afinal, uns pobres-diabos…

— Mas, professor, por que não sai do Hospício?

— Porque estou cumprindo uma missão divina. Meu Pai ordenou-me que ficasse e só me cumpre obedecer-lhe.

O exilado

Chama-se Aristides. É um rapaz vigoroso, de dezoito a dezenove anos, moreno, sem ser mestiço, de feições regulares, muito simpático, bem-educado e instruído. Quando não está deitado no soalho ou no terraço, insensível aos raios solares, anda sempre a passear, de olhos semicerrados, com a mão direita espalmada sobre a testa. Queixa-se de violentas dores de cabeça e é quando elas mais o torturam que dá para cantar velhos fados nostálgicos de Portugal.

É brasileiro, mas filho de um negociante português, que foi durante muitos anos estabelecido nesta capital, com uma importante casa. Quebrou mais tarde e retirou-se para Portugal. Um seu antigo sócio, possuidor de grande fortuna, fora estabelecer-se em Nova York, e o pai de Aristides resolveu mandá-lo para a metrópole americana, a fim de iniciar-se no comércio, sob a proteção desse amigo.

O pobre rapaz contou-nos certa vez um episódio interessante da sua viagem. No trajeto daqui para Nova York não sofreu a menor contrariedade. Mas, ao chegar, verificou que já não dispunha da quantia que a polícia americana exige dos imigrantes e sem a qual estes não podem desembarcar. Com muita dificuldade e quase nenhum dinheiro conseguiu iludir a vigilância dos guardas e perdeu-se na cidade imensa. Tomou um bonde e andou, andou... Foi como se tivesse viajado daqui a São Paulo. Voltou no mesmo veículo e, ao apear-se numa grande avenida, não sabia o que fazer nem para onde ir. Não comeu nem dormiu nesse dia e no outro estava com uma fome desesperadora.

— Que fez você?

— Entrei num restaurante e pedi um lugar de *garçon*. Deram-mo, e eu fui logo trabalhando e comendo. Era um prato para o freguês e outro para mim. Tanto comi que o patrão, horas depois, resolveu pôr-me na rua com um pontapé. Não me incomodei com isso, porque já estava farto.

Aquela aventura em Nova York foi o princípio da sua loucura. Dias após estava completamente *varrido* e o nosso cônsul mandava-o para cá, a bordo do *Rio de Janeiro*. Saiu do navio para entrar no Hospício.

Estava um dia o Aristides ao pé de uma janela, a falar sozinho, e nós a ouvi-lo:

— Eu não sou português. Meu pai é português, mas eu sou brasileiro. Estive muito tempo em Portugal, no Porto, mas sou brasileiro. Esta é que é a minha terra.

"Nasci no Rio de Janeiro. Dizem que o Rio de Janeiro é a minha terra. Será? É. Mas, então, por que é que me trazem preso e não me deixam, ao menos, ver a minha terra?"

Aquele grito de amargura doeu-me no coração. Mas ele não se comoveu, não se abalou. Riu-se gostosamente e logo em seguida proferiu uma porção de asneiras...

O literato

O mais curioso de todos os tipos do Hospício é inegavelmente um antigo *repórter* que lá existe, há 25 anos, com uma persistente mania literária. Este conheceu Paula Ney, Olavo Bilac, Pardal Malet, toda a antiga boemia intelectual e tem-se em conta de êmulo deles.

Trabalhou como revisor de provas e, mais tarde, como agenciador de anúncios em alguns jornais de vida efêmera e suspeitosa. É velho, calvo e com uma grande depressão craniana no ápice da cabeça. Usa uns austeros óculos escuros e cultiva especialmente os assuntos históricos e religiosos.

A última vez que nos vimos era véspera de Finados.

Ele entendeu que devia escrever a respeito um artigo comemorativo, para ser publicado na A Notícia ou em outro qualquer jornal.

Esse artigo, que aqui vai, transcrito do suspeitosa [sic]. É velho, calvo e com uma vírgula, é o seguinte:

A MORTE

Se na vida que temos, considerássemos o nosso fim, seria naturalmente, o indivíduo um recalcitrante do seu próprio destino, sentindo em si, numa avolumada condição de existência, o terrível estigma da sua condição. Cristo, que foi sempre um eleito para as almas pobres de espírito, era um lógico ignorante, semeando o bem, e dele usufruindo proveitos, e à humanidade nunca Ele dispôs uma máxima, que a fizesse imortal, incapaz portanto, de ser alvejada pela mordacidade atacanhadora da nossa razão de ser, do nosso sentido psicológico de ação: porque a Morte, uma usufrutuária do Universo, tem sempre um direito à nossa capacidade de viver, para todo o sempre. E, se isto nos faz convir em concordância unânime, é de supor que possamos ter uma forma natural, e empírica, pelo seu reconhecimento, que é a da mesma condição do homem: — o espírito.

Nós nos abalamos em todos nossos sentidos, no dia comemorativo à transgressão de um direito que temos: o da vida; e que é o dia de Finados, parece-me que é uma força coercitiva imprecadora dos nossos dias, a causa de não compreendermos mais resolutamente, que todos nós têm o seu fim, o seu término. Alcantila-se numa artística ironia renascente, a situação da cidade dos mortos, que traz o nome rude do comunismo plebeu: — o cemitério. Disposições tumultuosas em flores bem valiosas, para formas terríficas da matéria em dissolução de continuidade, lamentos fluídicos da fonte soberba da dor, que é a lágrima, estremecem-nos o nosso conceito de orgulho próprio, concordante nesta verdade, desoladora, de que estamos em presença da nossa maior integridade derruída, e que de um dia para outro, teremos aquele sítio, ou um outro que se assemelhe, como nossa morada final.

E assim, o nosso ser se compunge na rebelião indecisa de um futuro, que nos computa a realização dos nossos dias, a expressão mórbida do nosso fim.

Rio, 2-II-1919.

Não tinha assinatura, porque o autor é modesto, mesmo quando escreve coisas geniais.

Referências bibliográficas

EDIÇÕES CONSULTADAS

Diário íntimo. São Paulo: Mérito, 1953.
O cemitério dos vivos. Pref. de Eugênio Gomes. São Paulo: Brasiliense, 1956.
Diário do Hospício e *O cemitério dos vivos*. Org. de Ana Lúcia M. de Oliveira, Diva Maria D. Graciosa e Rosa M. de Carvalho Gens. Rio de Janeiro: Secretaria Municipal de Cultura, 1993.
Triste fim de Policarpo Quaresma. Edição Crítica. Coord. de Antônio Houaiss e Carmen Lúcia Negreiros de Figueiredo. Paris: ALLCA XX, 1997 (Coleção Archivos).
Um longo sonho do futuro. Intr., sel. e notas de Bernardo de Mendonça. Rio de Janeiro: Graphia, 1998.
O cemitério dos vivos. Pref. de Fábio Lucas; org. e notas de Diogo de Hollanda. São Paulo: Planeta, 2004.
Toda crônica. Org. de Beatriz Rezende e Rachel Valença. Rio de Janeiro: Agir, 2004. 2 vols.
Sátira e outras subversões: Textos inéditos. Org., intr., pesquisa e notas de Felipe Botelho Corrêa. São Paulo: Penguin Companhia das Letras, 2016.

CRÍTICA LITERÁRIA

ANTONIO, João. *Calvário e porres do pingente Afonso Henriques de Lima Barreto*. Rio de Janeiro: Civilização Brasileira, 1977.

ARANTES, Marco Antonio. "Hospício de doutores". *Manguinhos*, v. 15, n. 1, Rio de Janeiro, jan./mar. 2008.

BARBOSA, Francisco de Assis. *A vida de Lima Barreto*. 8. ed. Rio de Janeiro: José Olympio, 2002.

CANDIDO, Antonio. "Os olhos, a barca e o espelho". In: _____. *A educação pela noite*. 5. ed. Rio de Janeiro: Ouro sobre Azul, 2006.

FREYRE, Gilberto. "O diário íntimo de Lima Barreto". In: _____. *Vida, forma e cor*. Rio de Janeiro: José Olympio, 1962.

HIDALGO, Luciana. *Literatura da urgência: Lima Barreto no domínio da loucura*. São Paulo: Annablume, 2008.

OLIVEIRA, Fátima Maria de. *Correspondência de Lima Barreto: À roda do quarto, no palco das letras*. Rio de Janeiro: Caetés, 2007.

PRADO, Antonio Arnoni. "Um exílio na metáfora: *Cemitério dos vivos* e *Memórias do cárcere*". In: _____. *Trincheira, palco e letras*. São Paulo: Cosac Naify, 2004.

_____. *Lima Barreto: uma autobiografia literária*. São Paulo: Editora 34, 2012.

RESENDE, Beatriz. *Lima Barreto e o Rio de Janeiro em fragmentos* [1993]. Belo Horizonte: Autêntica, 2015.

_____. "O Lima Barreto que nos olha". *Serrote*, n. 21, Rio de Janeiro, 2016.

SCHWARCZ, Lilia Moritz. *Lima Barreto: triste visionário*. São Paulo: Companhia das Letras, 2017.

_____. "O homem da ficha antropométrica e do uniforme pandemônio: Lima Barreto e a internação de 1914". *Sociologia & Antropologia*. Rio de Janeiro: UFRJ, v. 1, n. 1, 2011.

HISTÓRIA DA PSIQUIATRIA NO BRASIL

ANTUNES, Eleonora Haddad; BARBOSA, Lúcia Helena Siqueira; PEREIRA, Lygia Maria de França (Orgs.). *Psiquiatria, loucura e arte: Fragmentos da história brasileira*. São Paulo: Edusp, 2002.

ARRUDA, Elso. *Resumo histórico da psiquiatria brasileira*. Rio de Janeiro: Ed. UFRJ, 1995.

CARRARA, Sérgio. *Crime e loucura: O aparecimento do manicômio judiciário na passagem do século*. Rio de Janeiro: Ed. UERJ; São Paulo: Edusp, 1998.

COSTA, Jurandir Freire. *História da psiquiatria no Brasil: Um corte ideológico*. 5. ed. Rio de Janeiro: Garamond, 2007.

ELIA, Francisco Carlos da Fonseca. *Doença mental e cidade: O Hospício de Pedro II*. Rio de Janeiro: Papéis avulsos; Fundação Casa de Rui Barbosa, 1996.

ENGEL, Magali Gouveia. *Os delírios da razão: Médicos, loucos e hospícios (Rio de Janeiro, 1830-1930)*. Rio de Janeiro: Fiocruz, 2001.

_____. "A loucura, o hospício e a psiquiatria em Lima Barreto". In: CHALHOUB, Sidney et al. (Orgs.). *Artes e ofícios de curar no Brasil*. Campinas: Ed. da Unicamp, 2003.

MACHADO, Roberto; LOUREIRO, Angela; LUZ, Rogério; MURICY, Kátia. *Danação da norma: Medicina social e constituição da psiquiatria no Brasil*. Rio de Janeiro: Graal, 1978.

PAIM, Isaías. *Psiquiatras brasileiros*. Campo Grande: Ed. Oeste, 2003.

RUSSO, Jane; SILVA FILHO, João Ferreira (Orgs.). *Duzentos anos de psiquiatria*. Rio de Janeiro: Relume Dumará; Ed. UFRJ, 1993.

CRÔNICAS E ARTIGOS

CORREIO DA MANHÃ. "Louco, matou-se no Hospital Nacional de Alienados", Rio de Janeiro, 17 jan. 1920. "O Hospício Nacional de Alienados em polvorosa", 21 jan. 1920. "Uma revolta no Hospício", 28 jan. 1920.
DIÁRIO DE MINAS. "Crônica" de Raul Pompeia, Juiz de Fora, 19 maio 1889. Republicada em *Crônicas I*, v. 6 das *Obras*. Org. de Afrânio Coutinho. Rio de Janeiro: Civilização Brasileira; Olac, 1982.
GAZETA DE NOTÍCIAS. "Crônica" de Olavo Bilac, Rio de Janeiro, 9 abr. 1899. "Crônica" de Olavo Bilac, Rio de Janeiro, 9 abr. 1905. Republicadas em *Bilac, o jornalista. Crônicas — v. 1*. Org. de Antonio Dimas. São Paulo: Edusp; Imprensa Oficial; Editora da Unicamp, 2006.
JORNAL DO BRASIL. "Suicídio de um louco no Hospital de Alienados", 17 jan. 1920. "Revolta de loucos no Hospital de Alienados", 28 jan. 1920.
KOSMOS. "No Hospício Nacional: Uma visita à seção das crianças", de Olavo Bilac, Rio de Janeiro, 15 fev. 1905.
O PAIZ. "Suicídio de um louco", 17 jan. 1920. "Uma revolta de doidos no Hospital Nacional de Alienados", 28 jan. 1920.
A SEMANA. "Crônica" de Machado de Assis, Rio de Janeiro, 29 set. 1895. "Crônica" de Machado de Assis, Rio de Janeiro, 31 maio 1896.

Agradecimentos

Antonio Dimas
Benjamin Magalhães
Betina Leme
Elvia Bezerra — Instituto Moreira Salles
Hilário Pereira Filho — Arquivo Central do IPHAN
Marina Massi
Rachel Hilfred — Arquivo Central do IPHAN
Raquel Santos Schwonke
Rubens Fernandes Junior

Créditos das imagens

p. 2: Revista *Kosmos*, Rio de Janeiro, ano 2, n. 7, julho de 1905.

pp. 6, 42, 54, 63, 69 e 82: "Relatório apresentado ao Exm. Sr. Dr. J. J. Seabra Ministro da Justiça e Negócios Interiores pelo Dr. Afrânio Peixoto Diretor Interino do Hospício Nacional de Alienados. 1904-1905". In: *Relatório apresentado ao Presidente da República dos Estados Unidos do Brasil pelo Dr. J. J. Seabra Ministro de Estado da Justiça e Negócios Interiores em março de 1905*. V. II — Diretoria do Interior. Primeira Parte. Anexo E. Rio de Janeiro: Imprensa Nacional, 1905.

p. 33: Acervo do Núcleo de Memória Institucional do Instituto de Psiquiatria — IPUB/UFRJ.

p. 48: Acervo da Fundação Biblioteca Nacional — Brasil. Reprodução de Chico Cerchiaro.

pp. 30 e 114: Arquivo Central do IPHAN — Seção Rio de Janeiro.

pp. 75, 89, 93 e 224: Arquivo Central do IPHAN — Seção Rio de Janeiro. Fotos de Erich Joachim Hess (1911-1995), 1942.

pp. 118, 120, 122 e 124: Revista *Souza Cruz*, n. 49, 1921. Fundação Casa de Rui Barbosa.

pp. 243, 264, 266 e 268: Revista *Kosmos*, Rio de Janeiro, ano 2, n. 2, fevereiro de 1905.

1ª EDIÇÃO [2017] 8 reimpressões

ESTA OBRA FOI COMPOSTA EM MINION PELO ACQUA ESTÚDIO E
IMPRESSA PELA GRÁFICA BARTIRA EM OFSETE SOBRE PAPEL PÓLEN DA
SUZANO S.A. PARA A EDITORA SCHWARCZ EM FEVEREIRO DE 2025

A marca FSC® é a garantia de que a madeira utilizada na fabricação do papel deste livro provém de florestas que foram gerenciadas de maneira ambientalmente correta, socialmente justa e economicamente viável, além de outras fontes de origem controlada.